Das Jahr-2000-Problem

Volker Gruhn & Subhash Chavan

Das Jahr-2000-Problem

Projektmanagement von Datumsumstellungen in der Software

ADDISON-WESLEY

An imprint of Addison Wesley Longman, Inc.

Bonn · Reading, Massachusetts · Menlo Park, California · New York · Harlow, England
Don Mills, Ontario · Sydney · Mexico City · Madrid · Amsterdam

Die Deutsche Bibliothek - CIP-Einheitsaufnahme

Gruhn, Volker : Das Jahr-2000-Problem : Projektmanagement von Datumsumstellungen in der Software / Volker Gruhn; Subhash Chavan. - Bonn : Addison-Wesley-Longman, 1997
ISBN 3-8273-1251-5

1. Auflage 1997

Satz: Ewa Obszarski, Ratingen
Lektorat: Susanne Spitzer und Annette Baumhof, München
Belichtung, Druck und Bindung: Kösel, Kempten
Produktion: TYP*isch* Müller, München
Umschlaggestaltung: Hommer Grafik-Design, Haar bei München

Das verwendete Papier ist aus chlorfrei gebleichten Rohstoffen hergestellt und alterungsbeständig. Die Produktion erfolgt mit Hilfe umweltschonender Technologien und unter strengsten Auflagen in einem geschlossenen Wasserkreislauf unter Wiederverwendung unbedruckter, zurückgeführter Papiere.

Dieses Buch ist auf 100% chlorfrei gebleichtem Papier gedruckt.

Inhaltsverzeichnis

Vorwort

In der DV-Presse nimmt das Thema »Datumsumstellung« mehr und mehr Raum ein. Nun ist ein deutschsprachiges Buch verfügbar, das für den Manager in der Informationstechnik (IT) eines Wirtschaftsunternehmens die Problematik diskutiert und die Schlüsselelemente für Lösungswege umfassend darlegt. Ganze Leitungsteams erlangen durch das Buch ein gemeinsames Verständnis und die Basis für das Bauen »ihres« Lösungsweges.

Das Jahr 2000 kommt; die große Vorfreude wird weiter zunehmen – die Feste werden schon geplant. Das Datum wird »sich umstellen« auf den 1. Januar 2000; sich selbst – unweigerlich. Die große Gefahr, die jetzt (Mitte 1997) sichtbar ist, ist, daß manche Unternehmen unserer Wirtschaft zum Jahrhundertwechsel teilweise zum Stillstand kommen – was deren Liquidität und Existenz gefährdet. Das wird vielleicht kein Einzelfall sein, sondern bei 0,5 Prozent aller Organisationen geschehen; darin liegt eine Gefahr für unsere Volkswirtschaft und die Wirtschaftsgemeinschaft - hier in der Bundesrepublik und in der Europäischen Union.

Die Gefahr des Stillstandes rührt daher, daß manche Kerngeschäftsprozesse des Unternehmens unter Umständen nicht mehr funktionieren, da die technischen Systeme und IT-Systeme, die den Geschäftsprozeß unterstützen, nicht arbeiten oder mit Datumsangaben falsch umgehen. In den USA entstand ein solcher Fehler in einem Lebensmittellager einer Kaufhauskette: Das Beschaffungssystem markierte die Artikel mit der Verfallsdatumsangabe 00 für das Jahr 2000; das Überprüfungssystem interpretierte 00 als 1900 und führte die Bestände der Entsorgung zu. Der Schaden war groß, alleine bis das Fehlverhalten von Menschen erkannt wurde. Ein Beispiel für die Fortpflanzung des Stillstandes: wenn die Just-in-time-Beschaffungslogistik per Electronic Data Interchange darnieder liegt, stehen alsbald die zu versorgenden Produktionslinien. Falls drei essentielle Infrastrukturteile quasi-gleichzeitig am Montag, den 3. Januar 2000 abgeschaltet sind (da falsch arbeitend oder sich selbst abschaltend), läuft das wie eine erschütternde Schallwelle durch die Organisation. Im Einzelfall mag das Korrigieren eines Systems innerhalb mehrerer Tage möglich sein; in manchen Fällen kann es Wochen dauern.

Eine andere Gefahrenquelle liegt darin, daß Geschäftspartner nicht Jahr-2000-tauglich sind; Partner, die direkt in der Wertschöpfungskette liegen, wie Lieferanten oder unterstützende Dienstleister wie Telekom oder gar wie mittelfristig unersetzbare Energieversorger. Das wirkt direkt auf die Prozesse im Unternehmen ein. Schadensersatzforderungen wären (in wenigen Fällen) berechtigt. Aber, existiert der Kläger noch lange genug, um dies durchzuziehen? Und, wie argumentiert der

Geschäftsführer, falls durch Fehler von anderen das gesamte Unternehmen zerbrach?

Derartige Gefährdungen werden manchmal plangespielt – in Schulungen und in der Unternehmensführung, in der Informationstechnik und auf der Führungsebene. Selten kommt dabei als Grundannahme eine Gefahr so einfacher Form auf breitester Ebene vor wie: Computer können mit Datumsangaben nicht ordentlich umgehen; Computer am Arbeitsplatz, in Produktion und Verwaltung, in der Aufzugsteuerung oder bei Geschäftspartnern.

Warum funktioniert die Software da nicht immer?

Die Gefahr, nicht Jahr-2000-tauglich zu sein, liegt darin, daß in manchen Fällen die Systeme nicht darauf geprüft, geschweige denn dafür konzipiert wurden, daß alle Datumsfelder nach 1999 korrekt bearbeitet werden. Fehlerhaft kann die Echtzeit, ein historisches vergangenes Datum oder ein Plandatum in der Zukunft verrechnet, interpretiert oder eingegeben werden.

Dieser Konzeptmangel wird jetzt relevant, da Systeme bislang meist nur die zwei Dezimalstellen der Jahresangabe im Jahrhundert bearbeiteten. Und mittlerweile ist der Zeitpunkt erreicht, über 99 hinaus zu rechnen. In manchen Programmen folgt 1963, 00 oder 100 oder 2000; und manche Programme brechen sogar zusammen.

Viele Softwareentwickler programmierten nicht nach der Datumsarithmetik, sondern nach den Gesetzen ihrer Alltagswelt: mit zweistelligen Jahreszahlen und vernunftbegabten Wesen, die mit diesen Jahreszahlen umgehen – als Verfallsdatum bei Mineralwasser, als Geburtsdatum von Menschen oder als historische Daten von bestehenden Verträgen. Aber wenn die Anwendung auf dem Mainframe das aktuelle Datum abfragt oder eine Datumseingabe verarbeitet, kann vieles falsch programmiert sein: Sortieren, Vergleichen auf Identität, Berechnen von Dauer oder Zeitpunkt etc.

Datumsangaben kommen überall vor

Was heißt es, Jahr-2000-tauglich zu sein? Es heißt einfach, zu funktionieren im Jahr 2000 und für das Jahr 2000: die eigene Funktionalität auch für diese Zeiträume zu erbringen. Wie lange auch immer: das Jahr 2001 oder 2005 oder bis 2038 – was immer für die geplante Lebensdauer der Anwendung gebraucht wird.

Welche Anwendungen müssen untersucht werden auf ihre Jahr-2000-Tauglichkeit? Alle? Ja, überall kann mit Datum-Semantik gearbeitet werden! Selbst bei einer Anwendung, die funktional von der Zeit unabhängig ist: In einem Trace-Modus oder für die Administration wird das Datum umgeformt und gespeichert. Und schon besteht die Gefahr eines Absturzes oder Folgefehlers. Dies muß ausgeschlossen, d.h. zumindest untersucht werden, so daß die Gewißheit da ist (und dokumentiert wird), daß keine Schwierigkeiten auftreten werden. Andernfalls muß geändert werden: am Code oder an den Daten; meist an beidem. Dieses Tun ist im wesentlichen die Datumsumstellung bezüglich der Anwendungsprogramme.

Das Datum ist überall – wo spielt Zeit keine Rolle? Selbst wenn die Speicherung bereits vierstellig erfolgt oder die Funktion unabhängig vom Datum ist muß alles geprüft werden, da bei jeglichem Fehler ein kaufmännisch relevantes Folgeproblem entstehen kann.

Wie wird in den Vereinigten Staaten damit umgegangen?

In den USA sind die Datumsumstellungen weiter gediehen als in der Bundesrepublik Deutschland – fertig ist man aber auch dort nicht. Die Umstellung ist in den USA aufwendiger, da über die Jahre hinweg kaum Know-how im Unternehmen verblieb. Es gibt im Extremfall keinen Angestellten, der den Quell-Code kennt. Zur Zeit holt man – Pressemeldungen zu Folge – Europäische Programmierer über den Atlantik. So knapp sind die Ressourcen dort. Auch Großbritannien hat früher als Deutschland mit den Umstellungsarbeiten begonnen.

In der Bundesrepublik wird gefährlich lange gewartet mit dem effektiven Beginn von Umstellungsvorhaben. Gerade die Öffentliche Hand zeigt besonders große Gelassenheit.

Noch vertritt kein öffentliches Organ die volkswirtschaftliche Gefährdung angemessen. Die Gründung von Anwendervereinigungen läuft in diesen Monaten an. Die Not wird in 1998 in der Öffentlichkeit sichtbar werden. Wie wird sie sich in den Unternehmen darstellen? IT-Manager, die den Mangel ihrem Vorstand nicht offenlegen wollen, IT-Manager, die ein Budget bekamen, die aber keine externen kompetenten Ressourcen beschaffen können, Projektmanager, die das fachliche Know-how nicht motivieren können oder Projektleiter, die gegen die Terminnot kämpfen und händeringend nach Know-how in alter Technologie suchen.

Die Objekte des Problems

Die Anwendungen auf den Mainframes sind das Kernproblem, welches das Augenmerk auf sich zieht: sowohl die Individual-Software (die selbstgemachte oder beauftragte) als auch die Systeme aus dem Regal. Aber auch die Anwendungen auf der Mittleren Datentechnik bis hin zu Unix und Windows-NT sind zu untersuchen, und natürlich die PCs – mit ihren Excel-Anwendungen auf Datenbeständen über die Zeitachse zum Beispiel.

Auch die Middleware muß geprüft werden sowie die Basis: Betriebsysteme; manches BIOS ist erwiesenermaßen nicht Jahr-2000-tauglich.

Neben der Informationstechnik sind technische Systeme wie Zugangskontrollen und Flugzeuge oder Systeme wie das GPS (Global Positioning System) gefährdet, nicht Jahr-2000-tauglich zu sein. Die bestehenden Systeme gilt es zu prüfen und ggf. zu ersetzen. Alle neuen Beschaffungen müssen mit geeigneten Vertragsbedingungen Jahr-2000-tauglich ausgelegt sein. Zumindest neue Installationen müssen Jahr-2000-tauglich sein.

Die Menschen müssen auf die formalen Probleme vorbereitet sein, z.B. wie ein Empfänger im internationalen Handel 02-03-01 oder 01/02/01 versteht. Bislang löste der hohe Wert der Jahresangabe mögliche Mißverständnisse indirekt. Das darf besonders bei Massenerfassung im ersten Quartal des Jahres 2001 keine Probleme machen.

In der umrissenen Vielfalt sind alle Geschäftsprozesse gefährdet und alle Geschäftsbeziehungen deshalb auch. Umgekehrt sind die Beziehungen auch eine Gefahrenquelle. Nur durch die Betrachtung der Prozesse ist es möglich, die Risiken für das Geschäft aus den Gründen der Gefährdungen abzuleiten. Dementsprechend sind die Umstellungen der Anwendungen zu priorisieren. Die tragenden Anwendungen sollten in der Regel frühzeitig und mit gesichertem Erfolg umgestellt werden.

Die verlorengegangenen Chancen

Wegen der Breite der Gefahrenstellen ist eine Portefolio-Analyse ist angesagt, die uneingeschränkt alles erfaßt und bewertet.

Dabei kommen oft unerwartete und unangenehme Fakten an den Tag. Manches wird benutzt, und niemand weiß, daß es existiert. Oder etwas wird gepflegt, was unwichtig ist. Derartige Analysen sind ideale Ausgangsbasis für das Reengineering der Anwendungswelt. Es wird sichtbar, was unbedingt zu verbessern ist. Oder was mittlerweile durch Standard-Software ersetzt werden kann (um die Funktionen zu verbessern oder um sich eine Datumsumstellung zu ersparen). Und auf die Zeitachse ausgerichtet wird festgelegt: welche Randbedingungen gelten jetzt, welche in 1999, und welche gelten in 2001. Der Bebauungsplan wird mittelfristig und vollständig erstellt. Alle perspektivischen Anforderungen des Kerngeschäftes sind zu beachten.

Damit wird die nötige Klarheit für Entscheidungen erzeugt. Wer in 1995 auf der Basis eines Bebauungsplanes seine Planungen inklusive Datumsumstellung machte, hatte das Glück, auch SAP-Einführungen zu diskutieren und anzugehen. Wer das in 1998 macht, wird schwerlich die erforderliche Zeit haben, Standardsoftware breit einzuführen. Da muß dann oft die alte Anwendung noch teuer Jahr-2000-tauglich gemacht werden; auch wenn bei größter Priorität im zweiten Quartal des Jahres 2000 SAP Modul XX und YY in Betrieb gehen kann. Wer in diese Bredouille kommt, hatte sich den Handlungsraum eventuell zuvor nicht nehmen können.

Die Werkzeugkiste

Viele der Unternehmen, welche die Umstellung in 1996 anpackten, suchten nach den Tools, die zur Wartungsumgebung und zum ins Auge gefaßten Vorgehen bei der Umstellung passen. Zu Beginn wurden meist Werkzeuge zur Quell-Code-Analyse und zum Abschätzen des Arbeitsaufwands gesucht.

Es ist immer gut, rasch zu deutlichen Aussagen zu kommen. Diese stehen aber dann oft im Raum ohne in einem durchgängigen Verfahren beachtet zu werden. Für ein gesamtes Umstellungsprojekt wird ein Koffer mit Werkzeugen verschiedenster Art nötig sein – Unterstützung bzw. Halb-Automatisierung für die vielfältigen Tätigkeiten innerhalb des Umstellungsprozesses (Code-Konvertierung, Testen, DB-Umbau, Versionierung etc.). Dafür benötigt man ein entwickeltes Werkbankkonzept, um die Durchgängigkeit zu erreichen, die für rentables Arbeiten nötig ist.

Innerhalb des Umstellungsprojekts benötigt man Arbeitsvorbereiter und Werkbankbauer. Es gibt keine automatische Datumsumstellung bei Individualsoftware. Alle Konzepte muß man sich sorgsam erarbeiten. Die "Silver Bullet" gibt es bei den Werkzeugen auch nicht.

Das Management (vom Sachbearbeiter bis hin zum Vorstandsvorsitzenden)

Und wäre die Werkbank für die Datumsumstellung hervorragend – die Fabrik muß trotzdem erst zum Laufen gebracht werden. Dazu müssen Menschen motiviert werden, der Vorstand muß dahinterstehen, neue Werkzeuge und Arbeitsweisen müssen eingeführt, Ressourcen müssen sparsam eingesetzt werden. Und alles zur rechten Zeit – bei aller Eile und der Dynamik im Unternehmen.

Alle Arbeiten müssen klar und umfassend geplant sein, so daß ein systematisches Abspoolen erzwungen ist. Die Fabrikleitung muß zusätzlich die strategische Entscheidungsfähigkeit und die Handlungsfähigkeit einer Polizei-Einsatzleitzentrale mitbringen und benötigt den vollen Rückhalt bei der Geschäftsführung.

Letztlich muß das Risiko in der Umstellung minimiert werden, das gilt für Unternehmen mit 50 Millionen Lines of Code und auch für kleinere. Dies ist die Aufgabe des Managements; und das Ziel wird ausschließlich durch rentables und kontrolliertes Arbeiten erreicht. Der beste Manager der Wandels, der aus dem jeweils eigenen Haus stammt, muß der Datumsumstellung vorstehen.

Eine seiner Aufgaben ist das Budgetbeschaffen und -zuordnen. Ressourcen - auch externe - müssen beschafft und immer wieder effektiv eingesetzt werden. Das Know-how muß preisgünstig aufgebaut und wirkungsvollst verwendet sein.

Die Szenarien der Ausgangssituation in der Wartung

Es gibt in der IT deutscher Unternehmen ein großes Spektrum von Variationen bei der Wartung der Legacy von Indiviudual-Software-Anwendungen.

- *der Bestfall: das Repository*

  Im idealen Fall ist jede Datumsbehandlung in allen Anwendungen Jahr-2000-tauglich (inklusive der Organisation in der Umgebung) und auch ansonsten korrekt - in allen Programmen und allen Datenbeständen.

  Dieser Fall wird nicht existieren. Im Bestfall liegt eine hohe Wartbarkeit vor: Alles ist in einem Repository gespeichert - auf diesem arbeitet die gesamte Wartung und Entwicklung. Die klare Dokomentation ermöglicht umgehende semantische Analysen zu Datumsfeldern und Datumsverrechnungen.

  Auch wenn viele Datumsbehandlungen richtig modelliert und kodiert sein mögen, so muß doch alles geprüft werden, um 100-prozentige Gewißheit zu erlangen.

- *der Gutfall: Alles ist zu finden, und wir suchen auch nach allem*

  Der Gutfall wird vorkommen: bei vielleicht 10 % der Unternehmen. Von allen eingesetzten Programmen gibt es nur eine eingesetzte Version und deren Source-Code liegt vor. Für jede Anwendung gibt es eine zugeordnete verantwortliche und vertraute Stelle. Für alle Quellen sind der Compiler und die weiteren Hilfsmittel in der richtigen und vertraglich abgesicherten Fassung lauffähig.

  Das Anwendungs-Portefolio ist gepflegt und zeigt alle Beziehungen zwischen den Schnittstellen, den Datenbeständen, den Jobs und den Programmen.

- *der Worst Case: Nobody knows the trouble I´ve seen*

  Das Gros der Fälle zeigt goldene und gute Stellen, aber ansonsten einen Flekkerlteppich von Schwierigkeiten, Uneindeutigkeiten und fehlenden Informationen. Das zeigt sich sowohl auf der Verantwortlichkeits- als auch auf der Tools- bzw. Methoden-Seite.

  Im Code, in den Datenbankdefinitionen und der Namensgebung zeigen sich die Wirkungen der Vielfalt des Denkens und der Historie der Entwicklung.

Aber eine klare Sicht zu erlangen ist notwendig für die Umstellung. Dabei entsteht ein umfassendes Bestandsverzeichnis, Bewertungsmöglichkeiten werden geschaffen, d.h. Voraussetzungen für nachfolgende Reengineerings.

Rechtsanwälte werden Hochkonjunktur haben

Die Tage und Monate nach dem Silvestertag können turbulent werden. Sowohl für den »Otto Normalverbraucher« (als Konsument und Arbeitnehmer) als auch für die Wirtschaftsunternehmen.

Noch länger werden sich die Turbulenzen an Gerichten und für Rechtsanwälte hinziehen: Minderungen u.ä. solange noch Gewährleistung gilt; Schadenersatzforderungen in Fällen nach Gewährleistungsende. Der zukünftige Klärungsbedarf wird aus der aktuellen Rechtsunsicherheit heraus entstehen. Es wurde noch nie die rechtliche Frage beantwortet, ob es »selbstverständlich« ist, daß ein Auto, das z.B. in 1990 gekauft ist, nicht wegen Datumsproblemen im Jahr 2000 nicht mehr korrekt fährt.

EURO, Geldbeträge sind überall

Diesen Turbulenzen wird vorausgegangen sein, daß Anfang 1999 der EURO als Währung in der Bundesrepublik Deutschland und anderen Teilnehmerstaaten der Europäischen Währungsunion eingeführt wurde – wenn auch noch nicht als konkretes Geld, d.h. weder als Scheine noch als Münzen. Aber Rechnungen und Überweisungen werden dann schon in EURO abgewickelt, nicht nur grenzüberschreitend (z.B. mit Frankreich), sondern auch innerhalb der Bundesrepublik. Wenn dann in 2002 die gute alte Deutsche Mark nach ihrem Leben von gut 50 Jahren abgeschafft wird, müssen die Menschen sich an den EURO gewöhnt haben.

Auch die gesamte DV muß dann von DM auf EURO in allen Formen von Geschäftsbeziehungen und Verwaltungsbeziehungen umgestellt sein.

Die Herausforderungen bis 2002

Die Jahr-2000-Umstellung wird in vielen Unternehmen eine große Herausforderung mit vielen Risiken sein. Dennoch oder deshalb muß nach Synergien zwischen der Jahr-2000- und der DM/EURO-Umstellung gesucht werden. Andererseits empfiehlt sich ein möglichst starkes Entkoppeln – um separiert effizient arbeiten zu können. Auch dieses Dilemma ist ein Beispiel für die herausragende Herausforderung an das Management, das die Datumsumstellung mit sich bringt.

Beide Wartungsaufgaben werden in der IT-Abteilung zwischen 1997 und 2002 teilweise parallel abgewickelt werden und die Abteilung prägen; das bedeutet eine hohe Komplexität und ein riesiges Volumen. Die Erfahrungen lassen Aufwände im Umfang von zwei Jahrespersonalbudgets der IT-Abteilung schätzen. Diese Aufwände sind innerhalb von fünf Jahren zu erbringen. Daraus folgt, daß die negativen Folgen für alle anderen IT-Vorhaben groß sein können und minimiert werden müssen. Jedoch wird in der Informationstechnik wegen beiden Umstellungen große Innovation für das Kerngeschäft in den meisten Fällen unmöglich sein.

Was ist zu tun?

Was ist zu tun für einen IT-Manager, z.B. in der Industrie, im Öffentlichen Dienst oder beim Dienstleister. Das Gebot ist, die Technik, die Datenverarbeitung und die Organisation Jahr-2000-tauglich machen. Dafür sind folgende Punkte erforderlich.

- Umgehend und ohne Umschweife in der ganzen Breite Aufmerksamkeit für das Problem erzeugen.
- Den Prozeß in Gang setzen, alles zu prüfen und umzustellen was erforderlich ist: in der DV, einschließlich aller Geschäftsprozesse.
- Den Umstellungsprozeß durch den besten »Change Manager« führen lassen, mit Rückhalt durch die Geschäftsführung und ausgestattet mit Mitteln, Assistenz und Entscheidungsbefugnis.
- Die passende Arbeitsform für die bestehenden Verantwortlichkeiten und externe Helfer herstellen.
- Die richtige Mischung von systematischem Durchziehen und situativem Lösen finden.

Soweit kurz die Kernansätze. Diese Aufgabe ist innerhalb der nächsten 24 Monate zu lösen, neben der anfänglichen Umstellung auf den EURO, parallel zu den Umstellungen von Kernprozessen sowie IT-Infrastrukturen – alles in allem parallel zum ganz normalen IT-Geschäft.

Um den guten Weg für die Jahr-2000-Umstellung zu gehen, muß auf der Basis aller existierender Erfahrungen im Licht der spezifischen Umstände ein wirkungsvolles Vorgehen erarbeitet und abgewickelt werden.

Das vorliegende Buch

Das vorliegende Buch von Subhash Chavan und Volker Gruhn hilft dem Manager der Informationstechnik in Unternehmen jeglicher Branche, wenn er vor oder am

Beginn des Umstellungsprozesses steht. Es wuchs aus den Erfahrungen in Software Engineering, in der Wartung und bei konkreten Jahr-2000-Umstellungen. Es werden keine Methoden abstrakt und abgekoppelt vorgestellt, sondern Fallbeispiele, Sichten auf den Markt und praktizierbare Tips gegeben. Das Buch kann dem Leser die Basis für die Initialisierung seines Umstellungsprojektes sein.

Der Schwerpunkt des Buches liegt auf den DV-Anwendungen, das Umfeld mit den Geschäftsprozessen, den technischen Systemen und DV-Gerätschaften wird jedoch nicht außer acht gelassen.

Die Gründe für die Schwächen der Software werden diskutiert und auch im Detail dargestellt. Ausführlicher werden die technischen Lösungswege, d.h. die Methoden zur Umstellung des Codes und der Datenbestände, dargelegt. Wichtig ist dabei eine Kategorisierung der Ausgangssituationen für die Umstellungen der Anwendungen.

Neben den Arbeitsweisen zur Bestandsaufnahme, Impact-Analyse, Code-Umstellung, beim Testen und anderen Tätigkeiten in der Palette der Umstellung, wird das übergeordnete Vorgehen modellhaft und exemplarisch dem Leser nahegebracht. Ein Schema für den Umstellungsprozeß wird beschrieben – eine Ausgangsbasis für die einzelne Umstellung im Unternehmen des Lesers.

Die Leitung muß zu jeder Zeit den Prozeß »im Griff haben« – mit seinen Aufwänden und seinen Risken. Der Prozeß muß gesichert zum Ziel führen. Bei der enormen Masse der Arbeit ist der effektive Einsatz von Werkzeugen und Wartungsplattformen notwendig. Eine Untersuchung der Werkzeugkisten auf dem Markt würde Bibliotheken füllen. Die Autoren haben Werkzeuge angesehen, die an den kritischen Stellen von Jahr-2000-Umstellungen helfen. Einige Beispiele sind beschrieben und helfen dem Leser, Kriterien zur Einsatzauswahl zu finden. Neben aller Werkzeugvielfalt: die Autoren wissen, aufgrund ihrer Wartungserfahrung, daß die bedeutendste Werkzeugentscheidung jene für Konfigurationsmanagement und Versionierung ist.

Die beste Werkzeugsammlung alleine wird die Not – die kommt für die meisten Unternehmen, die heute nicht angefangen haben – nicht abwenden. Die Arbeitsweisen müssen effiziente Zusammenarbeit ermöglichen. Wenn die internen Kapazitäten nicht reichen, müssen Experten von außen zusätzlich mitarbeiten. Solcher Art zerlegte Projekte müssen vertraglich und technisch passend aufgestellt werden. Die Autoren bringen Erfahrung aus interkultureller Projektabwicklung mit und zeigen Möglichkeiten und Grenzen der Vergabe von Teilen der Umstellungsarbeiten nach außen auf.

Der Einsatz vieler »fleißiger Fabrikarbeiter« mit gutem Werkzeug führt nur bei eingespieltem »Fließband« oder bei hervorragender Leitung zum Erfolg. Das Projektmanagement muß den Prozeß vorgeben, formen und kontrollieren. Hier ist das

Projektmanagement als Aufgabe viel herausfordernder als die Einführung neuer Anwendungen. Die ganze Firma muß eingebunden sein. Neue Arbeitsweisen werden sich nach der Umstellung etabliert haben. Der Manager muß die Fachstellen und die Geschäftsleitung zu den guten Entscheidungen führen. Dieser Aspekt wurde von den Autoren betont und an vielen Stellen des Buches in seiner Tragweite aufgezeigt.

Das Buch läßt keinen Aspekt der Datumsumstellung aus und hebt die wesentlichen kritischen Punkte detaillierend hervor. Der Leser kann seine eigene Bewertung und Gestaltung – aus seiner Umstellungssituation heraus – vornehmen. Vielleicht hat noch kein Manager bislang eine Jahr-2000-Umstellung erfolgreich abgewickelt oder abwickeln lassen. Ein Buch – wie dieses in seiner Vollständigkeit – sollte Pflichtlektüre sein für den IT-Manager – auch dem DV-Vorstand ist es hilfreich. Für die Projektleiter sollte ein solches Buch nach der Anfangsphase der Jahr-2000-Umstellung zum Nachschlagen und als Reflektionshilfe im Büroregal stehen. Wenn sie die verfügbaren Erfahrungen aus den Menschen, aus der Fachliteratur und bei den Dienstleistern effektiv kombinieren, wird Silvester 1999 zur Meilensteinfeier in einem risikominimierten Großprojekt.

Ich wünsche den Unternehmen, in denen die Leser engagiert sind, daß die wirkungsvollen Wege umgehend eingeschlagen werden. Damit weder Arbeitnehmer und Kapitalgeber noch Geschäftspartner zu Schaden kommen.

Jörg Rechner, München, im Mai 1997

Software – Nutzen und Risiken 1

»The YEAR 2000 is like an onion. As you peel the layers of problems from it, you find additional layers of problems waiting underneath. And just like an onion, the more layers you peel from it the more you're going to cry.«

– Year 2000 Forum in Internet

1.1 Querschnittsänderungen an Software

Am 21. Juli 1968 betrat Neil Armstrong als erster Mensch den Mond. Ein kleiner Schritt für ihn, ein großer für die Menschheit. In weniger als 1000 Tagen steht der Schritt von einem Jahrtausend ins nächste an.

Solche historischen Vergleiche werden gerne bemüht, um den bevorstehenden Schritt ins Jahr 2000 anzukündigen; auch wenn die unendliche Debatte, ob die Zeitrechnung mit dem Jahr 0 oder mit dem Jahr 1 begonnen hat, Zweifel am Jahrtausendwechsel vom 31.12.1999 zum 01.01.2000 zuläßt.

Die besondere Bedeutsamkeit des Jahres 2000 für eine Vielzahl von Software-Systemen und integrierten Informationstechnologie-Infrastrukturen steht jedoch außer Frage. Der simple Wechsel von einem Datum, dem 31.12.1999, zum nächsten, dem 01.01.2000, wird die Funktionsfähigkeit einer großen Anzahl von Systemen in Frage stellen.

Mit der Betroffenheit von Software in großem Stil und über alle Branchengrenzen und Anwendungsgebiete hinweg wird eine industrielle Gesellschaft an ihrem wirtschaftlichen Lebensnerv getroffen.

Die Schlagwörter des globalen Dorfes und das der Informationsgesellschaft prägen die öffentliche Debatte. Die bevorstehende Deregulierung des Telekommunikationsmarktes wird voraussichtlich die Kommunikationsbedürfnisse eines großen Teils der Gesellschaft verändern. Die Informationsgesellschaft und zukünftige Telekommunikationsanwendungen sind eng mit der Informationstechnologie, auf der sie basieren, verbunden. Diese Informationstechnologie ihrerseits hängt in zunehmendem Maße von Software ab. Somit prägt Software große Teile des öffentlichen Lebens in der Informationsgesellschaft. Software wird immer allgegenwärtiger, immer mehr Menschen setzen sich mehr oder weniger freiwillig mit Software auseinander. Die allermeisten als Anwender, einige andere als Experten in dem einen oder anderen Gebiet und zunehmend mehr in der Erstellung einfacher Programme. Unabhängig von diesen besonderen Fällen der Auseinandersetzung mit Software ist mittlerweile fast jeder zum Opfer und / oder Nutznießer von Software geworden. Die meisten Menschen müssen sich mit maschinell erstellten (und daher nicht unterschriebenen) Dokumenten auseinandersetzen: Grundbuchauszüge, Mieterhöhungen, Abrechnungen aller Art und Bankauszüge sind alltägliche Beispiele. Darüber hinaus führt nahezu jeder Vorgang mit kommerzieller Bedeutung zu maschinell erstellten Dokumenten und Belegen, die jeden von uns mit der Tatsache konfrontiert, daß Software am Werk ist. Noch viel eindrucksvoller ist der große Nutzen von Software, den jeder kennenlernt, wenn er bei seiner Krankenkasse anruft und Auskunft über den Stand bei der Bearbeitung eines Antrags bekommt. Wenn dies dann zuweilen nicht so gut klappt, wird dies häufig entschuldigt mit der Tatsache, daß der Computer mal gerade wieder mit neuer Software ausgestattet wird oder mit einem Softwarefehler.

Beispiel!

Ebenso eindrucksvoll wie der Softwarenutzen in fast allen Geschäftsprozessen ist der Ärger, der durch Softwarepannen verursacht wird. Eines der populärsten Beispiele ist die fehlerhafte Berechnung von Feiertagen in der von der Deutschen Telekom eingesetzten Software am 01.01.1996. Der 01.01.1996 ist schlicht und einfach nicht als Feiertag erkannt worden. Folglich ist der falsche Tarif zur Berechnung der Preise verwendet worden. Daß durch einen solch einfachen und für jedermann verständlichen Fehler einige Millionen Telefonbenutzer eine falsche Rechnung bekamen, daß der Telekom dadurch ein wirtschaftlicher Schaden in zweistelliger Millionenhöhe entstand und daß die Telekom von einem noch höheren Image-Schaden spricht, ist ein Lehrbeispiel par excellence dafür, daß kleine Softwareursachen riesige Folgen haben können.

Andere Softwarepannen sind spätestens dann weniger amüsant, wenn sie Menschenleben gefährden, was bei der Unmenge von Software zur Steuerung und Überwachung von Kernkraftwerken, zur Steuerung von Hochgeschwindigkeitszügen, Flugzeugen, Personenkraftwagen, Verkehrsleitsystemen, medizinischen Geräten und militärischen Sicherheitseinrichtungen leicht der Fall sein kann.

Je allgegenwärtiger Software ist, desto größer ist das Schadenspotential, das mit kleinen Änderungen an ihrer Struktur verbunden ist, einfach deshalb, weil viele Personen direkt oder indirekt von dieser Software betroffen sind. Änderungen, die einen großen Teil der im Einsatz befindlichen Software betreffen, sind folglich besonders brisant. Welche Software-Änderungen, die einen großen Teil der im Einsatz befindlichen Software betreffen, gibt es? Es können nur solche Änderungen sein, die grundlegende Zusammenhänge des wirtschaftlichen Lebens betreffen, z.B. die Umstellung der Postleitzahlen von vier auf fünf Ziffern. Erfreulicherweise war mit dieser Umstellung kein allzugroßes Risiko verbunden. Postsendungen mit alter

Postleitzahl wurden übergangsweise auch noch zugestellt und im allerschlimmsten Fall kamen einzelne Sendungen zurück.

Ungewisser und risikoreicher werden Querschnittsänderungen, wenn sie näher am Kern des wirtschaftlichen Lebens liegen. Die EURO-Umstellung kann viel Ärger mit sich bringen. Falsche Rechnungsbeträge und Verzug bei der Überprüfung des Zahlungseinganges treffen Unternehmen schnell an der empfindlichen Stelle. Von der Umstellung auf den EURO ist zumindest all die Software betroffen, die mit Zahlungen, Buchungen und Verrechnungssätzen zu tun hat. Die EURO-Umstellung muß in Deutschland aller Voraussicht nach schon zum 01.01.1999 beendet sein. Hier wird noch debattiert, ob der EURO wie eine zusätzliche Währung zu behandeln ist oder ob seine Verwendung als Referenz in allen Ländern der Währungsunion eine andere und grundlegende Berücksichtigung erfordert. Im ersten Fall ist der EURO in all der Software, die ohnehin auf die Repräsentation mehrerer Währungen ausgelegt ist, relativ einfach einzubauen. Im zweiten Fall stehen potentiell grundlegende Änderungen an, die dann jedoch auch Probleme wie Rundungsfehler, Anzahl von Nachkommastellen oder die Stückelung der neuen Währung berücksichtigen können.

Eine zweite, mindestens ebenso grundlegende, absolut unaufschiebbare und noch populärere Querschnittsumstellung ist die Jahr-2000-Umstellung. Information zur Beschreibung von Daten (hier verstanden als Plural von Datum!) bilden die Grundlage vieler wirtschaftlicher Vorgänge. Die Fehlberechnung von Daten kann ebenso wie eine nicht EURO-fähige Software zu wirtschaftlich höchst unerfreulichen – recht schnell sogar zu überlebensgefährdenden – Konsequenzen führen.

Die Funktionsfähigkeit von Software und Computern über die Jahrhundertgrenze hinweg ist von elementarer Bedeutung für alle Unternehmen, deren Tagesgeschäft von Software abhängt. Gut funktionierende Software gewährleistet Wettbewerbsfähigkeit und Erfolg eines Unternehmens. Der Ausfall von Software in Banken, bei Finanzdienstleistern und bei Versicherungs- und Wohnungsverwaltungsunternehmen kann zu ernsthaften finanziellen Problemen führen. Langfristiger Ausfall von Software kann die wirtschaftliche Basis vieler Unternehmen gefährden. Die zuverlässige Umstellung der gesamten Software und informationstechnologischen Infrastruktur auf die Erfordernisse des Jahrhundertwechsels ist somit kein Luxus und kein Projekt, das nebenher bewältigt werden kann, sondern von elementarer Bedeutung für die Überlebensfähigkeit von Unternehmen.

Wie bedeutsam und weitreichend der Schritt vom 31.12.1999 zum 01.01.2000 im Hinblick auf die in aller Welt und in allen Branchen eingesetzte Software sein wird, ist heute noch nicht im Detail absehbar. Viele Experten und viele der potentiell betroffenen Anwender von Software sind sich einig, daß der Jahrhundertwechsel die vielfältige Anpassung auch von solcher Software bedeutet, die auf den ersten Blick nicht datumssensitiv ist. Eine Software wird dabei datumssensitiv genannt, wenn ihr korrektes Funktionieren von der Verarbeitung und/oder Berechung von Informationen des Typs Datum abhängt. Letztlich ist fast jede Software zur Unterstützung kaufmännischer Software datumssensitiv, denn die allermeisten Geschäftsprozesse basieren auf Fristen und Terminen, deren Einhaltung und der Einleitung geeigneter Maßnahmen bei ihrer Überschreitung. Für all diese Geschäftsprozesse (besser noch: für all die Software, die zur Unterstützung dieser Geschäftsprozesse eingesetzt wird) spielt die korrekte Verarbeitung von Daten eine grundlegende Rolle.

Der Jahrhundertwechsel bietet jedenfalls die Gelegenheit ein intellektuell einfaches Problem (nämlich den Wechsel von einem Datum zum nächsten) in großer gesellschaftlicher Breite zu diskutieren. Die meisten Menschen haben ein Gefühl dafür, wie sehr das tägliche Leben von funktionierender Software abhängt und dafür, daß die fehlerhafte Verarbeitung von Fristen und Terminen drastische Auswirkungen auf die Funktionsfähigkeit der Software haben wird. Daß die bevorstehende Jahr-2000-Umstellung nicht nur aus technischer Sicht ein umfassendes Thema ist, war an ersten Anzeichen schon in den letzten Jahren zu erkennen. Im Januar 1996 erschien auf der Titelseite einer regionalen Tageszeitung ein Artikel, der beschreibt, daß der bevorstehende Jahrhundertwechsel die deutsche Wirtschaft zwischen 20 und 30 Milliarden DM kosten wird, weil Software im Hinblick auf ihre Fähigkeit mit dem Datum 01.01.2000 umzugehen überprüft und angepaßt werden muß. Die Computer Woche berichtet im Frühjahr 1996 von weltweit bevorstehenden Aufwänden von 300 bis 600 Milliarden Dollar, die nötig sind, um Software auf den Jahrhundertwechsel vorzubereiten. Seitdem nehmen ähnliche Meldungen in allen Medien zu. Mittlerweile ist die Auseinandersetzung mit den Problemen der bevorstehenden, begonnenen und in manchen Fällen auch schon vorangeschrittenen Umstellung allgegenwärtig. Vorgehen, Verfahren und Erfahrungen werden in akademischen Kreisen diskutiert, sind Gegenstand von Seminaren und Workshops für industrielle Softwareentwickler und -betreiber und werden in von der Europäischen Kommission geförderten Experimenten und Forschungsprojekten unterstützt. In den USA gibt es Interessengruppen und Konferenzen, die sich ausschließlich mit dem Problem der Jahr-2000-Umstellung beschäftigen.

Das Problem der Umstellung von Software auf die Erfordernisse des Jahrhundertwechsels hat für Verleger, Redakteure, Konferenzveranstalter und Berater einen einfachen Charme: Es ist leicht zu verstehen und es betrifft viele. Für Informationstechnologie- und Softwareberater hat es darüber hinaus den unmittelbaren Vorteil, daß die mit dem Jahrhundertwechsel verbundenen Horrorszenarien so anschaulich sind und daß es in aller Regel nicht möglich ist, daß die erforderlichen Umstellungen von den EDV-Betreibern intern gehandhabt werden. Ob die in den verschiedenen Szenarien genannten Kosten realistisch sind oder nicht sei dahingestellt. Oftmals hat man den Eindruck, daß verschiedene Beratungshäuser in verschiedenen Medien möglichst düstere Prognosen stellen, um die eigene Unverzichtbarkeit zu untermauern. Das Erscheinen von Artikeln in der Tagespresse zeigt eines jedoch ganz deutlich: die Jahrhundertwende ist Anlaß für eine tiefgreifende und umfassende Softwarediskussion; und das nicht nur in Systemhäusern und den EDV-Abteilungen großer Anwender, sondern überall dort, wo Software die täglichen Geschäftsprozesse von Unternehmen, Organisationen und Behörden unterstützt.

Der Wechsel in ein neues Jahrhundert bietet Softwarebenutzern, professionellen Softwareentwicklern und Laien die Gelegenheit zur Diskussion: spätestens zum Jahrhundertwechsel beginnt für eine riesige Menge von Software eine unsichere Zukunft. Selbst bis zum 31.12.1999 sind wir nicht wirklich sicher. Täglich wird die Software, auf der Geschäftsprozesse basieren, brüchiger. Versicherungspolicen, die heute ausgestellt werden, haben Fälligkeiten im nächsten Jahrhundert, Risikokalkulationen berechnen Schadenswahrscheinlichkeiten in den Jahren 1996 bis 2005. Zinskalkulationen für Darlehensverträge gelten bis ins neue Jahrhundert. Oft genug kommt dabei Unsinn heraus, zumeist wird es rechtzeitig bemerkt, die Anzahl der Fehler wächst aller Wahrscheinlichkeit nach, je näher wir dem Jahrhundertwechsel kommen, und – ebenfalls aller Wahrscheinlichkeit nach – wächst auch die Anzahl der zunächst unbemerkten Fehler. Gerade diese können verhängnisvoll sein. Eine als falsch erkannte Datumsberechnung läßt sich leicht korrigieren. Ein weniger abstruses, aber dennoch falsches Ergebnis bleibt möglicherweise länger unerkannt und kann entsprechend länger Schaden anrichten.

Angesichts des einerseits klaren Handlungsbedarfes und des andererseits großen Aufbauschens des Themas ist es unverzichtbar, den Umfang und das Ausmaß des Jahr-2000-Problems sachlich und nüchtern zu ermitteln. Die erste Management-Aufgabe im Kontext des Jahr-2000-Problems ist es, diese Klarheit sicherzustellen. Nur auf der Basis einer klaren Problemabschätzung lassen sich geeignete Wege und Zeitpunkte zu seiner Lösung finden und sinnvolle Entscheidungen darüber treffen, ob geplante Informationstechnologieprojekte zugunsten der Jahr-2000-Umstellung aufgeschoben werden müssen.

Wie konnte es zu dem Problem der Datumsumstellung im beschriebenen Umfang kommen? Die Antwort ist so einfach wie unbefriedigend. Ein großer Teil der heute eingesetzten Software ist alt. Software-Ersteller aus den 60er und 70er Jahren hatten andere Probleme, als sich um die Tauglichkeit ihrer Datumsrepräsentation im nächsten Jahrhundert zu kümmern. Oft war völlig unklar, ob die Software tatsächlich eingesetzt werden würde oder ob es sich nicht doch eher um das Hobby eines Programmierautodidakten handeln würde. Zwei Dinge waren jedoch klar:

1. Eine jahrzehntelange Benutzung der erstellten Software war kaum vorstellbar.
2. Hauptspeicher war knapp.

Die Frage, ob man für das Jahr eines Datumsfeldes zusätzlichen Speicher bereitstellen sollte, nur um das Jahrhundert mit abzuspeichern, war eigentlich keine ernsthafte: Wer konnte sich schon vorstellen, daß die Software Jahrzehnte überleben würde? Tatsächlich findet sich aber heute noch häufig Software, die schon in den 60er Jahren entwickelt, dann nach und nach ergänzt wurde, und mittlerweile so komplex ist (verursacht durch organisches Softwarewachsen und nicht kompensiert durch systematischen Softwareentwurf oder zumindest durch partielle Restrukturierung), die es nahezu unmöglich macht, alte Software schrittweise durch neue zu ersetzen. Folglich blieb jahrzehntelang nichts anderes übrig, als die alte Software kontinuierlich einzusetzen und an die sich ändernden Anforderungen anzupassen. Leider sind in diesem langen Prozeß, der gerade am Anfang oft völlig unsystematisch durchgeführt wurde, gelegentlich Programmquellen verlorengegangen. So unglaublich sich das anhören mag: in fast allen über Jahrzehnte gewachsenen Softwaresammlungen gibt es Objekt-Code (also Ergebnisse der Übersetzung von Programmen in vom Rechner direkt ausführbare Repräsentationen), zu dem es die Ausgangsbasis (nämlich das vom Menschen lesbare Programm) nicht mehr gibt. Diese Extremsituation veranschaulicht nicht nur das Chaos in gewachsenen Softwaresammlungen, sondern ist symptomatisch für die gesamte Situation: ein mehr oder weniger großes Durcheinander, das jahrzehntelang entstehen konnte, muß angesichts einer bevorstehenden Querschnittsänderung an der Software aufgeräumt werden.

Dieses Chaos ist auf zwei Umstände zurückzuführen:

- Software ist *soft* und wird dementsprechend leichtfertig geändert. Ein weniger flexibler Gegenstand wäre kaum so kontinuierlich geändert worden.
- Der Prozeß der Softwareänderung ist zu Beginn der Softwareerstellung nicht als kritisch erkannt worden. Mittlerweile ist er zwar als solches erkannt, aber dennoch wird er noch nicht beherrscht.

Ursache für die vielfältigen Anpassungen, die in der ursprünglichen Software nachgebildet wurden, waren gesetzliche Änderungen, die sich auf die eingesetzte Software ausgewirkt haben, organisatorische Umstrukturierungen des Unternehmens und oft genug neue Management-Moden.

Die Verschlankung des Unternehmens, die Orientierung an Geschäftsprozessen, die Zentralisierung bestimmter Funktionen und die Dezentralisierung des Unternehmens, die Delegation von Verantwortung in die Abteilungen und die strikte Kontrolle aller Entscheidungen – all dies und noch vieles mehr galt zwischenzeitlich als unverzichtbares Motto für Effizienz, Produktivität und Qualität. Unabhängig vom aktuellen Trend ist eines klar: der nächste kommt bestimmt, und auch er wird wieder die Software in Mitleidenschaft ziehen.

Durch allzuhäufige Änderungen verliert die Software oft ihre klare Struktur und wird unübersichtlich: Anfangs vielleicht noch sinnvolle Softwarestrukturen werden durch nachträgliche Ergänzungen und Einbauten diffuser. Abbildung 1.1 veranschaulicht dies. Es werden bedingte Programmteile und Varianten eingeführt, Aufrufstrukturen zwischen Komponenten und mögliche Seiteneffekte von Änderungen werden unklar und letztlich unabsehbar. Am Ende erscheint die geänderte Software als ein unüberschaubares Konglomerat. Jede Änderung wird gefährlich im Hinblick auf die Funktionsfähigkeit der Software.

Heute ist deshalb oft ein Zustand erreicht, in dem Softwareanpassungen kaum noch zu bezahlen sind. Aktuell sind viele EDV-Mannschaften fast nur noch mit Wartungsarbeiten beschäftigt. Diese Wartungen sind so aufwendig, daß nur noch das allernötigste gemacht werden kann. Zusätzliche Funktionalität ist oft so teuer, daß der zusätzliche Nutzen durch die neue Funktionalität die Softwareänderungskosten kaum noch rechtfertigt. Änderungen an laufender Software sind so teuer, weil Seiteneffekte und dadurch verursachte Fehler kaum absehbar sind.

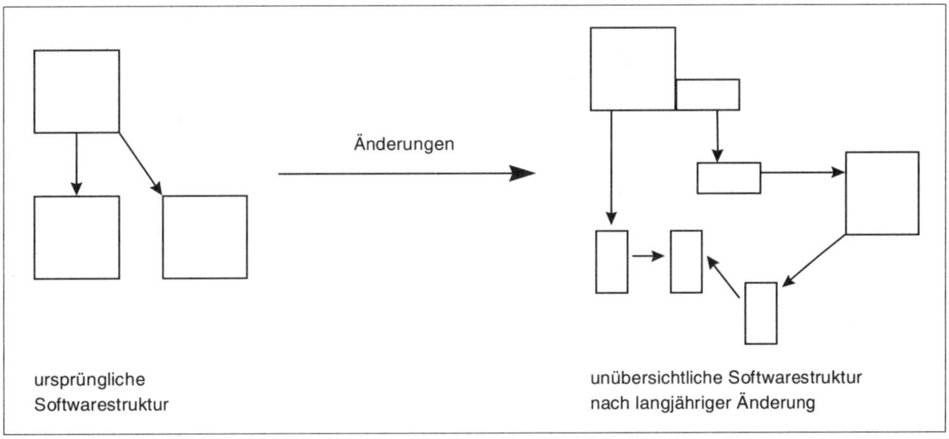

Abb. 1.1: Strukturverlust durch Änderung

Oft ist es so, daß kleine Änderungen an der eingesetzten Software zu vielfältigen Fehlern, zu nicht definiertem und unbeabsichtigtem Softwareverhalten, zu Abstürzen und sonstigen Softwareanomalien führt. Die Seiteneffekte, die durch Softwareänderungen verursacht werden, sind so vielfältig, weil die Struktur der existierenden Software unklar und oft genug verworren ist. Abbildung 1.2 veranschaulicht den Zusammenhang zwischen der Anzahl der an einer Software vorgenommenen Änderungen und dem Risiko einer weiteren Änderung. Mit schleichendem Verlust der expliziten Softwarestruktur wird jede zusätzliche Änderung gefährlicher als die vorherige.

Zusammengefaßt bedeutet das, daß Software und Informationstechnologie (IT) insgesamt für Banken, Versicherungen, öffentliche Verwaltungen und in vielen anderen Branchen zu den großen Kostenblöcken gehört, obwohl sie nur das eigentliche Kerngeschäft unterstützen sollen. Als Kontext, in dem das zusätzliche Problem der Jahr-2000-Umstellung auftritt, ergibt sich somit:

- Die Informationstechnologieetats sind groß und wachsen, ohne daß eine echter Mehrwert durch die erhöhten Aufwände erzeugt wird.
- Die Jahr-2000-Umstellung ist unverzichtbar und teuer.

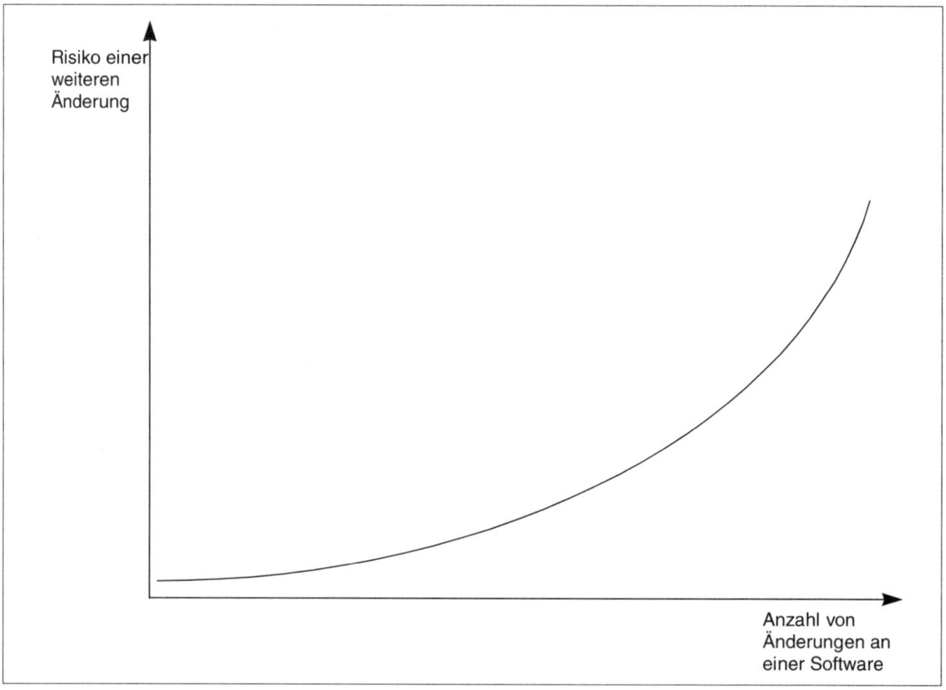

Abb. 1.2: Zusammenhang zwischen der Anzahl von Änderungen an einer Software und dem Risiko einer weiteren Änderung

Angesichts einer solchen Situation stellt sich die Frage, wie die Umstellung von Millionen von nur teilweise dokumentierten und großenteils schlecht strukturierten Programmen im Hinblick auf ihre Jahr-2000-Tauglichkeit bewerkstelligt werden soll. Und noch eines ist klar: der Handlungsspielraum wird kleiner, je knapper die Zeit wird!

1.2 Software Engineering

1968 fand in Garmisch-Partenkirchen eine wissenschaftliche Konferenz statt, auf der zwei Begriffe geprägt wurden: Software Engineering und Softwarekrise. Der Begriff des Software Engineering drückt den Versuch aus, die Erstellung von Software von künstlerischer und kreativer Dominanz zu befreien und sie planbar und kalkulierbar zu machen, eben dadurch, daß ingenieurmäßige Prinzipien verwendet werden [Som92, GJM91].

Software Engineering sollte helfen, einem zweiten Phänomen, nämlich dem der Softwarekrise, Abhilfe zu schaffen [Web92]. Die Softwarekrise bezeichnet hierbei die Situation, daß aus Effizienzgründen dringend Software gebraucht wird, um Geschäftsprozesse teilweise zu automatisieren und somit effizienter und zuverlässiger zu gestalten, daß eben diese aber nicht entwickelt werden kann, ohne unverhältnismäßig hohe Risiken im Hinblick auf Kosten, Liefertermin, Einsetzbarkeit von Software einzugehen.

Bisher hat das Software Engineering aber noch nicht einmal zu einer Konvergenz der Sichten auf den Softwareentwicklungsprozeß geführt. Während einige Befürworter Softwareentwicklung im wesentlichen für einen kommunikativen und entsprechend in Teilen auch schlecht planbaren Prozeß halten, gibt es andere, die die ingenieurmäßige Sicht vertreten. Wieder andere halten Softwareentwicklungsprozesse für Erkenntnisprozesse, in deren Verlauf das zu lösende Problem erst verstanden werden kann. Eines wird von allen Seiten konzidiert: Softwareentwicklung ist ein risikoreiches Geschäft, das noch nicht in dem Maße beherrscht wird wie andere Herstellungsprozesse.

Daß die Situation in der Softwarebeschaffung tatsächlich durch hohe Risiken geprägt wird, wird durch verschiedene Studien belegt [Gib94]. Je komplexer die zu beschaffende Software (beispielsweise gemessen in Function Points) desto größer ist die Wahrscheinlichkeit, daß sie weder rechtzeitig geliefert noch rechtzeitig eingesetzt werden kann [Jon96a]. Viele große Softwareentwicklungsprojekte werden abgebrochen, ohne daß die intendierte Software geliefert wird. Viele andere, insbesondere große Entwicklungsprojekte, verzögern sich, weil Liefertermine und Budgets nicht eingehalten werden. In einer amerikanischen Untersuchung [Jon96a] wird festgestellt, daß 65% von großen Entwicklungsprojekten (Entwicklungsprojekte mit über 100.000 Function Points) abgebrochen werden, weil Budget und Zeitrahmen maßlos überschritten werden (vgl. Tabelle 1.1). Eine solche Verläßlichkeit (besser Unverläßlichkeit) von Softwareentwicklung hat massive Auswirkungen auf das Geschäft eines jeden softwaregestützten Unternehmens, denn Neuentwicklungen werden verschoben, alte Software wird kontinuierlich eingesetzt, Innovationen, die durch neue Software möglich würden, werden aufgrund der Unkalkulierbarkeit von Softwareentwicklung nicht in die Praxis umgesetzt.

Anzahl Function Points	Früher als geplant	Termingerecht	Verspätet	Abgebrochen
1 FP	14,86 %	83,16 %	1,92 %	0,25 %
10 FP	11,08 %	81,25 %	5,67 %	2,00 %
100 FP	6,06 %	74,77 %	11,83 %	7,33 %
1.000 FP	1,24 %	60,76 %	17,67 %	20,33 %
10.000 FP	0,14 %	28,03 %	23,83 %	48,00 %
100.000 FP	0,00 %	13,67 %	21,33 %	65,00 %
Durchschnitt	5,53 %	56,94 %	13,71 %	23,82 %

Tabelle 1.1: Abbruchrate großer Projekte nach [Jon96a]

Seit 1968 sind eine Vielzahl programmtechnischer Methoden und Werkzeuge entwickelt worden. Sprachen verschiedener Generationen, strukturierte Techniken zum Entwurf und zur Programmierung, Modul- und Klassenkonzepte, objektorientierte Analyse, objektorientierter Entwurf und objektorientierte Programmierung, Programmierumgebungen, integrierte Softwareentwicklungsumgebungen und Softwareprozeß-Management haben die akademische Debatte im Software Engineering geprägt, die allermeisten Schlagwörter sowie die entsprechenden Inhalte haben wenig Einfluß auf die industrielle Softwareentwicklung gehabt. Beispiele hierfür sind integrierte Softwareentwicklungsumgebungen, objektorientierte Vorgehensmodelle für die Softwareentwicklung, Client/Server-Systeme, Qualitäts-Management und zahlreiche Programme zur Softwareprozeßverbesserung. Obwohl in vielen der genannten Ansätze teilweise erhebliche Verbesserungspotential liegt, hat bisher keiner einen substantiellen Einfluß auf die industrielle Praxis der Softwareentwicklung gehabt. Einige Ursachen für diese frappierende Wirkungslosigkeit sind:

- die oft unzureichende Praxisorientierung der akademischen Software Engineering-Forschung [Den93a],
- die teilweise geringe Innovationsbereitschaft der Softwareindustrie,
- die großspurigen Ankündigungen neuer Technologien, die ihr meist schon zu Beginn jede Glaubwürdigkeit rauben.

Die Tatsache, daß seit 1968 eine Vielzahl von Methoden und Werkzeugen entwikkelt worden sind, von denen keine den Prozeß der Softwareentwicklung auf ein wirklich gutes Niveau gebracht hat, zeugt davon, daß die Softwarekrise nach wie vor nicht überstanden ist.

Was bedeutet dies für die bevorstehende Umstellung von Software auf die Erfordernisse des Jahrhundertwechsels? Die für die Umstellung erforderlichen Techniken und Verfahren sind erforscht, finden bisher aber keine breite Anwendung. Auf der anderen Seite ist das Problem der Jahrhundertumstellung nicht sehr schwierig, sondern wird nur durch die schiere Masse der umzustellenden Software zu einem Problem. Aufgrund dieser Voraussetzungen kann man schlußfolgern, daß das Problem der Jahrhundertumstellung bewältigbar ist, daß die Menge der umzustellenden Software jedoch dringend erfordert, die erforderlichen Ressourcen zu beschaffen und für die Aufgabe der Jahrhundertumstellung bereitzustellen.

1.3 Ziel dieses Buches

Ziel dieses Buches ist es, eine Hilfe bei der Analyse individueller Jahr-2000-Probleme zu sein. Wir erörtern, daß es erforderlich ist, die Probleme, die durch den Jahrhundertwechsel für die eingesetzte Software entstehen können, sorgfältig zu analysieren, auf der Grundlage der Analyseergebnisse eine Umstellungsstrategie zu definieren und diese unter Verfolgung eines konsequenten Projektmanagements umzusetzen. Wir erklären die technischen Ursachen für die Probleme der nicht Jahr-2000-tauglichen Software und Wege zur Lösung dieser Probleme. Bei all dem liegt unser Hauptaugenmerk nicht auf technischen Details der Umstellung von Programmen in bestimmten Programmiersprachen, sondern auf strukturellen Eigenschaften möglicher Lösungen.

Ein weiteres Ziel dieses Buches ist es, die Management-Komplexität der bevorstehenden Jahrhundertumstellung zu verdeutlichen und Methoden zu ihrer Handhabung anzubieten. Wir zeigen auf diese Weise mögliche Lösungswege auf, wohlwissend daß es allgemeingültige und in jeder Situation anwendbare Lösungen nicht geben kann. Um auf die realen Probleme bei der Softwareumstellung aufmerksam zu machen, diskutieren wir ein konkretes Beispiel im Detail. Schließlich erörtern wir einen Lösungsansatz, der besonders dazu geeignet ist, das Ressourcen- und Kostenproblem zu lösen: Datumsumstellung durch partielles Outsourcing.

Aufbauend auf unseren Erfahrungen und den Erfahrungen unserer Partner bieten wir damit die Möglichkeit, bei der Bewältigung des Problems der Jahrhundertumstellung nicht bei Null anzufangen, sondern auf konsolidierten Projektplänen aufzusetzen und von Mittelwerten bezüglich der erforderlichen Aufwendungen zu profitieren. Projektpläne, die sich in ihrer mittlerweile überarbeiteten Form als hilfreiches Instrumentarium erwiesen haben, um verschiedene Aufgaben innerhalb der Jahrhundertumstellung mit ihren Abhängigkeiten und zeitlichen Verzahnungen darzustellen, helfen die Dimension des Problems zu erkennen. Sie bilden eine Grundlage für die individuelle Projektplanung, die in fast allen Fällen erfordern wird, daß die generischen Projektpläne angepaßt werden, um die Erfordernisse einer einzelnen, konkreten Umstellung zu reflektieren. Trotz seines allgemeinen Charakters stellt der generische Plan und seine ausführliche Erörterung sicher, daß wesentliche Aufgaben von vornherein bedacht werden, daß einige, insbesondere für die Jahr-2000-Umstellung wesentliche Dinge wie eine durchgängige Version zur Konfigurationsverwaltung und die hierfür erforderlichen Infrastrukturmaßnahmen von vornherein Berücksichtigung finden und daß die Aufgaben der Jahr-2000-Umstellung mit anderen Aufgaben innerhalb der Informationstechnologie, -wartung und -bereitstellung, koordiniert werden.

Die Bedeutung der Jahrhundertumstellung 2

January 1, 2000, – The Day the Earth Stood Still

»The Day the Earth Stood Still« was a 1950's science-fiction movie with a space visitor neutralizing the electricity of the Earth for an hour. In the near future many companies will be lucky to have overall operations stop only for just a single hour. Instead many may experience long delays caused by computer systems which fail to accommodate changes for the year 2000.

– H.L. Eichenwald, HLE Systems Inc. USA

2.1 Die Notwendigkeit der Jahrhundertumstellung

Viele EDV-Manager werden mehr oder weniger fortlaufend mit Anforderungen zur Umstellung, Erweiterung und Ergänzung existierender Infrastruktursysteme konfrontiert. Viele dieser Anforderungen sind berechtigt. Softwareanpassungen aufgrund von gesetzlichen Regelungen, organisatorischen Änderungen und zur Beseitigung von Fehlern sind erforderlich und müssen in aller Regel so schnell wie möglich realisiert werden. Oft genug ist es jedoch der Fall, daß auch bei Nichterfüllung neuer Anforderungen keine wesentlichen Probleme auftreten. Die dringend angeforderte Erweiterung einer Eingabemaske wird nicht realisiert, und die alte Maske wird weiter verwendet. Die dringend benötigte zusätzliche Auswertung kann nicht bereitgestellt werden, und das Geschäft läuft dennoch weiter.

Die Anforderung der Umstellung der eingesetzten Software auf den bevorstehenden Jahrhundertwechsel ist von anderer Qualität. Was bedeutet es, wenn die Jahrhundertumstellung entweder nicht rechtzeitig oder möglicherweise gar nicht realisiert wird? Offensichtlich stellt das Problem der Jahrhundertumstellung ein qualitativ anderes Problem dar als die Berücksichtigung der meisten Anforderungen an die Wartung oder Änderung eines Softwaresystems. Die Jahrhundertumstellung ist offensichtlich nicht verschiebbar und hat Auswirkungen, die mit der Nichtrealisierung neuer Anforderungen nicht vergleichbar sind.

Die Bedeutung der Datumsumstellung wird plakativ durch das folgende Zitat aus einer Werbebroschüre der Firma Satyam [Sat96] untermauert:

Viele Unternehmen, die von Großrechnersoftware abhängen, werden zum Neujahrstag des Jahres 2000 einen Schock erleben. Diese Software ist typischerweise nicht darauf ausgelegt Jahrhundertangaben zu verarbeiten. Die Datumsangaben haben »19« als Standardjahrhundert, d.h. die fehlende Jahrhundertangabe wird als 19 interpretiert. Wenn das Jahr 2000 erreicht wird, wird die Jahrhundertangabe 00 deshalb als das Jahr 1900 interpretiert. Einige Systeme verwenden eine fünfziffrige Notation, zum Beispiel 365/99, wobei die ersten drei Ziffern den Tag innerhalb des Jahres angeben und die letzten beiden Ziffern das Jahr repräsentieren (ebenfalls um 19 ergänzt). All diese Systeme werden am 1.1.2000 ein Chaos Verursachen. Zeitpläne werden durcheinander geraten, Abstürze werden auftreten und möglicherweise werden Daten zerstört werden und das alles wegen eines Sprunges vom Jahr 1999 zurück ins Jahr 1900. (Übersetzung eines englischen Originaltextes)

Auch wenn dieser Text aus einer Werbebroschüre stammt, so ist die Kernaussage dennoch uneingeschränkt richtig. In der Tat wird der Jahrhundertwechsel für eine große Zahl kommerzieller Datenverarbeitungssysteme einen Einschnitt darstellen, denn es wird genau überlegt, welche dieser Systeme ins neue Jahrhundert übernommen (so daß es unumgänglich ist, sie Jahr-2000-tauglich zu machen) und welche durch neue Softwaresysteme ersetzt werden sollten. Die Brisanz, die der Jahrhundertwechsel für kommerzielle Datenverarbeitungssysteme hat, ist darin begründet, daß diese Systeme in aller Regel mit Zahlungen, Buchungen, Verträgen und anderen Grundbestandteilen des wirtschaftlichen Lebens zu tun haben. Für all diese Bestandteile sind Fristen und Termine von großer Bedeutung. Entsprechend gibt es verschiedene Versuche, den Begriff der Zeit zu behandeln. Wenn immer es dabei um Abläufe des täglichen Lebens geht, laufen diese Versuche auf den Begriff des Datums hinaus (für Verträge werden nun einmal in aller Regel Tage als Termine genannt, Buchungen fallen an Tagen und nicht zu bestimmten Minuten an und bei fast jeder Art der Wirtschaftlichkeitsberechnung geht es um Tage, nicht aber um kleinere zeitliche Einheiten).

Aus diesem Grund wird in Softwaresystemen der genannten Art mit Tagen gerechnet. Sie basieren auf der Annahme, daß Operationen wie die Subtraktion oder Sortierung mit Objekten und Attributen des Typs Datum möglich sind.

Ursache für vielfältige Probleme bei der Berechnung von Daten, insbesondere für solche Probleme, die beim bevorstehenden Jahrhundertwechsel zutage treten werden, sind unterschiedliche, oftmals vereinfachende Darstellungen von Objekten des Typs Datum. Solche Vereinfachungen haben jahrzehntelang funktioniert, weil die explizite Angabe des Jahrhunderts bedeutungslos war, da sich alle Jahrhundertangaben durch die implizite Annahme »1900« ergänzen ließen. Solche vereinfachenden Annahmen in Form verkürzender Darstellung von Datumsobjekten sind angesichts des Jahrhundertwechsels nicht mehr geeignet, da die Ergänzung des Jahrhunderts »19« eine zu starke Vereinfachung darstellt. Bei dem Rechnen mit solch vereinfachten Darstellungen kommt es zu vielerlei Seiteneffekten, die sich bei der Subtraktion oder Sortierung von Daten auswirken. Aber selbst dann, wenn die Jahrhundertangabe mit in Datumsobjekten kodiert ist, kann es dennoch auftreten, daß bei der Berechnung und Verrechnung von Daten Probleme auftreten, die innerhalb eines Jahrhunderts nicht aufgetreten sind. Ursache hierfür ist, daß unterschiedliche Datumsrepräsentationen bei der Berechnung aufeinandertreffen können und zu nicht geahnten Seiteneffekten führen. Die einzige Möglichkeit, solche Probleme zu vermeiden, ist die Verwendung normierter Daten.

Die Aufwände und Kosten der Jahr-2000-Umstellung können in einzelnen Unternehmen so groß sein, daß eine komplette Umstellung der im Einsatz befindlichen Software verbietet. Oft wird es möglich sein, mit 20% der Kosten 80% der Programme umzustellen. Es ist deshalb erforderlich, die Umstellung rechtzeitig zu planen und zu beginnen. Aller Voraussicht nach wird die Umstellung umso teurer, je später sie begonnen wird. Der Handlungsspielraum für intelligente Lösungen wird kleiner, die tatsächlichen Umstellungskosten werden höher, weil Personal knapp wird und weil ein höherer Parallelitätsgrad zu zusätzlichem Koordinationsaufwand führt.

Abbildung 2.1 veranschaulicht diesen Zusammenhang. Wichtig ist hierbei auch, daß ab Überschreiten einer gewissen Grenze auch unter Aufwendung erheblich erhöhter Mittel die Umstellung nicht mehr gelingen kann, einfach deshalb, weil der Parallelitätsgrad in der Umstellung nicht beliebig gesteigert werden kann.

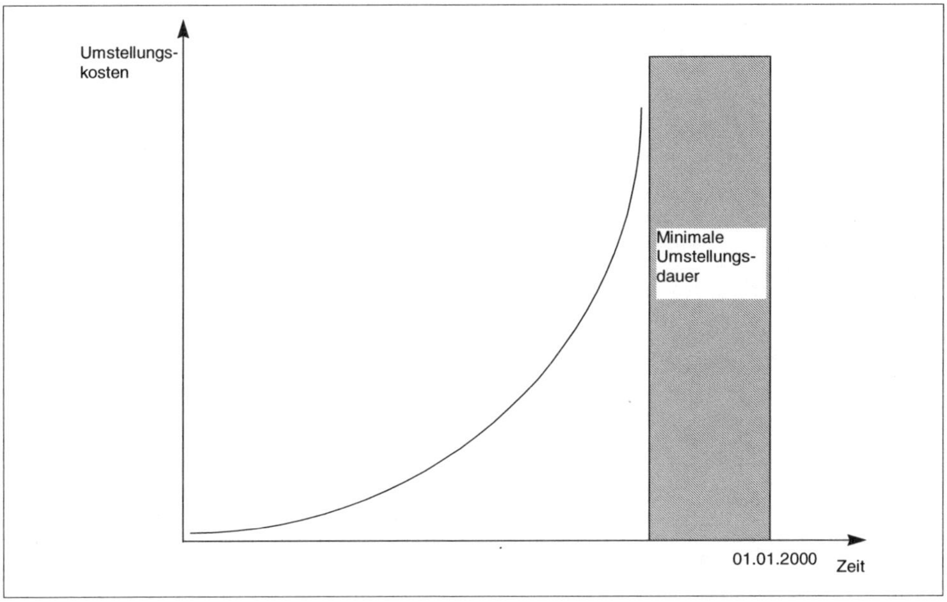

Abb. 2.1: Umstellungskosten versus Umstellungsbeginn (Schema)

2.2 Gebräuchliche Repräsentationen von Datumsobjekten

Trotz aller Standardisierungsbemühungen sind die Darstellungsformen von Datumsangaben oft sehr unterschiedlich. Diese unterschiedlichen Repräsentationen finden sich in Datenbanken, Dateien, Tabellen und sonstigen Repräsentationen von Informationen. Unter diesen Formaten findet man die gebräuchliche gregorianische Repräsentation, die Tag, Monat und Jahr (mit oder ohne Jahrhundert) umfaßt, sowie die julianische Repräsentation, die die Ordinalzahl des Tages innerhalb des Jahres und das Jahr selbst (erneut mit oder ohne Jahrhundertangabe) enthält.

Zusätzlich findet man sogenannte »serielle Daten«, die die Tage von einer bestimmten Ausgangsbasis aus zählen. Ein Beispiel der Berechnung serieller Daten sind Algorithmen, die die Tage seit dem 01.01.1970 durchzählen und jedem Tag eine eindeutige Nummer zuweisen. Unabhängig davon, ob gregorianische, julianische oder auf serielle Datendarstellung basierende Repräsentationen von Daten verwendet werden, gibt es eine große Zahl von Anwendungssystemen, die in hohem Maße von der korrekten Verarbeitung von Daten abhängig sind[1].

2.3 Exemplarische Auswirkungen des Jahrhundertwechsels auf Softwaresysteme

Eine große Anzahl von Softwaresystemen muß konvertiert werden, um Daten, die im Jahr 2000 und danach liegen, korrekt zu berechnen. Diese Umstellung wird im allgemeinen als Jahrhundertumstellung oder als Jahr-2000-Umstellung bezeichnet.

Dabei ist davon auszugehen, daß jedes Softwaresystem seinen eigenen Ereignishorizont hat. Unter dem Ereignishorizont versteht man den frühesten Zeitpunkt, zu dem Fehler aufgrund der Verarbeitung von Daten im Jahr 2000 oder danach auftreten. Wegen dieser verschiedenen Ereignishorizonte sind Softwaresysteme auch bis zum 31.12.1999 nicht sicher. Deshalb muß nicht nur analysiert werden, welche Softwaresysteme betroffen sein werden, sondern auch, ab wann diese betroffen sein können.

Eine der kritischsten Branchen, in denen eine große Zahl solcher Anwendungen existiert, ist der Finanzdienstleistungsbereich. Dieser umfaßt Banken, Versicherungswirtschaft, Kreditorganisationen und andere finanzielle Institutionen. Die

[1] Hinweis: Der Begriff »Daten« wird im folgenden als Bezeichnung für Attribute und Objekte vom Typ Datum verwendet, nicht etwa als Verallgemeinerung für Informationen beliebiger Typen.

meisten der umzustellenden Anwendungen laufen auf Großrechnern oder größeren Abteilungsrechnern. Es wird geschätzt, daß etliche Millionen Zeilen Code umzustellen sind. Viele Experten behaupten, daß die Umstellung dieser Applikationen spätestens 1996 beginnen muß, um 1999 beendet zu sein, so daß man in der verbleibenden Zeit bis zum Jahrhundertwechsel ausreichende Testzyklen einbauen kann und um ggf. auf Folgeprobleme der Umstellung einzelner Softwareteile reagieren zu können. Andere in hohem Maße betroffenen Branchen sind die Versicherungswirtschaft, der Handel, verschiedene Arten von Industrieunternehmen, Leasing-Unternehmen und die Wohnungswirtschaft.

Die denkbaren weitgehenden Konsequenzen eines Jahrhundertwechsels, auf den die Software nicht vorbereitet ist, werden im folgenden anhand einiger Beispiele beschrieben.

2.3.1 Beispiel 1: Lagerhaltungssysteme für den Einzelhandel

Lagerhaltungssysteme für den Einzelhandel kalkulieren, welche Waren geordert werden müssen, um die Anzahl der Verkäufe in den letzten Tagen auszugleichen. Diese Kalkulation basiert auf der Berechnung und Verrechnung von Objekten des Typs Datum. Beispielsweise wird ermittelt, welche Verkäufe in den letzten Tagen vorgenommen worden sind. Die Verkäufe der letzten Tage ergeben sich dadurch, daß man all die Verkäufe an den Tagen zusammenzählt, die beispielsweise um 10 kleiner sind als das aktuelle Datum. Konkret bedeutet dies, daß die Ermittlung der in den letzten Tagen verkauften Waren auf der Subtraktion von Daten basiert. Die Subtraktion von Daten wird rund um den Jahrhundertwechsel zu einem kritischen Ereignis, denn am 02.01. des Jahres 2000 wird für eine Reihe von Tagen die genannte Subtraktion zu dem Ergebnis führen, daß sie um weniger als 10 kleiner sind als das aktuelle Datum, denn die Subtraktion von im 20. Jahrhundert liegenden Daten vom 02.01.2000 führt für alle Daten zu sehr kleinen Zahlen, nämlich zu stark negativen Ergebnissen. Lagerhaltungssysteme können somit zu dem Ergebnis kommen, daß alle Tage des 20. Jahrhunderts kleiner sind als der 02.01.2000 und somit entsprechend Nachschub ordern für alle Verkäufe im 20. Jahrhundert. Da das auf diese Weise ermittelte Ergebnis offensichtlich abstrus ist, werden Lager nicht unmittelbar wieder aufgefüllt. Nach einer kurzen Zeit sind weitere Verkäufe nicht möglich, da Waren fehlen. In dieser Situation gibt es nur zwei Auswege: entweder das Softwareproblem wird schnell gelöst oder das ursprünglich softwaregestützte Geschäft wird übergangsweise manuell betrieben. Gelingt beides nicht, kann es zu möglicherweise existenzbedrohenden Umsatzverlusten kommen.

2.3.2 Beispiel 2: Softwaresysteme, die Zinskalkulation für Kreditkarten durchführen

Auch diese Programme benutzen die Anzahl von Tagen zwischen zwei Daten, um genau für diese Anzahl von Tagen Zinsen zu berechnen. Wenn die Anzahl der Tage sehr groß wird – dies kann beim Jahrhundertwechsel zumindest dann auftreten, wenn mit Absolutbeträgen zwischen zwei Daten kalkuliert wird, wenn also das Vorzeichen des Ergebnisses einer Subtraktion zweier Datumsrepräsentationen vernachlässigt wird –, erbringt die Subtraktion zweier Daten ähnlich abstruse Werte wie im Falle des Lagerhaltungssystems. Auf der Basis solcher Werte werden dann enorme Zinszahlungen fällig gestellt. Diese Zinsen werden durch die Kunden natürlich nicht bezahlt werden. Die Kunden werden statt dessen den Customer Service anrufen und sich über ihre abstrusen Zinsrechnungen beschweren. Die reine Menge dieser Anrufe und Beschwerden kann den Customer Service einer Kreditkartenfirma leicht lahmlegen. Das Ausbleiben der Zahlungen, die rein buchungstechnisch erwartet werden, führt zu weiteren finanziellen Problemen.

2.3.3 Beispiel 3: Kauf- und Verkaufsprogramme an Börsen

Viele Investmentfirmen haben automatisierte Mechanismen, um Börsenentwicklungen zu beobachten und je nach Kursentwicklung Aktien zu kaufen oder zu verkaufen. Die Entwicklung einer Aktie wird berechnet auf der Grundlage der Preise zu einer Menge von Daten. Wenn der Kurs an einer großen Anzahl von Tagen niedrig ist, ist es wahrscheinlich, daß eine große Menge von Aktien zum Verkauf steht. Dieses führt zu weiteren Kursverlusten, letztendlich zu nichtlinearen Effekten und kann auf diese Weise zu Börsen-Crashs führen. Wenn die Anzahl von Tagen, an denen ein bestimmter niedriger Kurs gehalten wird, über die Jahrhundertwende hinweg ermittelt wird, kann sich rein rechnerisch eine hohe Wahrscheinlichkeit für einen solchen Crash ergeben, allein aufgrund der Falschberechnung der Anzahl der Tage.

2.3.4 Beispiel 4: Abrechnungssysteme in der Telekommunikation

Ein Abrechnungsprogramm in der Telekommunikation kommt beispielsweise bei einem Telefonat, das über den Jahrhundertwechsel hinweggeht, in Schwierigkeiten: Bei der Berechnung der Gesprächsdauer wird nämlich das Anfangsdatum des Gesprächs vom Enddatum des Gesprächs abgezogen. Daraus ergibt sich bei einer zweiziffrigen Jahrhundertumstellung eine Gesprächsdauer von ca. 100 Jahren und eine entsprechend hohe Telefonrechnung.

2.3.5 Beispiel 5: Lagerung von Produkten am Beispiel eines Pharmaunternehmens

Ein Beispiel für die Grenzen der Software ist die Erfahrung, die ein Pharmaunternehmen machte: das Unternehmen stellte Anfang 1997 ein neues Präparat her und schickte die erste Charge von ca. 50.000 Behältern an ein automatisiertes Lager. Im Lager streikte der Computer. Als das Produkt mit einem Verfallsdatum von sechs Jahren gekennzeichnet wurde, verstand der Computer die »Haltbarkeit« des Produktes nicht, da er nach der 99 (1999) die 00 nicht als 2000 begriff. Demzufolge war das Produkt für die EDV nicht mehr im Rahmen des gültigen Haltbarkeitsfensters. Das Lager des Pharmaunternehmens wurde in diesem speziellen Fall durch eine Robotiksteuerung, die Altbestände selbständig vernichtete, gesteuert. Also wurde kurzerhand die gesamte Charge von 50.000 Behältern vernichtet, ohne daß irgend jemand die Möglichkeit hatte, einzugreifen oder das Vernichten der Charge verhindern konnte.

2.3.6 Sonstige Auswirkungen

All diesen Anwendungen liegt eine wesentliche Annahme zugrunde. Diese Annahme ist, daß sich Daten berechnen lassen, daß sie sich mit Hilfe einfacher algebraischer Operationen miteinander verrechnen lassen und daß sich Daten vergleichen lassen (und somit eine Sortierung nach Daten möglich ist). All diese Operationen sollen dabei die intuitive zeitliche Vorstellung von »früher« und »später« widerspiegeln. Dies soll nicht nur für nahe beieinanderliegende Daten funktionieren, sondern auch für Daten, die einen Zeitraum von mehr als hundert Jahren umfassen. Die zweite Bedingung – so unschön sie das Datumsproblem auch verschärfen mag – ist unumgänglich, einfach deshalb, weil Geburtsdaten (als eine Spezialisierung von Daten) ohne Jahrhundertangabe nicht eindeutig ergänzt werden können. Ein Geburtsdatum wie der 2.2.95 läßt sich ohne Interpretation der Anwendungslogik nicht eindeutig als der 2.2.1895 oder der 2.2.1995 interpretieren.

Daten spielen nicht nur auf Anwendungsebene eine zentrale Rolle, sondern beeinflussen auch Basis-Software substantiell. Daß Daten im BIOS eine wichtige Rolle spielen ist ausreichend thematisiert worden, aber auch viele andere Basis-Systeme (Job Control Languages, Datenbank-Management-Systeme) basieren auf der Verarbeitung von Daten. Die Abhängigkeit der eingesetzten Basissysteme von der korrekten Verarbeitung von Daten ist von besonderer Bedeutung, da angesichts dieser Abhängigkeit die Umstellung der »eigenen« Anwendungssysteme alleine nicht die Funktionsfähigkeit des Gesamtsystems sicherstellt. Wenn beispielsweise die Anwendung korrekt mit Daten verschiedener Jahrhunderte arbeitet, der benutzte Transaktionsmonitor bestimmte Jobs aber zu falsch errechneten Zeiten startet, so ist das korrekte Funktionieren der Anwendung nicht ausreichend, um ordnungsgemäße Softwareunterstützung zu bieten.

Fast alle PCs (mindestens bis zum Herstellungszeitraum 6/96) sind, bedingt durch die BIOS-Software, nicht in der Lage, das Jahr 2000 richtig zu interpretieren. Dies hat zur Folge, daß Arbeiten, die einen Datumsstempel vom System benötigen (z.B. Textverarbeitung, Kalkulation, PC-Datenbanken usw.), nicht korrekt ablaufen werden. Sollten diese alten PCs ohnehin bis zum Jahr 2000 durch neue ersetzt werden, so wird das Problem nicht auftreten. Die Jahr-2000-Tauglichkeit von PCs kann ganz einfach überprüft werden. Folgende Schritte sind hierfür notwendig:

- In der Systemsteuerung (Zeiteinstellung) von Windows wird z.B. folgendes Datum eingegeben: 31.12.1999 und die Uhrzeit: 23:57.
- Der PC wird jetzt ordnungsgemäß ausgeschaltet.
- Nach ca. 5 Minuten wird der PC wieder eingeschaltet. Mit dem richtigen PC-BIOS muß die Zeituhr in Windows 01.01.2000 anzeigen. (Der alte BIOS zeigt meistens 1980 oder 1984 als Jahr an).

Die Datumsumstellung ist im wesentlichen deshalb ein nennenswertes Problem, weil Datumsattribute und Objekte an den verschiedensten Stellen auftreten. Repräsentationen von Daten finden sich im Betriebssystem, in allen Arten von Programmen, in Dateien, in Datenbanken, in Dialogmasken, in Auswertungsformularen und in nahezu allen weiteren Darstellungen von Anwendungsdaten.

Um eine Software insgesamt Jahr-2000-tauglich zu machen (d.h. um sicherzustellen, daß diese Software auch nach der Jahrhundertwende korrekt funktioniert), müssen die Daten in all diesen Bestandteilen der Programme und der Datenrepräsentationen betrachtet und gegebenenfalls angepaßt werden.

Mit welchem Risiko ist nicht Jahr-2000-taugliche Software verbunden? Dieses Risiko ist eine Kombination von Schadenspotential und Wahrscheinlichkeit, mit der dieser Schaden eintritt. Beide Faktoren werden wir im folgenden kurz erörtern:

2.3.7 Schadenspotential

Das Schadenspotential nicht Jahr-2000-tauglicher Software ist unterschiedlich groß. Betrachtet man einen Ausdruck, auf dem das Jahrhundert 19 fix eingestellt ist, so wird das Problem sich so äußern, daß auch nach der Jahrhundertwende Auswertungen mit der Datumsangabe 19XX auftauchen. Dies ist sicherlich falsch, verursacht aber aller Wahrscheinlichkeit nach keinen handfesten Schaden, da die Datumsangaben 1900 und 1901 auf Ausdrucken leicht als fehlerhaft erkannt werden und darüber hinaus auch nicht Gegenstand anschließender Berechnungen sein werden. Betrachtet man demgegenüber den Ausfall von operativen Softwaresystemen und die damit verbundene Beeinträchtigung des Geschäfts, so ist das

Schadenspotential erheblich. Konkret kann es sogar den Bankrott des betroffenen Unternehmens verursachen. Das Schadenspotential hängt jedoch nicht ausschließlich von der einzelnen Anwendung ab, sondern auch davon, wann und wie Fehler erkannt werden.

Im günstigen Fall treten die fehlerhaften Daten sofort auf, können in den individuellen Fehlerfällen manuell korrigiert werden und sorgen nicht dafür, daß der Geschäftsbetrieb zusammenbricht.

Im weniger günstigen Fall sorgen fehlerhafte Daten für einen Zusammenbruch des Tagesgeschäfts, einfach deshalb, weil softwareverursachte Fehler auf diesem grundlegenden Niveau unmittelbar große Zahlen von Fehlerausprägungen verursachen. »Ein« falscher Mieteinzug durch ein Wohnungsverwaltungsunternehmen kann manuell korrigiert werden; 140.000 falsche Mieteinzüge lassen sich nicht ohne weiteres korrigieren, führen unmittelbar zu großen Imageverlusten und sorgen allein durch wenige Tage Verzögerung zu massiven wirtschaftlichen Verlusten (in Form von Zinsausfällen).

Im ungünstigen Fall treten Fehler auf, werden nicht sofort entdeckt, setzen sich fort, indem fehlerhafte Daten die Grundlage weiterführender Berechnungen bilden und werden erst später aufgespürt. In einem solchen Fall sind die Schäden, die sich durch Verzögerungen bei Zahlungen, Inkassoläufen, Gewährung von Leistungen, Mahn- und Klageverfahren, Verzugsanmeldungen und ähnlichen Aktivitäten ergeben, von erheblichem Ausmaß und können ohne weiteres die Substanz eines Unternehmens treffen. Möglicherweise besonders dramatisch sind solche Fehler, die sich nicht in offensichtlich abstrusen Werten äußern, sondern zu kleineren Abweichungen führen, die eine ganze Weile unentdeckt bleiben können.

2.3.8 Eintrittswahrscheinlichkeit

Die Jahrhundertwende tritt zu einem fest definierten und absehbaren Termin ein. Das Auftreten der im Vorfeld erkannten Probleme durch falsche Errechnung von Fristen und Terminen ist sicher. Konkret prognostizierte Probleme werden tatsächlich auftreten. In aller Regel wird der Gesamtschaden noch größer sein, da nicht wirklich alle Probleme vorhergesagt werden können. Somit ergibt sich das Risiko ausschließlich durch das Schadenspotential.

Die potentiellen Probleme des Einsatzes nicht Jahr-2000-tauglicher Software über die Jahrhundertgrenze hinweg werden verschärft dadurch, daß das Jahr 2000 an einem Freitag beginnen wird, der natürlich ein Feiertag ist. Der erste reguläre Betrieb, mit der möglicherweise fehlerhaft arbeitenden Software findet somit erst am Montag der darauffolgenden Woche, als am 04. Januar des Jahres 2000 statt. Die Fehler, die durch den Einsatz nicht Jahr-2000-tauglicher Software entstehen können, können also zunächst einmal vier Tage lang auflaufen.

2.4 Wirtschaftliche Bedeutung

Das Jahr-2000-Problem hat betriebswirtschaftlich und volkswirtschaftlich erhebliche Bedeutung. Zur Erörterung der betriebswirtschaftlichen Bedeutung verweisen wir auf die folgende von der Gartner Group aufgestellte Modellrechnung:

Die Gartner Group schätzt, daß eine mittelständische Firma in der Regel 8.000 Altprogramme einsetzt, die insgesamt 12,3 Mio. Zeilen Code umfassen. Im Durchschnitt, so die Zahlen der Gartner Group, tritt in einer von 50 Zeilen Code eine Referenz auf ein Datum auf. Von diesen Zahlen ausgehend ergibt sich damit eine Menge von 240.000 zu ändernden Zeilen Code. Weiterhin schätzt die Gartner Group, daß zwischen Frühjahr und Herbst 1995 die Kosten für die Jahr-2000-Umstellung von 34 Cent pro Zeile Code auf ca. 1 Dollar pro Zeile Code gestiegen sind. Gemäß der Schätzung der Gartner Group kostet die komplette Umstellung einer Zeile Code ca. 1 Dollar, wobei dies ca. 25% Projektmanagement und 50% Testaufwendungen umfaßt.

Weltweit gibt es schätzungsweise 180 Milliarden Zeilen Code MVS COBOL und ca. 900.000 COBOL-Programmierer, die diesen Code warten und pflegen. Angenommen, dieser Code wird auf das Jahr 2000 umgestellt mit Hilfe von Automatisierungswerkzeuge bis Ende 1998 (ohne Unterbrechungen für die operative Wartung und Pflege), dann werden mindestens 200.000 zusätzliche COBOL-Programmierer notwendig, um die Datumsumstellung weltweit zu realisieren. Die Gartner Group schätzt ein Gesamtaufwand von 48 bis 65 Milliarden US-Dollar allein für die COBOL-Code Umstellung. Hinzu kommen PL/1, Assembler usw.

Unabhängig davon, ob diese Kosten im Detail stimmen und ob es korrekt ist, anzunehmen, daß die gesamte Software umzustellen ist, veranschaulicht diese Erörterung, daß die Herstellung der Jahr-2000-Tauglichkeit betriebswirtschaftlich relevant ist, insbesondere deshalb, weil der zu leistende Aufwand nicht durch zusätzlichen Ertrag ausgeglichen wird.

Rückstellungen müssen für den Fall gebildet werden, daß sich während der Umstellung Probleme ergeben. Andere Investitionen in Software und Informationstechnologie müssen möglicherweise zurückgestellt oder gekürzt werden, selbst wenn dies zur Konsequenz hat, daß Produktivitätssteigerungspotentiale nicht erschlossen oder neue Geschäftsfelder nicht bearbeitet werden können.

Auch volkswirtschaftlich kann das Jahr-2000-Problem relevant sein, nämlich genau dann, wenn eine Menge von Unternehmen den software-technischen Sprung ins Jahr 2000 nicht schafft. Was bedeutet es für eine Volkswirtschaft, wenn Unternehmen aus der Versicherungsbranche oder aus der Finanzdienstleistungsbranche für einige Zeit ihre Geschäftstätigkeit einschränken müssen oder wenn einige ihr Geschäft gar ganz aufgeben müssen? Zusätzliche Konzentrationserscheinungen werden unvermeidlich sein. Was passiert aber, wenn sogar Teile der öffentlichen Verwaltung lahmliegen? Die Auswirkungen auf die Geschäftsfähigkeit vieler Unternehmen können grundlegend sein. Ein Bauunternehmen, das auf Baugenehmigungen wartet, und ein junges Unternehmen, das auf ein Existenzgründungsdarlehen angewiesen ist, können von einer nicht funktionierenden öffentlichen Verwaltung schwer in Mitleidenschaft gezogen werden. Welche Auswirkungen kann es haben, wenn das Finanzamt für einen begrenzten Zeitraum nicht mit Umsatzsteuervorauszahlungen und Lohnsteuereinzahlungen umgehen kann? Was bedeutet es, wenn Mahn- und Klagefristen versäumt werden und deshalb möglicherweise empfindliche Steuerausfälle auftreten?

Auf all diese Fragen und auf eine Reihe weiterer gibt es keine eindeutigen Antworten. Sicher ist eines: im schlimmen Fall der auf breiter Front nicht rechtzeitig bewältigten Jahr-2000-Umstellung droht nicht nur den einzelnen Unternehmen, Behörden und Organisationen Unheil, sondern sogar ganzen Volkswirtschaften.

2.5 Standards und Regeln

Standards und Regeln zur Darstellung und Berechnung von Daten sind nicht nur deshalb wichtig, weil ihre unzureichende Anwendung in der allermeisten Software die Ursache für die Dimension des Jahr-2000-Problems ist, sondern auch deshalb, weil zukünftig die Kommunikation zwischen verschiedenen Anwendungen nur dann reibungslos (und ohne erhebliche individuelle Anpassungen) funktionieren wird, wenn die umgestellten Anwendungen einheitlich mit Daten umgehen. Das Zusammenwachsen von Geschäftsprozessen sowohl auf vertikaler Ebene (also zwischen Unternehmen, die aufeinanderfolgende Schritte der Wertschöpfung betreiben) als auch auf horizontaler Ebene (also zwischen Unternehmen mit dem gleichen Geschäft) bedeutet, daß Informationstechnologie-Infrastrukturen zusammenwachsen. Dieses Zusammenwachsen kann nur funktionieren, wenn bezüglich der Verwendung der grundlegenden Begriffe Einigkeit besteht.

Die Erörterung einiger standardisierter Datumsdarstellungen dient demzufolge nicht dazu, darzustellen, wie schön die Welt sein könnte, wenn sie schon seit 20 Jahren angewendet worden wären. Statt dessen dient sie zur Verdeutlichung, wie Daten nach der Umstellung dargestellt und verrechnet werden sollten, um sicherzustellen, daß wenigstens nach der Umstellung eine einheitliche Verwendung von Daten erfolgt.

2.5.1 Datumsnormierung durch die ISO

Die internationale Standardorganisation ISO spezifiziert im Standard ISO 8601 numerische Präsentationen von Daten und Zeit. Diese Standardnotationen vermeiden Konfusion im internationalen Austausch von Daten und Zeitobjekten in verschiedenen Formaten. Dadurch wird die Verwendung von Datumsobjekten und -repräsentationen vereinheitlicht und der Austausch solcher Repräsentationen zwischen verschiedenen Softwaresystemen ermöglicht. Zusätzlich haben diese Formate weitere Vorteile im Vergleich zu individuellen Darstellungen von Daten und Zeit.

Der ISO-Standard 8601 beschreibt die Repräsentation von Daten gemäß dem gregorianischen Kalender und die Repräsentation von Zeit sowie Perioden von Zeit. Er umfaßt:

- Kalenderdaten, die durch Jahr, Monat und Tag innerhalb des Monats ausgedrückt werden,
- serielle Daten, die durch die Angabe eines Jahres und durch den Tag innerhalb des Jahres dargestellt werden,
- Daten, die durch Jahr, Woche innerhalb des Jahres und Tag innerhalb der Woche dargestellt werden,
- Zeit innerhalb eines Tages (basierend auf der 24-Stunden-Darstellung von Zeit),
- Unterschiede zwischen lokaler Zeit und der »coordinated universal time« (UTC),
- Kombination von Daten und Zeit,
- Perioden von Zeit, wobei die Grenzen dieser Perioden zu dieser Periode gezählt werden oder auch nicht.

Die von der ISO vorgeschlagene Repräsentation von Zeit ist ein De-facto-Standard, der immer populärer wird. Diese Standardnotation für Daten ist

yyyy-mm-dd

wobei »yyyy« das Jahr in der üblichen gregorianischen Kalenderdarstellung bedeutet, »mm« den Monat darstellt und zwischen 01 für Januar und 12 für Dezember liegt und »dd« den Tag innerhalb des Monats bedeutet und somit zwischen 0 und 31 liegt. Vorteile des ISO-8601-Standards für die Datumsrepräsentation im Vergleich zu anderen üblichen Varianten sind die folgenden:

- Objekte des Typs Datum in der normierten Darstellung sind einfach lesbar, vergleichbar, sortierbar und berechenbar, da die Information über Jahre, Monate und Tag immer an der gleichen Stelle steht, können die genannten Operationen durch Software durchgeführt werden, ohne daß auf individuelle Unterschiede Rücksicht genommen werden muß.

- Datumsobjekte der genannten Repräsentation sind unabhängig von Spezifika einzelner Programmiersprachen, Betriebssysteme oder Hardwaresysteme. Somit sind Daten der genannten Repräsentation zwischen verschiedenen Systemen austauschbar.

- Die normierte Darstellung ist mit der üblichen 24-Stunden-Darstellung [MPJ91] kleinerer Zeiteinheiten konsistent, denn auch hier treten die größeren Einheiten vor den kleineren auf, d.h. die Jahresangabe steht vor dem Monat und vor dem Tag, genauso wie in der 24-Stunden-Zeitanzeige die Stunden vor den Minuten und den Sekunden stehen.

- Die normierte Datumsanstellung ist kurz und von konstanter Länge, wodurch die Erfassung im Computer und die Darstellung in verschiedenen Masken und Auswertungen vereinfacht wird. Es ist nicht erforderlich, in Abhängigkeit von bestimmten Werten unterschiedlich lange Datumsangaben anzuzeigen oder zu drucken.

- Datumsobjekte in den normierten Repräsentationen können leicht sortiert werden, da ein einfacher Vergleich gemäß lexikalischer Ordnung über den ASCII-Zeichensatz zu korrekt sortierten Daten führt. Dies entspricht der üblichen Anforderung, daß die Daten eines Jahres vor denen eines anderen Jahres auftauchen und je nach aufsteigender oder absteigender Sortierreihenfolge dies auch noch der Chronologie der dargestellten Daten entspricht.

Der wesentliche Vorteil der normierten Repräsentation ist jedoch der, daß Datumsobjekte der genannten Repräsentation, also vier Ziffern zur Darstellung des Jahres, die üblichen Umstellungsprobleme bei Jahrhundertwechseln vermeiden.

Unabhängig von dem diskutierten Standard zur Datumsumstellung, der der ISO 8601 folgt, werden in der gleichen Standardvorschrift alternative Formate vorgeschlagen, die sich zur Verwendung in Anwendungen mit besonderen Anforderungen eignen. Diese Alternativen können einfach und automatisch voneinander unterschieden werden. Die Striche zur Trennung von Jahres-, Monats- und Datumsbereichen können ausgelassen werden, wenn Kompaktheit und dichtere Präsentation wichtiger ist als Erkennbarkeit durch Menschen. In Situationen, in denen beispielsweise das Jahrhundert nicht wirklich benötigt wird, genügt für die Jahreszahl eine Darstellung mit Hilfe von zwei Ziffern, so daß der 1.7.1996 dargestellt wird durch 96-07-01 oder, unter Auslassung der Bindestriche, 960701. Wenn nur der Monat oder nur das Jahr von Bedeutung ist, können die entsprechenden anderen Felder ausgelassen werden. Daß genau solche Mutmaßungen über angeblich ungefährliche Verkürzungen die Grundlage für das aktuelle Jahr-2000-Problem geschaffen haben, liegt auf der Hand. Entsprechend vorsichtig sollten sie zukünftig angewendet werden.

In kommerziellen und industriellen Anwendungen ist es oft erforderlich, die Wochen innerhalb eines Jahres zu referenzieren. Woche 01 eines Jahres ist per Definition die erste Woche, die den ersten Donnerstag des Jahres beinhaltet. Das bedeutet, es ist die erste Woche, die die Mehrheit ihrer Tage innerhalb des neuen Jahres hat. Woche 01 kann auch Tage aus dem vorangegangenen Jahr umfassen. Die Woche vor Woche 01 eines Jahres ist die letzte Woche des vorangegangenen Jahres, auch wenn sie einzelne Tage aus dem neuen Jahr umfaßt. Eine Woche startet mit Montag (Tag 1) und endet mit Sonntag (Tag 7). Zum Beispiel dauert die erste Woche des Jahres 1997 vom 30.12.1996 bis zum 05.01.1997 und wird in Standardnotationen geschrieben als

1997-W01 oder **1997W01**

Die Wochennotation kann ausgedehnt werden durch eine Zahl, die den Tag innerhalb der Woche angibt. So ist beispielsweise der 31.12.1996 ein Dienstag der ersten Woche des Jahres 1997 und wird demzufolge geschrieben als

1997-W01-2 oder **1997W012.**

Solche Schreibweisen werden insbesondere in Anwendungen mit industriellen Planungserfordernissen verwendet.

2.5.2 Schaltjahreslogik

Das Problem der Jahrhundertumstellung wird zusätzlich belastet, durch langwierige Diskussionen der Frage, ob das Jahr 2000 ein Schaltjahr ist. Eines vorweg: es ist ein Schaltjahr, wie sich aus dem folgenden, einfachen Algorithmus zur Schaltjahresberechnung ergibt.

Es gibt drei Regeln zur Schaltjahresberechnung. Diese wurden ursprünglich definiert durch den Papst Gregor XXIII im Jahre 1582.

- Wenn das Jahr durch 4 geteilt werden kann, ist es ein Schaltjahr
- Wenn das Jahr durch 100 geteilt werden kann, ist es kein Schaltjahr
- Wenn das Jahr durch 400 geteilt werden kann, ist es ein Schaltjahr

Zur Handhabung dieser Regeln ist zu vereinbaren, daß die höchste anwendbare Regel gilt. Anders ausgedrückt, das Jahr 2000 ist ein Schaltjahr (obwohl es durch 100 teilbar ist und deshalb nach Regel 2 kein Schaltjahr wäre), weil Regel 3 die höhere Regel ist und diese besagt, daß das Jahr 2000 ein Schaltjahr ist, weil es durch 400 teilbar ist.

Übersichtlicher könnte die Schaltjahresregel deshalb wie folgt definiert werden:

WENN (JAHR \\ 4 UND NICHT (JAHR \\ 100)) ODER JAHR \\ 400, DANN SCHALTJAHR (JAHR)

Den Regeln folgend war 1900 kein Schaltjahr, 2000 wird eines sein und 2100 wird kein Schaltjahr sein. Da die korrekte Abbildung dieser drei Regeln innerhalb einer Programmlogik verschachtelte Statements erfordern würde, ist es nicht verwunderlich, daß bei der Schaltjahresbehandlung verschiedene Fehler auftreten.

Andere häufig auftretende Fehler bei der Schaltjahresberechnung lassen sich darauf zurückführen, daß zum Zwecke der Schaltjahresermittlung Jahreszahlen (in ihrer zweiziffrigen Darstellung) oft auf Gleichheit mit den Schaltjahreswerten 88, 92 und 96 geprüft werden, während das Jahr 00 vollständig fehlt. Genausowenig überrascht es, daß es Programme gibt, die den Februar 2000 als einen besonderen Monat mit 30 Tagen kalkulieren statt der üblichen 29, denn das Jahr 2000 erfüllt die 1. Schaltjahresregel – es kann durch 4 geteilt werden – und es erfüllt die 3. Schaltjahresregel – es kann durch 400 geteilt werden. Jede einzelne dieser Regeln bedeutet, daß es ein Schaltjahr ist. Wenn die Schaltjahreslogik dahingehend falsch abgebildet wird, daß für jede der zutreffenden Regeln ein Tag im Februar addiert wird, kann leicht ein Februar mit 30 Tagen errechnet werden. Wiederum ist es nicht erstaunlich, daß es Programme gibt, die die ersten beiden Regeln korrekt implementieren, die dritte jedoch außer acht lassen.

Die Konsequenzen der Verwendung einer fehlerhaften Schaltjahreslogik am 29. Februar des Jahres 2000 sind u.a.:

- Transaktionen brechen unvorhergesehenerweise ab, weil der 29.02. nicht als gültiges Datum erkannt wird.
- Transaktionen verschwinden, ohne dauerhafte Ergebnisse zu hinterlassen, weil Transaktionen, die an einem »ungültigen« Datum laufen, nicht zugestanden wird, Ergebnisse persistent zu machen.
- Transaktionen werden fälschlicherweise zusätzlich am 28. Februar oder zusätzlich am 1. März oder sogar an beiden benachbarten Daten durchgeführt, weil der Versuch des Starts einer Transaktion am 29.02. zu Verschiebungen führen kann.

Bei den bereits diskutierten Berechnungsproblemen bei der Jahrhundertumstellung stellt die Schaltjahreslogik somit ein zusätzliches Problem bei der Berechnung von Daten im Jahr-2000 dar.

2.6 Zusammenfassung

Dieses Kapitel hat gezeigt, daß die Jahr-2000-Umstellung unumgänglich ist, daß sie umso teurer werden wird, je länger sie hinausgezögert wird und daß die Risiken einer zu späten Umstellung erheblich sind. Standards können als Richtschnur dienen, um zukünftige Aufwände gering zu halten. In den folgenden Kapiteln wird ein Einblick in technische Probleme und Lösungsansätze gegeben.

Typische Problemsituationen bei der Berechnung von Daten

3

»Programming today is a race between software engineers striving to build bigger and better idiot-proof programs, and the Universe trying to produce bigger and better idiots. So far, the Universe is winning.«

– Rich Cook

Ziel dieses Kapitels ist es, Situationen zu erörtern, die in der Regel auftreten, wenn wir uns mit der Berechnung von Daten in heutiger Software auseinandersetzen. Die Kenntnis solcher Situationen ist eine wesentliche Grundlage für die Identifikation geeigneter Lösungsansätze.

3.1 Symptome des Jahr-2000-Problems

Die Grade des Ärgers, der mit der Jahr-2000-Umstellung verbunden sein kann, variieren je nach Art und Weise, in der Daten innerhalb der Software verwendet werden. Ein einfaches und wenig Schaden anrichtendes Beispiel sind Auswertungen, in denen die Jahrhunderteingabe 19 fest verdrahtet ist. Korrekterweise müsste die Identifikation des Jahrhunderts variabel errechnet werden und die entsprechenden Ziffern für das Jahrhundert ergänzt werden. Die Konsequenz der festen Codierung der 19 ist, daß am 1. Januar des Jahres 2000 alle Auswertungen und Dokumente mit Datumsangabe 1. Januar 1900 angegeben werden. Dies mag ärgerlich sein, in den allermeisten Fällen wird es jedoch keinen großen Schaden anrichten. Das einzige, das wirklich durch das Drucken eines falschen Jahrhunderts verlorengehen kann ist das Vertrauen des Endbenutzers in die Korrektheit der Software.

Andere Programme werden möglicherweise nicht mehr korrekt funktionieren. Eine der wesentlichen Ursachen für das Ende der Funktionsfähigkeit dieser Programme ist die fehlerhafte Subtraktion von Daten voneinander. Eine andere Fehlerursache sind interne Formate für Daten aus dem 21. Jahrhundert. Dies liegt daran, daß Systemdaten auf vielen Großrechnern als Feld, das aus vier Bytes besteht, dargestellt werden. Diese Felder umfassen oft eine Jahrhundertidentifikation, beispielsweise X00 für das 20. Jahrhundert, X01 für das 21. Jahrhundert, das Jahr und die relative Tagnummer, alles zusammen in einem gepackten Format.

Beispiel:

Der 12. Januar 1998 wird als X0098012 und der 05. Februar 2002 wird als X0102036 dargestellt.

Erklärung:

X0098012, X00=1900; 98=Jahr; 012=Tagnummer (12. Januar)
X0102036, X01=2000; 02=Jahr; 036=Tagnummer (05. Februar)

Der Versuch, eine Zeitspanne durch Subtraktion der zwei Datumsfelder zu errechnen, würde in diesem Falle zu Fehlern führen. Deshalb muß hier auch die Programmlogik entsprechend angepaßt werden. Wir sehen hier, daß eine einfache Erweiterung der Jahrhundertfelder noch nicht ausreicht, um die Datumsumstellung zu realisieren.

Ein Beispiel für ein solches Umrechnungsproblem war in PL1 zu finden. Der Fehler wurde kurzfristig seitens der Compiler- und Interpreterhersteller beseitigt, zeigt jedoch, daß – auch wenn die selbsterstellten Datenmanipulationsroutinen gut funktionieren – dies noch nicht notwendigerweise die Jahr-2000-Tauglichkeit der gesamten Software sicherstellt, da eben auch in der zugekauften, grundlegenden Software – wie Betriebssystemen, Compiler und Datenbank-Managementsysteme – Fehler auftreten können. Folglich muß bei der Analyse möglicher Fehlerursachen durch das Jahr 2000 und auch bei der Ermittlung des Ereignishorizontes die Abhängigkeit von fremder Software berücksichtigt werden.

3.2 Nicht-standardisierte Datumsspeicherung

Die mangelhafte Standardisierung beim Umgang mit Daten ist möglicherweise nirgendwo offensichtlicher als bei der Vielfalt der Datenformate, die in Datenbanken, Dateien und sonstigen Speichermedien auftreten. Unter diesen Formaten finden sich die übliche gregorianische Repräsentation, die Tag, Monat und Jahr umfaßt (aber nicht das Jahrhundert), julianische Formate, die den Tag innerhalb eines Jahres und dieses Jahr beinhalten (aber eben auch nicht die Jahrhundertangabe). In vielen Dateien finden sich darüber hinaus Beispiele von editierten Daten mit Bindestrichen, Schrägstrichen, ausgeschriebenen Monaten und anderen Spezialdarstellungen. Darüber hinaus gibt es »9-komplementäre« Daten, in denen jede Ziffer von der 9 subtrahiert wurde, so daß die Ergebnisdarstellung der Daten in einer Reihenfolge sortiert werden, die gegenläufig zu der ursprünglichen Datumsreihenfolge ist. Dies wird insbesondere dann getan, wenn die Datumsdarstellung Teil eines längeren Schlüssels ist und die Notwendigkeit besteht, das Datum und den Rest des Schlüssels in umgekehrter Reihenfolge zu sortieren.

In Ergänzung zu diesen Formaten gibt es die sogenannten seriellen Daten, die die Anzahl der Tage ab einer bestimmten Datumsbasis zählen. Oft sind diese Datumsbasen individuell für einzelne Firmen, während andere, wenn schon nicht-standardisiert, so doch in einer Vielzahl von Softwaresystemen Anwendung finden, beispielsweise das Basisdatum 01.01.1970. Weitere Verwirrung entsteht, wenn die Softwaresysteme verschiedener Hersteller nicht die gleiche Datumsbasis benutzen. Dies kann sogar für einen Hersteller gelten, wenn man beispielsweise folgende IBM-Produkte betrachtet:

- Das Basisdatum für DB2 ist der 01. Januar des Jahres 0001.
- Das Referenzdatum für LE370 ist der 15. Oktober 1582.
- Das Referenzdatum für COBOL 370 ist der 01. Januar 1601.
- Das Referenzdatum für CICS ist der 01. Januar 1900.

Während allein die verschiedenen Darstellungen von Daten Ursache für gründliche Konfusion und Ursache hoher Fehleranfälligkeit sind, wird das Problem der Jahrhunderttauglichkeit dadurch verschärft, daß nicht einmal die Algorithmen zur Berechnung von und zur Manipulation von Daten in irgendeiner Art und Weise standardisiert werden.

3.3 Nicht-standardisierte Datumsberechnung

Je mehr man sich mit der Verwendung von Daten in Anwendungssystemen beschäftigt, desto mehr erkennt man, daß es unterschiedlichste Formen der Be- und Verrechnung von Daten gibt. Es gibt Routinen, die Seiten von Programmcode füllen und andere, die Daten gemäß einfacher Sortieranweisungen in bestimmte Reihenfolgen bringen. Allzuoft findet man Datumsberechnungen und -verrechnungen in der Form von hochspezialisierten Datumsroutinen, die an unterschiedlichen Stellen aufgerufen werden. Für einige Firmen – gerade diejenigen, die in ihrer Softwareentwicklung und -wartung auf Software-Engineering-Konzepte setzen – gibt es die glückliche Situation, daß Datumsroutinen in bestimmten Programmteilen bestenfalls sogar in Modulen oder Komponenten zusammengefaßt werden. Für andere Firmen ist es statt dessen eher der Fall, daß zahlreiche Repräsentationen von Daten hin und her umgerechnet werden, daß gregorianische in julianische Formate umgerechnet werden, daß eines dieser Formate in interne Darstellung verrechnet wird und daß es quasi für jede Form der Be- und Verrechnung von Daten in verschiedenen Repräsentationen eigene Programme gibt, die genau diese Verrechnung leisten. In solchen Umgebungen ist es dann auch wahrscheinlich, daß es noch mehr Routinen gibt, die auf Feiertage, Schaltjahre, Tage in der Woche oder andere im weiteren Sinn datumsbezogene Eigenschaften prüfen.

Bei dieser Vielfalt von Programmen ist es für Programmierer, die sich mit den Auswirkungen der Jahrhundertumstellung beschäftigen, oft schwierig, Beispiele für den geeigneten Aufruf solcher Routinen zu finden und das Verhalten am Beispiel zu studieren. Oft wurden Datumsroutinen in einer Quick-and-Dirty (schnell und ohne Sorgfalt) -Art und Weise erstellt, um konkrete Probleme zu lösen, ohne daß auf die Wartbarkeit und die Dokumentation dieser Routinen Wert gelegt worden wäre. Darüber hinaus werden hier natürlich auch nicht alle Datumsberechnungs- und verrechnungsaufgaben in Form von gesonderten Routinen und Prozeduren realisiert, sondern oft genug als integrale Programmteile in andere Programme eingefügt. Dies macht die Identifikation der Auswirkung der Jahrhundertumstellung um so schwieriger.

Abbildung 3.1 zeigt das Schema eines Programms, in dem verschiedene der Datenrepräsentationen verwendet werden, die jeweils ineinander umgerechnet werden müssen. Mit jeder weiteren Repräsentation von Daten wächst die Zahl der erforderlichen Umrechnungen um die Zahl der bisher im Einsatz befindlichen Formate. Abbildung 3.2 stellt eine Alternative zur Ineinander-Umrechnung dar. Es gibt nur noch eine Repräsentation eines Datums. Die Programme, die verschiedene Repräsentationen benötigen, greifen auf die einheitliche Darstellung zu mittels spezieller Zugriffsroutinen zu. Auf diese Weise wird das Ineinander-Umrechnen überflüssig.

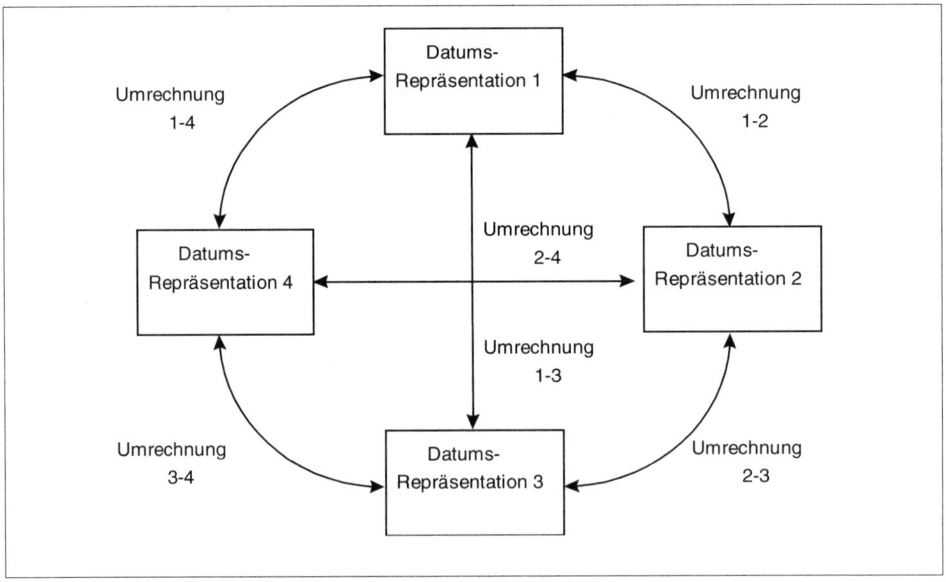

Abb. 3.1: Ineinander-Umrechnen von Datumsrepräsentationen

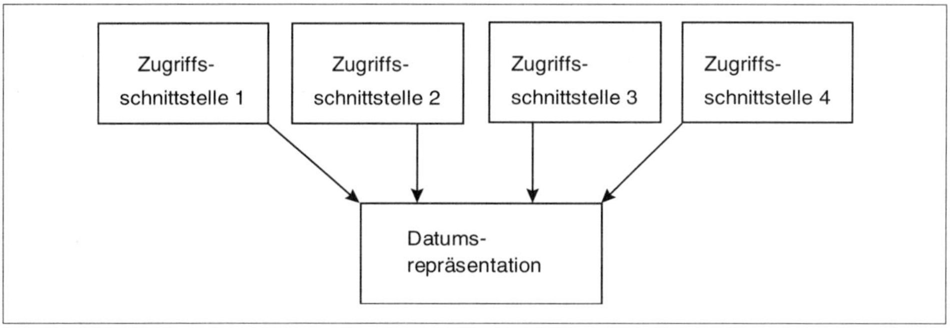

Abb. 3.2: Verwendung verschiedener Zugriffsschnittstellen auf eine Datumsrepräsentation

3.4 Ermittlung des aktuellen Datums

Ein Spezialfall der nicht-standardisierten Berechnung von Daten ist der der Ermittlung des aktuellen Datums. Eine der wichtigsten Unterscheidungen betrifft hierbei aktuelle Daten, die von einer vorherbestimmten Quelle, beispielsweise einer Datei oder einer Tabelle in einer Datenbank, ermittelt werden, und solche, die von der Computeruhr abgeleitet werden.

In beiden Fällen hängt es von der Umgebung oder der verwendeten Programmiersprache ab, ob der Wert des Jahrhunderts für das Anwendungsprogramm verfügbar ist oder nicht. Beispielsweise liefern ANSI 85, OS/VS, COBOL2 die Jahrhundertangabe nicht. Die Jahrhundertangabe ist jedoch verfügbar in ANSI 89 und COBOL 370 in einer CICS-Umgebung.

Das besondere Problem durch die Nichtverfügbarkeit der Jahrhundertangabe ist, daß bestimmte Programme möglicherweise nicht in der Lage sind, die fehlende Jahrhundertangabe zu handhaben. Andersherum können Programme, die mit einer Jahrhundertangabe versorgt werden, nicht darauf eingestellt sein, wie sie damit umgehen müssen. Möglicherweise wird die Jahrhundertangabe einfach ignoriert, respektive das Fehlen der Jahrhundertangabe nicht zu Fehlern führen. Möglicherweise wird das fehlende Jahrhundert mit Leerstellen, Nullen, niedrigsten oder höchsten Werten aufgefüllt und dadurch äußerst fehleranfällig. In anderen Fällen wird die fehlende Jahrhundertangabe durch eine festcodierte 19 ersetzt, was die klassische Vorgehensweise für das Fehlen einer Jahrhundertangabe ist. Diese letzte Lösung funktioniert einwandfrei bis zum 31. Dezember 1999, danach führt sie unmittelbar zu Fehlern. Die fehlerhafte Ermittlung des aktuellen Datums ist ein ernstzunehmender Fehler in der Datenlogik und erfordert besondere Aufmerksamkeit. Andere Probleme bei der Ermittlung des aktuellen Datums basieren darauf, daß besonders »intelligente« Techniken zur Ermittlung des aktuellen Datums benutzt werden.

3.5 Abschneiden der ersten Zeichen eines Datums

Eines der größten Risiken, das bei der Verwendung alter Software über die Jahrhundertgrenze hinweg auftritt, ist das Problem des Abschneidens der ersten Zeichen einer Datumsrepräsentation. Dies kann beispielsweise geschehen, wenn Daten berechnet und hierbei Variablen verwendet werden, die nicht die gesamte Datumslänge aufnehmen können. Insbesondere wenn bei Berechnungen über Jahrhundertgrenzen hinweg berechnet wird, kann es zu großen Ergebnissen kommen, die durch das Abschneiden verstümmelt werden.

Konkret kann das bedeuten, daß das Vorzeichen und/oder die ersten und oft sehr bedeutsamen Ziffern verlorengehen. Dies können wir durch ein Beispiel veranschaulichen:

> Die Anzahl der Tage zwischen dem 01. Januar 2000 und dem 31. Dezember 1999 beträgt 1. Wenn jedoch die Datumsberechnung davon ausgeht, daß 00 dem Jahr 1900 entspricht, wird das Ergebnis der Berechnung der Tage zwischen dem 01. Januar 2000 und dem 31. Dezember 1999 in der Größenordnung von 100 mal 365 liegen. Durch Subtraktion erhält man die Tageszahl von -36.525. Mit großem Glück wird dieses Ergebnis als Berechnungsergebnis zurückgeliefert. Beim Abschneiden der ersten Ziffern erhält man Ergebnisse, die nicht mehr auf den ersten Blick als unsinnig identifiziert werden können. Wenn wir beispielsweise annehmen, daß nur zwei Ziffern und ein Vorzeichen zur Speicherung der Ergebnisse einer Datumsberechnung verwendet werden, würde die -36.525 auf 25 – und als default-mäßiges Vorzeichen plus – also auf +25 verkürzt werden. 25 ist für das Ergebnis einer Datumsberechnung durchaus denkbar, so daß 25 als möglicherweise korrektes Ergebnis weiterverwendet werden könnte.

Hier tritt also das bereits diskutierte Problem auf, daß falsche Berechnungen nicht unmittelbar als seltsam erkannt werden und dauerhaft für Berechnungen weiterverwendet oder auch in Form von Datenbanken oder Auswertungen gespeichert werden.

3.6 Sonstige technische Probleme

Auch wenn die Jahr-2000-Umstellung schwerpunktmäßig COBOL-Systeme betrifft, gibt es andere Bereiche der kommerziellen Datenverarbeitung, die in ähnlicher Weise Gefahren ausgesetzt sind. Beispielsweise betrifft dies Daten, die aus Datenbanken oder Dateien gelesen werden und gemäß der Jahrhundertangabe sortiert werden. Auch ohne daß ein Anwendungsprogramm auf sie zugreift (dies kann beispielsweise durch Betriebssystemroutinen oder Scripts passieren), werden Daten sortiert, und beim Abschneiden der ersten zwei Ziffern einer vierstelligen Jahrhundertsangabe treten auf diese Art und Weise die frühen 2000er-Daten vor denen aus dem späten 20. Jahrhundert auf (bei beabsichtigter chronologischer Sortierung). Dieses Problem tritt in fast allen Datenbankmanagement-Systemen und den dazugehörigen Datenbankabfragesprachen auf, da die in den Datenbankmanagement-Systemen implementierten Sortieralgorithmen sich oft nur auf zweiziffrige Jahrhundertangaben beziehen.

Andere Bereiche der Datenverarbeitung, in denen Daten in fehlerhafter Art und Weise verarbeitet, sortiert und berechnet werden, sind Makros, TSO (Time Sharing Option) Clists, EXECS (zum Einbetten von SQL-Kommandos in COBOL) und Programme in der Makrosprache REXX (REstructured EXtended eXecutor).

Probleme dieser Art könnten durch eine umfassende Analyse der Konsequenzen der Jahrhundertumstellung entdeckt werden. Die Analyse der Konsequenzen wird im Englischen als Impact Analysis bezeichnet. Da dieser Begriff sich im Rahmen der gesamten Jahr-2000-Umstellungsproblematik eingebürgert hat, werden wir im folgenden den Begriff der Impact-Analyse statt des umständlicheren Begriffs der Konsequenzenanalyse verwenden.

Die Impact-Analyse geschieht allzuoft ohne ein umfassendes Verständnis der Informationstechnologie und der sonstigen Infrastruktur des betroffenen Unternehmens. Die resultierende Oberflächlichkeit der Analyse und die entsprechende Fehleranfälligkeit von Aufwands- und Kostenschätzungen ist oftmals Auslöser für einen verspäteten Beginn und für unliebsame Überraschungen während der Umstellung. Auf der anderen Seite kann eine sorgfältige Analyse große Sicherheit bezüglich Art und Umfang der Umstellungsarbeiten vermitteln.

Ein Beispiel für eine mangelhafte Impact-Analyse ist, daß viele Studien eine Maskenveränderung nicht für notwendig halten, weil Daten nur angezeigt werden und der Benutzer in der Lage sein wird, das Jahrhundert zu extrapolieren. In manchen Firmen mit Client/Server-System werden Masken, die vom Großrechner zur Verfügung gestellt werden, auf der Client-Seite vom PC weiterbearbeitet und in anderer Art und Weise dargestellt, so daß das reine Anzeigen einer zweiziffrigen Jahrhundertangabe in einer CICS-Maske nicht sicherstellt, daß auf der Client-Seite tatsächlich in geeigneter Weise dargestellt wird.

Das Problem der Jahrhundertumstellung wird noch dadurch verschärft, daß in gewachsenen Umgebungen nicht nur auf Seiten der zentralen Rechner (also in der EDV-Abteilung) Programme, Masken und Auswertungen auftreten, sondern daß im Laufe der Jahre oder Jahrzehnte in zahlreichen Fachbereichen Ergänzungen, individuelle Masken und Auswertungen erstellt worden sind, die in ähnlicher Art und Weise von den Problemen der Jahrhundertumstellung betroffen sind.

Die Entdeckung der Konsequenzen für diese Bereiche ist um so schwieriger, als es oft eine offizielle Richtlinie gibt, daß fachbereichspezifische Programme, Scripten usw. nicht zu verwenden sind, und somit eine gewisse Tendenz besteht, Probleme in diesem Bereich zu verstecken und nebenher innerhalb der Fachbereiche zu lösen. Dies kann jedoch dazu führen, daß die an sich korrekt umgestellten zentralen EDV-Systeme mit den wuchernden, lokalen, fachbereichspezifischen Systemen nicht mehr kooperieren können. Die Ergebnisse können in ähnlicher Art und Weise fatal sein wie die einer nicht korrekten Umstellung der zentralen EDV-Systeme.

In ähnlicher Weise betrifft dies auch die Schnittstellen zu Software, die hinzugekauft worden ist. Auch Software, die in den letzten Jahren von externen Lieferanten erworben worden ist, ist nicht zwangsläufig Jahr-2000-tauglich. Demzufolge können zusätzliche Schnittstellenprobleme bei der Interaktion von zentralen EDV-Systemen und diesen zugekauften Software- oder Hardwaresystemen auftreten. Probleme, die bei der Kooperation von systemeigener und fremder Software auftreten, sind allein deshalb schwieriger zu beseitigen, weil nicht der volle Durchgriff auf die Fremdsoftware gegeben ist, zunächst oft langwierige Verhandlungen über die Jahr-2000-Tauglichkeit und die für die Herstellung dieser Tauglichkeit erforderlichen Aufwendungen geführt werden müssen. Wo immer das Problem auf diese Art und Weise erschwert wird, ist ein unmittelbares Handeln, zumindest im Hinblick auf die Verhandlung der nötigen Maßnahmen zur Beseitigung des Problems dringend. Eine oft gehörte Zusicherung, daß die neue Version der zu liefernden Software Jahr-2000-tauglich ist, sollte kritisch hinterfragt werden, und eine Version mit diesen Eigenschaften sollte im Hinblick auf ihre tatsächliche Jahr-2000-Tauglichkeit im konkreten Umfeld und in der konkreten Kooperation mit der eigenen Software überprüft werden. Ein weiterer Themenbereich, auf den wir im folgenden detailliert eingehen werden, ist die hohe Komplex- und Versionsabhängigkeit der Jahr-2000-Umstellung. Ein Projekt zur Umstellung der Informationstechnologie auf die Erfordernisse des Jahres 2000 ist von daher von vornherein ein Projekt, das Versionskontrolle, Konfigurationsmanagement und systematisches und striktes Projektmanagement erfordert.

Selbst wenn all diese Schwierigkeiten gelöst werden und somit eine hundertprozentige Jahr-2000-taugliche Infrastruktur bereitgestellt werden kann, bedeutet das Jahr 2000 aller Voraussicht nach dennoch Probleme, weil Benutzer nicht darauf eingestellt sind, Daten in den entsprechenden Formaten zu erfassen und zu speichern, so daß auch nach dem Jahr 2000 mit Fehlerquellen zu rechnen ist, deren Beseitigung von vornherein eingeplant werden muß.

Jahr-2000-Umstellung – Verständnis und Bewußtsein in der Unternehmensführung 4

Das Grübeln über einem Problem kann mit den langen Monaten der Schwangerschaft verglichen werden, während die Lösung eines Problems dem Tag der Geburt gleich kommt. Über einem Problem zu grübeln heißt, es lösen.

– Mao Tse-tung, 1930

4.1 Problembewußtsein: zwischen Panik und Friedhofsruhe

In vielen Unternehmen wird das Problem der Jahr-2000-Umstellung verdrängt. Grundlage dieser Verdrängung ist die diffuse Hoffnung, daß die eigene Software, die eigenen Daten und die eigenen Auswertungen in einem besseren Zustand sind als die der anderen Unternehmen und daß die eigene Jahrhundertumstellung deshalb um ein Vielfaches einfacher ist als die in anderen Unternehmen. Diese Einschätzung basiert nicht nur auf der eitlen Annahme, daß die eigene Software besser gewartet, dokumentiert und strukturiert ist als andere, sondern führt in natürlicher Weise zu der Einschätzung, daß es sinnvoll ist, erst einmal die Erfahrungen anderer Unternehmen (die ja zwangsläufig früher mit der Umstellung beginnen müssen) abzuwarten. So stringent diese Argumentation für manche Unternehmen auch sein mag, für alle betroffenen Unternehmen kann sie nicht gültig sein. Folglich ist die Grundannahme dieser Argumentation, nämlich die, daß die eigene Software in einem vergleichsweise guten Zustand ist, kritisch zu prüfen, bevor die Planung der Umstellung aufgeschoben wird.

Dieser rationalen Erkenntnis steht dennoch das typische Reaktions- und Aufmerksamkeitsverlaufsmodell aus Abbildung 4.1 gegenüber.

Abbildung 4.1 veranschaulicht, daß die Annahme, über eine zukunftsfähige Softwarelandschaft zu verfügen, zunächst durch ein Ableugnen substantieller Probleme abgelöst wird. Durch die schrittweise Illustration der wahrscheinlich auftretenden Probleme, des Ereignishorizontes der eingesetzten Software und des potentiellen Schadens, den eine nicht Jahr-2000-taugliche Software verursachen kann, fällt die Verlaufskurve zunächst steil ab.

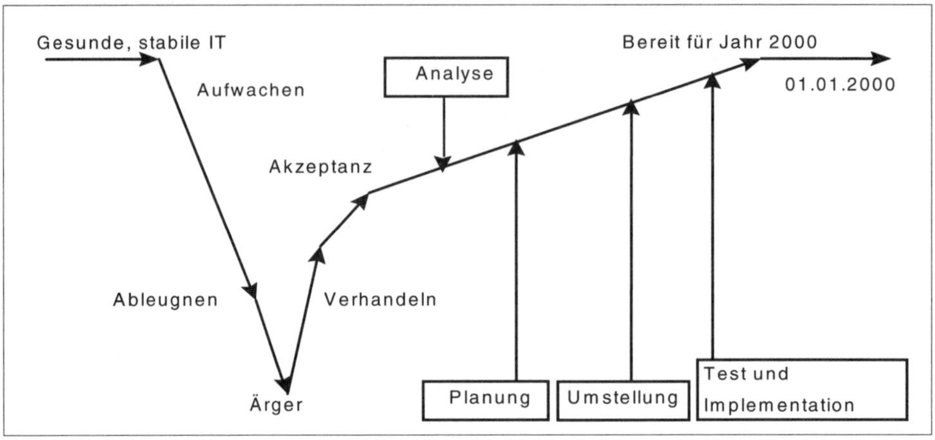

Abb. 4.1 Das Jahr-2000-Reaktionsmodell nach [KC96]

In dieser Situation dominiert der Ärger über all diejenigen, die das Problem verursacht haben, die es schon früher hätten erkennen und lösen müssen, und über diejenigen, die sich jetzt nicht des Problems annehmen wollen, weil sie es nicht erkennen. Im Rahmen der inneren Verhandlungsphase wird versucht, den Problemumfang zu bagatellisieren, auf jeden Fall aber wird das Bemühen sichtbar, das Problem nicht in seiner ganzen Wirkung zu akzeptieren. Auf Dauer ist jedoch auch dies nicht zu vermeiden. Die Akzeptanz des Problems wird dann von der eigentlichen Analyse, Planung und Umstellung gefolgt.

Eine gründliche Bestandsaufnahme und eine Impact-Analyse für die Software, die in der Bestandsaufnahme identifiziert wurde, ist erforderlich, um das durch viele Emotionen und Verdrängungsmechanismen geprägte Jahr-2000-Problem zu versachlichen. Falls diese Analyse ergibt, daß die eingesetzte Software tatsächlich gut strukturiert und leicht umstellbar oder möglicherweise sogar unmittelbar Jahr-2000-tauglich ist, so ist auch die diffuse Angst ausgeräumt, daß die Software zum Jahrhundertwechsel doch zu erheblichen Problemen führen könne. Ist sie es nicht, können wenigstens noch alle Maßnahmen zur Umstellung eingeleitet werden.

Eine detaillierte Impact-Analyse der im Einsatz befindlichen Softwaresysteme bedeutet, daß jedes Programm, jede Auswertung, jede Maske und letztendlich auch alle gespeicherten Daten im Hinblick auf ihre Fehleranfälligkeit durch den Jahrhundertwechsel erforderlich ist. Allein der Überprüfungsaufwand ist durchaus kalkulierenswert. Bei der Menge der im Einsatz befindlichen Software, bei deren oft unvollständiger Dokumentation und bei dem oft auch nicht systematisch durchgeführten Konfigurationsmanagement ist allein die Überprüfung der betroffenen im Einsatz befindlichen Programme eine recht komplexe Aufgabe, die beachtlichen Aufwand verursachen kann. Darüber hinaus kann die Ermittlung der tatsächlich benutzten Software ein Problem darstellen, einfach deshalb, weil es Software gibt, von der jeder glaubt, daß sie benutzt wird, für die sich aber niemand finden läßt, der sie tatsächlich benutzt. Ganz besonders schwierig ist das Problem, daß der Programmtext zu der eingesetzten Software nicht ausfindig gemacht werden kann. Hier geht es dann nicht um die eigentliche Umstellung, sondern erst einmal um die Rekonstruktion der umzustellenden Software.

Daher ist es notwendig, das Problem rasch und ohne Zeitaufschub anzugehen. Im positiven Fall hat ein Aufschieben keine Auswirkungen (dann wenn der minimale Zeitraum zur Umstellung durch die Verschiebung nicht unterschritten wird), im negativen Fall schränkt ein Zeitaufschub den Handlungsspielraum ein (beispielsweise deshalb, weil nach einer Verschiebung nur noch genau der minimal erforderliche Zeitraum zur Verfügung steht und deshalb Entzerrungen des Aufwandes nicht mehr möglich sind). Recht aussichtslos wird es, wenn der minimal erforderliche Zeitraum durch eine Verschiebung unterschritten wird. In einer solchen Situation muß durch weitere Einschränkung der auch nach dem Jahrhundertwechsel zu benutzenden Software das Risiko kalkulierbar gemacht werden. Anders ausgedrückt: in dieser Situation kann nicht die gesamte Software umgestellt werden. Statt dessen ist eine Konzentration auf die besonders wichtige Software angesagt. Andere, nicht in diese Kategorie fallende, Software kann nicht umgestellt werden und muß deshalb aussortiert werden.

Trotz dieser eindeutigen Ausgangssituation lassen sich die im folgenden beschriebenen Reaktionen beobachten.

4.1.1 Ignorieren des Problems

Dies geschieht gemäß dem Motto: Zugegebenermaßen droht zur Jahrhundertwende eine mittlere Katastrophe, aber angesichts des enormen Drucks im Tagesgeschäft können wir uns nicht auch noch um zukünftige Katastrophen kümmern. Diese Einstellung ist verständlich und akzeptabel, solange der zur Verfügung stehende Zeitraum zur Katastrophenvermeidung ausreicht (und – je nach Ausmaß der drohenden Katastrophe – auch noch genügend Pufferzeiten umfaßt).

Spannend wird es in dem Moment, in dem dieser Zeitraum unterschritten wird. Bei der Ermittlung des erforderlichen Zeitraums zur Sicherstellung der Jahr-2000-Tauglichkeit kommt es in aller Regel zu deutlich voneinander abweichenden Einschätzungen. Derjenige, der sich noch um die Tagesprobleme kümmert, wird ihn kürzer veranschlagen als derjenige, der sich das Ausmaß der Katastrophe vor Augen führt, ohne dabei zu bedenken, daß alle verfügbaren Mitarbeiter mit aktuellen und dringenden Tagesaufgaben ausgelastet sind. Durch eine Versachlichung der Diskussion, die oft schon durch eine gemeinsame Detailplanung erreicht werden kann, kann dann jedoch oft ein gemeinsames Verständnis über den erforderlichen Minimalaufwand erzielt werden. Grotesk wird es dann, wenn der minimale Zeitraum nicht mehr zur Verfügung steht und die handelnden Personen angesichts der dann unvermeidlichen Katastrophe das Tagesgeschäft forcieren. Dieser Mechanismus tritt auf, weil die intensive Auseinandersetzung mit den aktuellen Problemen zumindest das wohlige Gefühl hinterläßt, sich stark engagiert und das Bestmögliche versucht zu haben. Daß die engagierte Auseinandersetzung mit dem falschen Problem und sogar dessen effiziente Lösung letztlich nicht zielführend ist, kann dabei vorübergehend verdrängt werden.

4.1.2 Treffen persönlicher Vorsichtsmaßnahmen

Ist der minimale Zeitraum zur Katastrophenvermeidung erst einmal unterschritten oder ist absehbar, daß das Management nicht die erforderlichen Ressourcen freigibt, um die Jahr-2000-Umstellung rechtzeitig beenden zu können, bleibt den verantwortlichen Personen oft nur wenig Handlungsspielraum. Der Wechsel des Arbeitgebers bedeutet zwar nur selten, daß die Katastrophe außer Sicht gerät (denn ein Projektleiter oder Softwareentwickler wird in aller Regel ein Projektleiter oder Softwareentwickler bleiben), aber zumindest hat der Betroffene die Gelegenheit, eine Katastrophe anzugehen, die nicht er selbst, sondern jemand anderes zu spät hat kommen sehen.

4.1.3 Verantwortung bei anderen suchen

Der in vielen Situation anzutreffende Versuch, an anderer Stelle nach Schuldigen zu suchen, ist für die Jahrhundertumstellung prinzipiell vielversprechend und entsprechend weit verbreitet. Wie oben diskutiert, hängt die Katastrophe selten mit einem einzelnen System zusammen, sondern mit verschiedenen Basissystemen und Anwendungssystemen. Scheint also im Rahmen der eigenen Anwendung eine Katastrophe unausweichlich, kommt es häufig zu der Schuldzuweisung an Softwarelieferanten (deren Software ja ohnehin nicht Jahr-2000-tauglich ist, so daß eine rechtzeitige Umstellung der eigenen Software gar nichts genutzt hätte). Ein anderer Schuldzuweisungsmechanismus basiert auf dem Lamento über die Durchsetzbarkeit der Ansprüche, die sich aus der Jahr-2000-Umstellung ergeben. Die häufigen Hinweise auf die dringend erforderlichen Ressourcen, die vom Management nicht freigegeben werden, auf die passend qualifizierten Mitarbeiter, die aber nicht in das Umstellungsprojekt investiert werden, und auf das mangelnde Problembewußtsein im Umstellungsteam und im Management deuten an, wie die Verantwortung für Versäumnisse und für ein mögliches Scheitern im Vorfeld hin- und hergeschoben werden.

4.1.4 Hoffnung auf die schnelle Umstellungslösung kurz vor der Katastrophe

Aufgrund der fast in allen DV-Unternehmen aus frühen Tagen berichteten Erfahrung, daß die letzten Fehler erst Minuten vor der entscheidenden Präsentation beseitigt werden konnten, gibt es in der Softwareindustrie eine weit verbreitete Hoffnung, daß die Probleme sich kurz vor der Katastrophe auf wundersame Weise in Luft auflösen. Leider gibt es für das wohlverstandene und unaufschiebbare Problem der Datumsumstellung wenig Hoffnung auf den Stein der Weisen oder andere Wunderheilungen. Es handelt sich nicht um den *letzten* Speicherfehler oder die *letzte* Absturzursache (also um eine Art Fehler, den man bei hohem Engagement, bei entsprechender Erfahrung und einem Quentchen Glück auch noch in allerletzter Minute beseitigen kann), sondern um ein allgemeines Problem. Als solches bewirkt der geniale Softwareentwickler, der 15 Stunden am Tag entwikkelt, nichts. Genausowenig ist es möglich, den Anwender mit einer Teillösung zu vertrösten, die später vervollständigt wird. Das Problem der Jahrhundertumstellung erfordert massiven Ressourceneinsatz in einem natürlich begrenzten Zeitraum. Verschiebungen und Ressourceneinsparung durch Einschränkung der zu leistenden Arbeit sind schlichtweg nicht möglich. Übliche Prinzipien der Softwareentwicklung und Softwareeinführung (wie Softwarereifung beim Kunden, Installation von unvollständigen Beta-Releases, mit dem Anwender abgestimmte Verschiebungen) funktionieren für die Jahrhundertumstellung nicht. Entsprechend laufen traditionelle Formen des Verschiebens von Entscheidungen ins Leere und verursachen lediglich ein höheres Risiko und höhere Kosten.

4.1.5 Hoffnung auf eine Ersatzlösung

Ist auch bekannt, daß die im Einsatz befindliche Software nicht schnell und leicht umgestellt werden kann, so ist dennoch die Hoffnung weitverbreitet, daß ein neues Softwaresystem rechtzeitig eingeführt werden kann. In diesem Kontext wird dann oft auf Pilotprojekte verwiesen, die die prinzipielle Eignung neuer Technologien und Lösungen gezeigt haben. Zur Desillusionierung eignen sich hier die Hinweise auf die üblichen Einführungszeiträume für neue Software, auf die üblichen Entwicklungszeiten und auf die hohe Wahrscheinlichkeit der Verschiebung von zugesagten Fristen. Eine ganz andere Klasse von Argumenten betrifft die Tatsache, daß die umzustellenden Softwaresysteme nicht zum Jahr 2000 zu ersetzen sind, sondern daß ein gewisser Vorlauf nötig ist, um die übliche Reife neuer Software im Produktivbetrieb zu ermöglichen. Weiterhin ist zu bedenken, daß die abzulösenden Systeme einen Ereignishorizont haben. Das heißt, der spätestmögliche Ablösezeitpunkt hängt nicht nur von der neuen Software ab, sondern auch von dem prognostizierten Zusammenbruch des abzulösenden Systems.

All diesen Herangehensweisen muß durch professionelles Projektmanagement auf der Grundlage einer soliden und erprobten Umstellungsmethode begegnet werden. Individuellen Ausflüchten muß durch die Verdeutlichung der Dimension des Problems und durch die Vermittlung einer glaubwürdigen Problemlösungsstrategie der Boden entzogen werden. Die ganze Umstellung muß auf schnell wirksamen Eskalationsmechanismen basieren, um sicherzustellen, daß Planabweichungen korrigiert werden können. Insgesamt ist es wahrscheinlich, daß die meisten der nicht rechtzeitig begonnenen Umstellungsprojekte durch kontinuierliches Krisenmanagement geprägt sein werden.

Eines bleibt abschließend festzustellen: Nach der Jahrhundertwende wird das Tagesgeschäft vieler Unternehmen (all derer, deren Geschäft substantiell von Softwareunterstützung abhängen) nicht mehr so funktionieren, wie es das jetzt tut. Wenn wir davon ausgehen, daß die Umstellung nicht reibungslos bei allen betroffenen Unternehmen funktionieren wird, dann gibt es nach der Jahrhundertwende nur drei Arten von Unternehmen:

1. solche, die ihr Geschäft nicht mehr betreiben können,
2. solche, die einen relativen Nachteil erlitten haben, weil sie die Umstellung nicht reibungslos bewerkstelligen konnten und
3. solche, die einen relativen Vorteil errungen haben, weil sie die Umstellung geschafft haben.

Angesichts dieser Aussichten gilt es für alle betroffenen Unternehmen, die Auswirkungen des Jahrhundertwechsels auf die eingesetzte Software und auf das betroffene operative Geschäft solide zu ermitteln und mit der Planung der erforderlichen Maßnahmen unmittelbar zu beginnen.

4.2 Grundsatzentscheidung: ausrangieren – ersetzen – umstellen

Die Jahrhundertumstellung bietet auch eine Chance: Es kann und muß entrümpelt werden.

Eine Jahr-2000-Umstellung bedeutet nämlich nicht zwangsläufig, daß die gesamte vorhandene Software Jahr-2000-tauglich gemacht werden muß. Der Ansatz der Umstellung der gesamten vorhandenen Software ist derjenige, der das Image von Umstellungsprojekten (oft gelten sie als wenig anspruchsvoll und eher langweilig) noch am ehesten rechtfertigt. In der Tat ist es der allereinfachste Weg sämtliche Software Jahr-2000-tauglich zu machen. Ungünstigerweise ist es auch der teuerste und zeitaufwendigste.

Besser ist es, sich zunächst über alle Möglichkeiten der Umstellung klar zu werden. Ein großer Teil ist sicherlich umzustellen, ein anderer Teil kann vielleicht besser durch neu zu beschaffende Software ersetzt und wieder ein anderer Teil der im Hause befindlichen Software kann vielleicht ersatzlos ausrangiert werden.

Im Hause befindliche Software kann ausrangiert werden? Das hört sich zunächst erst einmal befremdlich an, ist aber dennoch in fast allen größeren Unternehmen möglich. Zunächst einmal muß im Rahmen einer Bestandsaufnahme ermittelt werden, welche Software vorhanden ist und welche tatsächlich eingesetzt wird. Hier ergeben sich in aller Regel schon Abweichungen. Software, die nicht eingesetzt wird, die möglicherweise schon seit Jahren nicht mehr eingesetzt wird, die einfach deshalb noch im Bestand ist, weil dieser nie entrümpelt wurde, ist sicherlich nicht der ideale Umstellungskandidat.

Aber auch in der Menge der tatsächlich eingesetzten Software lassen sich fast immer Entrümpelungskandidaten finden. Eine detaillierte Inventur kann zu Tage fördern, daß bestimmte Software nur von einzelnen Anwendern eingesetzt wird, obwohl es längst neuere Anwendungen gibt, die die alten ablösen sollten. Sie kann ergeben, daß es fachbereichs-spezifische Lösungen gibt, die nur deshalb zustandegekommen sind, weil andere, zentral bereitgestellte Software nicht rechtzeitig verfügbar war, oder daß es mehrere Versionen der gleichen Software gibt, die sich mittlerweile auseinanderentwickelt haben, so daß sie – sowohl aus der Wartungs- als auch aus der Umstellungsperspektive – wie eigenständige Anwendungen behandelt werden müssen.

An dieser Stelle gilt es, den Aufwand der Umstellung allein dadurch zu reduzieren, daß geschickt ausrangiert wird. Danach bleibt dann oft genug nur noch eine erheblich kleinere Menge an umzustellender Software übrig. Der Aufwand, der in eine intelligente Bestandsaufnahme fließt, ist somit fast immer hocheffizient, denn das Ausrangieren eines Programms spart unmittelbar Umstellungskosten.

Da ein umfassendes Ausrangieren immer viel Kritik erntet, erfordert eine solche Entscheidung absolute Rückendeckung durch das Management.

Wenn das Ausrangieren der nicht unbedingt benötigten Software stattgefunden hat, bleibt eine weitere Möglichkeit, die Umstellungskosten zu senken (und dadurch möglicherweise auch im Rahmen eines vorgegebenen Budgets zu bleiben). Diese Möglichkeit besteht darin, die Umstellung von existierender Software mit Entwicklungsprojekten und Projekten zum Einsatz neuer Technologien zu verbinden. In vielen großen Unternehmen geistern die Schlagwörter von gestern und die von heute durch die EDV-Abteilungen. Open Computing, Client/Server-Systeme, Workflow-Management und objektorientierte Softwareentwicklung sind nur ein paar dieser Schlagwörter. Oft ist es so, daß Pilotprojekte und kleinere

Entwicklungsprojekte durchgeführt werden, um die neuen Methoden und Verfahren auszuprobieren.

Ziel dieser Projekte ist es, die Einsetzbarkeit der neuen Verfahren und Paradigmen festzustellen und darüber hinaus herauszubekommen, ob die Ergebnisse der Pilotprojekte in die existierende Infrastruktur integriert werden können. Wenn sich auf der anderen Seite im Rahmen der Bestandsaufnahme ergibt, daß bestimmte Softwareteile einen besonders hohen Umstellungsaufwand erfordern (vielleicht deshalb, weil es eine besonders hohe Zahl von datumsinfizierten Stellen gibt), dann können die Pilotprojekte so eingebunden werden, daß genau diese Teile Gegenstand der Neuentwicklung sind. Die Ergebnisse eines Pilotprojektes werden so in natürlicher Weise weiterverwendet und die oft eher schwammige Bewertung des Erfolges eines Pilotprojektes wird durch eine glasklare Bewertungsmetrik ersetzt. Die Synergien zwischen Umstellung und Pilotprojekten führt damit erneut zu einer Reduktion des Umstellungsbudgets.

Im Gegenzug ist das hohe Risiko eines Pilotprojektes zu sehen. Wenn die Einsetzbarkeit einer neuen Technologie überprüft werden soll, so kann das Ergebnis auch sein, daß diese Technologie nicht funktioniert. Anders ausgedrückt: das Ergebnis eines Pilotprojektes sollte nur dann für eine Gesamtumstellungsstrategie eingeplant werden, wenn im Fall des Pilotprojektmißerfolges eine Alternativbeschaffung möglich ist.

Wenn alle Maßnahmen des Ausrangierens und der Berücksichtigung von Pilotprojekten durchgeführt sind, hat man es oft nur noch mit einem erheblich kleineren Umstellungsaufwand zu tun als zunächst angenommen.

Deshalb gilt am Beginn eines Umstellungsprojektes (wahrscheinlich sogar noch mehr als zu Beginn eines Entwicklungsprojektes), daß sorgfältige Planung und Fokussierung der vorhandenen Ressourcen die wesentlichen Erfolgsfaktoren sind. Klare Ziele und Kenntnis der Risiken sind eine wesentliche Grundlage, um das übergeordnete Ziel der Jahr-2000-Umstellung jederzeit im Blick zu behalten.

4.3 Besonderheiten von Jahr-2000-Projekten

Projekte, die die Jahr-2000-Tauglichkeit von Software und informationstechnologischer Infrastruktur zum Ziel haben, haben neben den funktionalen und nichtfunktionalen Anforderungen an die zu erstellende Software selbst einige zusätzliche Anforderungen zu bewältigen, die bei »normalen Projekten« kaum auftreten.

4.3.1 Parallelität von Tagesgeschäft und Umstellung

Parallelität von Tagesgeschäft und Umstellung bedeutet, daß die Jahr-2000-Umstellung parallel zu den anderen Änderungen und Erweiterungen an der umzustellenden Software zu bewältigen ist. Änderungen und Erweiterungen der Software ergeben sich aus dem Tagesgeschäft, sie resultieren aus bisher unentdeckten Fehlern oder gesetzlichen Änderungen. All diese Änderungen und Erweiterungen können nicht aufgeschoben werden und müssen neben den übrigen Arbeitsabläufen vorgenommen werden. Das bedeutet, daß die Aufwendungen, die die Jahr-2000-Tauglichkeit herstellen sollen, zusätzlich zu den normalen Änderungen und Erweiterungen stattzufinden haben. Diese Parallelität erfordert sorgfältige Abstimmungen der Änderungen einzelner Softwareteile, sie erfordert Synchronisation von Änderungen, die aus dem Tagesgeschäft resultieren, und solchen, die auf die Jahr-2000-Umstellung zurückzuführen sind. Ein Fehler ist angesichts der Parallelität unbedingt zu vermeiden: der der Aufteilung von fast allen Mitarbeitern zwischen Tagesgeschäft und Umstellung. Diese Aufteilung führt nahezu zwangsläufig zu unplanbaren Projekten und unkalkulierbarem Projektfortschritt.

4.3.2 Unverzichtbarkeit

Viele Projekte sind – selbst dann, wenn sie strategische Bedeutung haben – prinzipiell verzichtbar. Das bedeutet, daß der Verzicht auf diese Projekte zwar negative Konsequenzen auf Wirtschaftlichkeit und Wettbewerbsfähigkeit haben können, daß er aber nicht das zu betreibende Geschäft grundlegend in Frage stellt. Dies ist bei einem Jahr-2000-Projekt anders. Ist die Umstellung von Software erst einmal als erforderlich erkannt, kann in keiner Weise mehr darüber diskutiert werden, ob die Umstellung denn tatsächlich durchzuführen ist. Ein Jahr-2000-Projekt (für das es einen technisch fundierten Anlaß gibt) ist per se unverzichtbar.

4.3.3 Nicht-Verschiebbarkeit

Eine andere, nahezu einzigartige Anforderung ist die *Nicht-Verschiebbarkeit*. Während ein Großteil großer Softwareprojekte mit verzögerten Terminen und überschrittenen Budgets zu Ende geht, ist dies für Jahr-2000-Umstellungen nur eingeschränkt möglich. Zwar wird eine Budgetüberschreitung kurz vor Toresschluß akzeptiert werden, eine Verschiebung der Deadline über den Jahrhundertwechsel hinweg macht die gesamten Aufwendungen zur Jahr-2000-Umstellung hinfällig. Oder anders: Das Jahr 2000 kann man nicht verschieben. Kommt es innerhalb des Projektes zu Verzögerungen, müssen diese unmittelbar gemeldet und korrektive Maßnahmen verabschiedet werden, um in jedem Fall zu vermeiden, daß der

Zieltermin verpaßt wird. Eine Überschreitung um nur einen Monat macht mit großer Wahrscheinlichkeit alle Aufwendungen nutzlos. Dies ist eine Terminanforderung, die sich in dieser Schärfe nur in wenigen Projekten findet. Die offensichtliche Nicht-Verschiebbarkeit des Zieltermins hilft, alle notwendigen Maßnahmen zur Einhaltung tatsächlich umzusetzen. Sie bietet einen Rahmen, der strikte Terminverfolgung und detaillierte Ressourcen-und Kapazitätsplanung zur obersten Pflicht und somit zu einer zusätzlichen Anforderung an Jahr-2000-Projekte macht.

4.3.4 Knappe Ressourcen

Eine weitere Anforderung, die Projekte zur Jahrhundertumstellung schwierig macht, ist die der *knappen Ressourcen.* Die Umstellung von Software zur Herstellung der Jahr-2000-Tauglichkeit betrifft in allergrößtem Maße Software, die auf Großrechnern läuft.

Programmierer, die sich mit zu ändernder Software auf Großrechnern auskennen (wobei diese Software eben alt, gewachsen oder gewuchert sein kann), sind knapp. In den letzten Jahren ist ein abnehmender Bedarf an Kenntnissen im Bereich der Großrechnerprogrammierung zu identifizieren. Hochschulabsolventen kennen sich in aller Regel mit offenen Systemen, Client/Server-Anwendungen und graphischen Oberflächen, nicht jedoch mit Großrechnersoftware aus. Insbesondere angesichts undokumentierter und gewachsener Software sind die Ressourcen nicht allein dadurch bereitzustellen, daß in Großrechner-Know-how investiert wird – daß also Programmierer und EDV-Personal in Großrechnersoftware ausgebildet werden. In aller Regel können Umstellungen an dieser gewachsenen Software nur von Personen mit Erfahrung gerade mit dieser Software durchgeführt werden. Zumindest aber ist es erforderlich, daß genügend erfahrene Programmierer zur Verfügung stehen, um neue Programmierer anzuleiten. Auf diese Art und Weise wird die Ressource der Großrechnerprogrammierer ohnehin zu einer knappen und insbesondere angesichts der besonderen Situation gewachsener Software zu einer sehr knappen, kaum in kurzer Zeit beschaffbaren Ressource.

Darüber hinaus sind Großrechner-erfahrene Projektmanager knapp. Während die zur Verfügung stehenden Großrechnerprogrammierer und die zur Verfügung stehenden Großrechner-erfahrenen Projekt-Manager reichen, um den aktuellen Bedarf zu decken, wird die an vielen Stellen mehr oder weniger gleichzeitig stattfindende Jahr-2000-Umstellung zu einem deutlichen Nachfrageüberhang nach der genannten Qualifikation führen. Wenn es überhaupt gelingt, geeignetes Personal in ausreichender Menge bereitzustellen, so scheint sicher zu sein, daß dies nur unter Aufwendung von Personalkosten gelingen kann, die auf der Basis aktueller Gehälter nicht kalkuliert werden kann.

4.3.5 Hoher Aufwand bei geringem Fach-Know-how

Auch wenn es erforderlich ist, daß das Umstellungsteam genügend Mitglieder mit spezifischer Erfahrung mit der umzustellenden Software umfaßt, so ist die Umstellung insgesamt mit relativ wenig Fach-Know-how zu bewerkstelligen. Dies liegt daran, daß die Umstellung des Datums intuitiv erfolgt und keine detaillierten Kenntnisse bestimmter Anwendungszusammenhänge erfordert. Diese Eigenschaft von Umstellungsprojekten machen sie besonders geeignet für die Einbindung von Teams in Niedriglohnländern.

4.3.6 Testaufwendungen

Eine weitere Anforderung, die zumindest in dieser Deutlichkeit nur selten auftritt, ist die des umfassenden Tests. Abbildung 4.2 gibt einen groben Überblick über die Art der Aufwände in einem Jahr-2000-Umstellungsprojekt [But96]. Sie gibt an, daß ca. die Hälfte aller Aufwände für Testaktivitäten veranschlagt werden müssen.

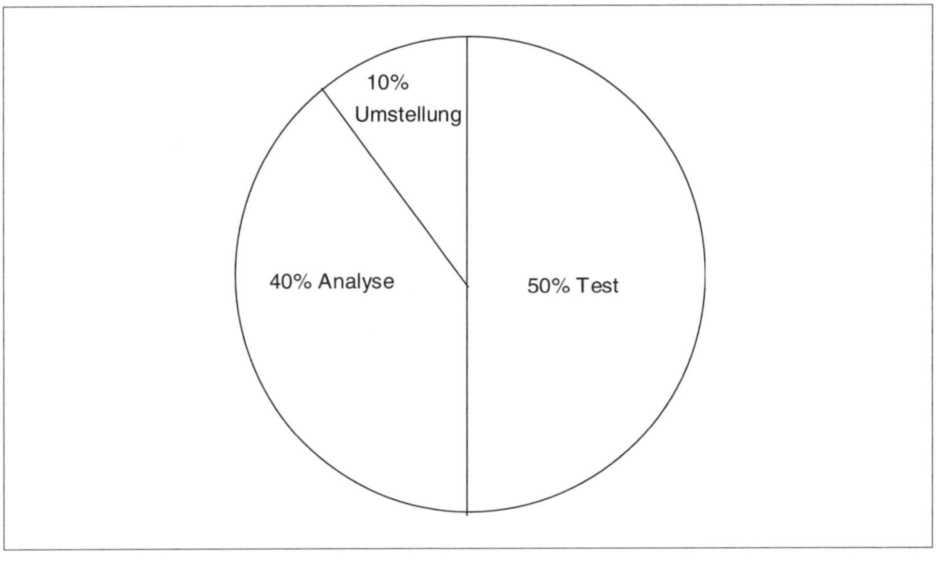

Abb. 4.2: Aufwandsarten in Umstellungsprojekten nach [But96]

Unsere Erfahrungen bei der Umstellung von Software sind anders, insbesondere die Analyseaktivitäten nehmen deutlich weniger Raum ein, während die eigentliche Umstellung einen größeren Anteil ausmacht. Eines jedoch deckt sich mit der Aufteilung aus Abbildung 4.2: Der Testaufwand liegt in den allermeisten Fällen tatsächlich in der Nähe von 50% des Gesamtaufwandes.

Die Umstellung einzelner Teile der Software nützt zunächst wenig. Die Funktionsfähigkeit über die Jahrhundertgrenze hinweg ist erst dann gewährleistet, wenn integrierte Systeme (integriert aus Hardwaresystemen, Betriebssystemen, Datenbankmanagement-Systemen und Anwendungssoftware) lauffähig sind. Dies bedeutet Testanforderungen, die zwar formal auch für andere komplexe Anwendungsentwicklungen gelten, die jedoch für umgestellte Software in größerem Maße gültig sind. Während beim Integrationstest zunächst Einzelsysteme getestet werden können und aus der Lauffähigkeit einzelner Systeme in ihren jeweiligen Testumgebungen eine vernünftige Grundlage für einen Integrationstest geschaffen werden kann, trifft dieses Paradigma nur in begrenzter Weise auf Jahr-2000-umgestellte Systeme zu. Hier können riesige Seiteneffekte durch kleine Fehler in kleinen Komponenten resultieren. Ein nicht umgestelltes Datum kann die Funktionsfähigkeit des integrierten Systems insgesamt massiv beeinflussen. Die Testdisziplin und die Systematik eines Integrationstestes ist deshalb von noch größerer Bedeutung als schon bei einer »traditionellen« Softwareentwicklung. Von grundlegender Wichtigkeit ist der Before-Image-Test und der After-Image-Test. Beide zusammen stellen sicher, daß das Softwaresystem nach der Umstellung das gleiche Verhalten zeigt wie vor der Umstellung; mit der Ausnahme, daß es danach Jahr-2000-tauglich ist (vgl. Abschnitt 8.3.7).

4.3.7 Wichtigkeit des Konfigurationsmanagements

Konfigurationsmanagement wird in vielen Softwareentwicklungs- und –anpassungsprojekten deutlich unterschätzt. Die Notwendigkeit eines leistungsfähigen Konfigurationsmanagments wird ausführlich in Abschnitt 7.3 erörtert. In jedem Fall ist das Konfigurationsmanagement in Jahr-2000-Umstellungsprojekten unverzichtbar, um den komplizierten Prozeß der parallelen Weiterentwicklung und Umstellung zu unterstützen.

4.3.8 Projektorganisation und -koordination

Projektorganisation und -koordination in einem Projekt zur Jahrhundertumstellung unterscheiden sich teilweise grundlegend von der in Softwareprojekten üblichen Projektorganisation und -koordination. Diese Unterschiede sind teilweise darin begründet, daß die besonderen Risiken der Jahr-2000-Umstellung respektive die Risiken, die sich durch eine mögliche Verschiebung ergeben würden, deutlich höher sind als die in anderen Softwareprojekten üblichen Risiken. Ein weiterer Unterschied betrifft die Knappheit der Ressourcen. In fast allen Fällen ist es erforderlich, in Jahr-2000-Projekten mit externen Dienstleistern zu kooperieren, so daß auf die enge Einbeziehung externer Partner besonderer Wert zu legen ist.

In diesem Sinne ist der Projektmanager eines Jahr-2000-Projektes zwangsläufig auf eine enge Kooperation mit externen Dienstleistern angewiesen. Er muß Teammitglieder aus unterschiedlichen Firmen und innerhalb der eigenen Firma, insbesondere aus unterschiedlichen Abteilungen, koordinieren. Da diese Teammitglieder oft für die Mitarbeit an konkurrierenden Projekten gefragt sind, muß der Projektmanager mit großer Rückendeckung seitens des Managements ausgestattet sein, um sicherzustellen, daß die erforderlichen Mitarbeiter aus den Fachbereichen in geeigneter und ausreichender Art und Weise einbezogen werden können. Selbst innerhalb der Abstimmung mit externen Dienstleistern, die natürlich auch in anderen Softwareprojekten vorkommen, tritt ein Unterschied zu traditionellen Softwarebeschaffungs- oder Softwareentwicklungsprojekten auf. Dieser Unterschied liegt darin, daß die Vereinbarung von Konventionalstrafen im Falle der Nichterfüllung seitens der externen Dienstleister nicht reicht, um die Risiken einer nicht zeitgerecht durchgeführten Jahrhundertumstellung abzusichern, da die nicht zeitgerechte Umstellung und die damit verbundene Gefährdung des Kerngeschäftes durch Konventionalstrafen nicht kompensiert werden kann.

Straffes Management, explizites Planabweichungs-Management und fest vereinbarte Eskalationsmechanismen sind deshalb wichtige Bestandteile der Koordination eines Jahr-2000-Umstellungsprojektes.

4.3.9 Vielfalt und Wirksamkeit von Management-Entscheidungen

Jahr-2000-Umstellungsprojekte sind permanent dadurch gefährdet, daß die fragilen Rahmenbedingungen (Ressourcen, Outsourcing-Strategie, Strategie zum Ausrangieren) geändert werden. Management-Entscheidungen haben deshalb nicht nur zu Beginn des Projektes, sondern auch während des gesamten Projektes einen massiven Einfluß auf den Projektfortschritt. Entsprechend vorsichtig und wohlüberlegt müssen Management-Entscheidungen getroffen werden.

4.3.10 Innovationshemmnisse

Jahr-2000-Umstellungsprojekte blockieren oft Investitionen in neue Technologien. Wenn nicht ein Kompromiß zwischen Umstellung einerseits und dosierter Investition in neue Technologien andererseits gefunden wird, dann kann die Umstellung tatsächlich bedeuten, daß der Anschluß an neue Technologien verloren wird. Dann wird mit einer erfolgreichen Umstellung zwar der Zusammenbruch der Software verhindert, andererseits kann aber der Anschluß in neue Technologiewelten für längere Zeit versperrt bleiben, weil die Mitarbeiter nicht weitergebildet werden können und weil die Auseinandersetzung mit neuen Technologien ausbleibt.

4.3.11 Zusatznutzen

Ein weiteres Kriterium, das Jahr-2000-Projekte von anderen Softwareentwicklungs- und -Beschaffungsprojekten unterscheidet, ist, daß durch die Jahr-2000-Umstellung kein Zusatznutzen erzielt wird. Während in traditionellen Entwicklungs- und Beschaffungsprojekten der zu leistende Aufwand mit dem zu erzielenden Nutzen verglichen und auf diese Art und Weise eine Amortisierung des Aufwands kalkuliert werden kann, ist dies in Jahr-2000-Projekten nur indirekt möglich.

Durch eine erfolgreiche Umstellung der eingesetzten Software auf die Erfordernisse des Jahres 2000 wird kein zusätzlicher Nutzen erzielt, im besten Fall kann Geschäft in der gleichen Art und Weise betrieben werden wie mit der alten Software. Der eigentliche Nutzen liegt also nur in der Vermeidung des Schadens, der sich ergibt, wenn die Jahr-2000-Umstellung nicht erfolgt. Dieser indirekte Nutzen ist nicht dazu geeignet, als Motivationsquelle zu dienen. Darüber hinaus stehen Jahr-2000-Projekte in dem Ruf wenig anspruchsvoll zu sein. Deshalb ist es erforderlich, den fehlenden Zusatznutzen durch strikte Rückendeckung seitens des Managements und durch die Schaffung eines allgemeinen Bewußtseins bezüglich des potentiellen Schadens auszugleichen.

4.3.12 Betroffenheit ganzer Volkswirtschaften

Die Jahrhundertumstellung unterscheidet sich von anderen Änderungen an existierender Software oder auch in der Entwicklung neuer Software dadurch, daß große Teile der informationsverarbeitenden Industrie zum gleichen Zeitpunkt betroffen sind. Dies führt auf der einen Seite zu der bereits diskutierten Knappheit von Ressourcen, da alle Unternehmen, die die Umstellung zu leisten haben, im gleichen Zeitraum Programmierkapazitäten aufbauen müssen. Zum zweiten liegt der durch die Jahrhundertumstellung entstehende Aufwand in einer volkswirtschaftlich relevanten Größenordnung. Die Gartner Group schätzt, daß allein in Deutschland ungefähr 5 Milliarden Zeilen Code umzustellen sind und daß dadurch, daß diese Umstellung nicht in allen Fällen rechtzeitig bewältigt werden kann, ca. 20 Prozent der umstellungsrelevanten Firmen ernstzunehmenden wirtschaftlichen Schaden erleiden werden – einfach deshalb, weil die Umstellung nicht zeitgerecht erfolgt – und teilweise sogar aus dem Geschäftsfeld verschwinden werden.

4.3.13 Erfahrungen

Die Jahrhundertumstellung als eine wesentliche Querschnittsänderung an existierender Software unterscheidet sich von anderen Softwareentwicklungs- und -beschaffungsprojekten dadurch, daß wenig bis gar keine Erfahrungen vorliegen. Für die Entwicklung neuer Software kann mittlerweile auf einen breiten Erfahrungsschatz zurückgegriffen werden – auch wenn das nicht immer viel nutzt, weil Erfahrungen nicht konsequent weitergegeben werden. Das Software Engineering hat Methoden und Werkzeuge bereitgestellt, um Neuentwicklung und Erweiterung von existierender Software geeignet zu unterstützen. Für die Realisierung einer Querschnittsänderung, wie sie die Jahrhundertumstellung bedeutet, liegen wenig Erfahrungen vor. Am nächsten kommen den besonderen Erfordernissen einer Jahr-2000-Umstellung noch die Erfahrungen aus der Umstellung von Postleitzahlen von vier auf fünf Ziffern (auch wenn diese Querschnittsänderung bei weitem nicht so weitreichende Auswirkungen hat). Letztlich war in diesem Fall das Schadenspotential jedoch deutlich geringer, da im schlimmsten Fall mit der verspäteten Zustellung von Schriftstücken zu rechnen war und die Deutsche Bundespost in einem Übergangszeitraum auch die Zustellung von Schriftstücken, die gemäß den alten Postleitzahlen adressiert waren, gewährleistete. Dies ist für die Jahrhundertumstellung nicht gegeben. Nicht korrekt umgestellte Software kann zu den oben beschriebenen Problemen und Fehlern führen, die auch in Übergangszeiträumen nicht tolerabel sind. Änderungen, die strukturell von ähnlicher Natur sind, stehen mit der EURO-Umstellung bevor, allerdings kann die EURO-Umstellung nicht als Erfahrung für die Jahr-2000-Umstellung dienen, da sie in ungefähr dem gleichen Zeitraum zu passieren hat (möglicherweise ein Jahr früher beendet sein muß), aber nicht als Ganzes der Jahrhundertumstellung vorgeschaltet ist.

4.3.14 Verwaiste Technologien

Jede informationsverarbeitende Organisation hat Softwareanwendungen, die in einer bestimmten Sprache geschrieben sind oder auf bestimmte Technologien aufsetzen, die nicht mehr länger betrieben wird und die keiner mehr beherrscht. Für ein Umstellungsprojekt ist es erforderlich, Personal mit Kenntnissen dieser Alttechnologien einzusetzen. Dies kann ein ernstzunehmendes Qualifikationsproblem bedeuten, da die gleichen Technologien bei vielen Unternehmen verwaist sein werden. Folglich sind Fachleute nicht nur knapp, sondern es besteht zusätzlich auch noch ein harter Wettbewerb um diese knappen Ressourcen. Im ungünstigsten Fall kann eine Verwaisung wesentlicher eingesetzter Technologien eine Neuentwicklung sozusagen erzwingen.

Eine Fallstudie 5

The competitive world has two possibilities for you. You can lose or, if you want to win, you can change.

– Lester Thurow, Economist

Um die Auswirkungen einer typischen Jahr-2000-Umstellung zu betrachten, diskutieren wir im folgenden eine Fallstudie aus einem realen Projekt. Dieses Projekt betrifft die Umstellung einer Software aus der Versicherungswirtschaft bei einem US-amerikanischen Unternehmen. Diese Fallstudie illustriert einen weiteren Aspekt von Jahr-2000-Projekten: nämlich die Frage »Make or buy«, also die Entscheidung, ob Software intern umgestellt werden soll. Dies ist insbesondere für Großunternehmen mit eigenen EDV-Abteilungen eine erwägenswerte Möglichkeit. Alternativ (im Sinne von »buy«) kann die Umstellung von Software an externe Softwarehäuser vergeben werden. Besonders Jahr-2000-Umstellungen sind ein Kandidat für ein solches Outsourcing, da die unternehmenseigenen Ressourcen in aller Regel mit Wartungs- und unaufschiebbaren Weiterentwicklungsarbeiten beschäftigt sind und da darüber hinaus eine Aufstockung der eigenen EDV-Abteilung für ein zeitlich begrenztes Projekt wie die Jahr-2000-Umstellung nicht in Frage kommt.

DPS Pvt. Ltd. ist ein Systemhaus in Indien. DPS beschäftigt 560 Mitarbeiter und ist mittlerweile ein Spezialist für Jahr-2000-Datumsumstellungsprojekte. Diese Firma arbeitet hauptsächlich für Kunden in den USA und Europa. Re-Engineering von ›Legacy‹-Software und Multimedia sind ihre Schwerpunkte.

Fallstudie einer Datumsumstellung

Organisation:	Wheatley Insurance Inc., Stamford, Connecticut, USA
Branche:	Versicherung
Anwendung:	Integrierte Versicherungssoftware
Realisierung:	Indien und USA

5.1 Hintergrund

Wheatley Insurance Inc. ist ein Softwarehaus, das sich auf Versicherungssoftware spezialisiert hat. Wheatley Insurance Inc. liefert Lösungen für fast alle Automatisierungs- und Anwendungsprobleme großer Versicherungsunternehmen in den USA. Zu ihren Kunden gehören u.a. Merchants Insurance, McGee, Beacon, Allstate Insurance. Die letztgenannte ist die zweitgrößte Versicherungsgesellschaft der USA. DPS und Wheatley Insurance schlossen 1989 ein Kooperationsabkommen ab. Seitdem arbeiten beide Firmen zusammen, um Lösungen für die Versicherungswirtschaft zu liefern. Der Name der Software, die von diesen beiden Unternehmen geliefert wird, ist WINS. WINS wurde in den 80er-Jahren durch Wheatley entwikkelt und läuft auf einem IBM S/36-Rechner. Von 1989 bis 1991 portierte DPS diese Anwendung auf einen IBM AS/400. Danach rüstete die Mehrzahl der WINS Anwender ebenfalls auf die AS/400-Plattform um. Während dieses Wechsels erkannte DPS die Problematik, die mit der Jahrhundertumstellung auftreten würde. Diese Probleme betrafen den Datenbankentwurf, die Gestaltung von User-Interfaces, und vor allem die Kalkulation von Daten und Zeiträumen zwischen zwei Daten, die sich in der gesamten Software befanden.

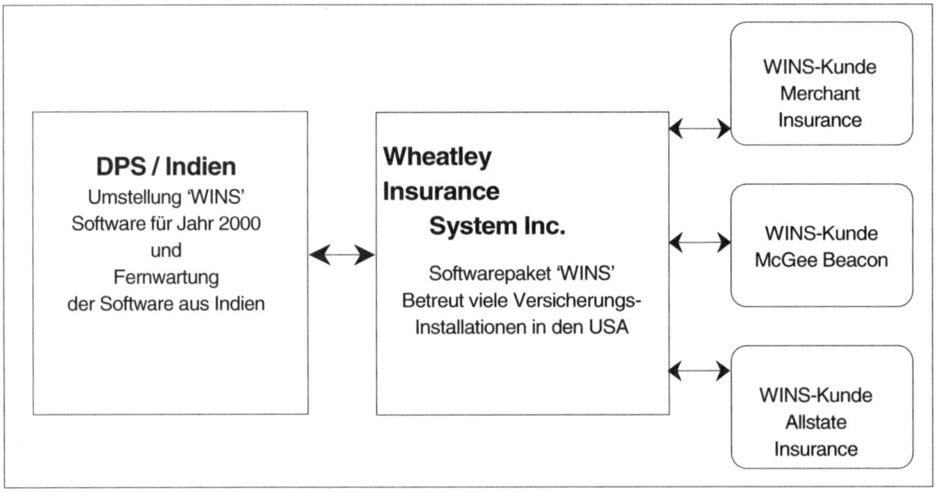

Abb. 5.1: Arbeitsweise DPS in Indien und Wheatley in den USA

5.2 Kurzbeschreibung des Versicherungspakets WINS

Das Paket wurde entwickelt, um die Anforderungen amerikanischer Firmen im Sektor der Sach- und Personenversicherungen zu unterstützen. Das WINS-Paket ist bei mehreren Versicherungen in den USA installiert. Das Paket besteht aus den nachfolgend aufgeführten Basismodulen:

5.2.1 Policen-Management

Dieses Modul beinhaltet Informationen zu den Policeninhabern und den mit ihnen vereinbarten Versicherungsleistungen. Es kalkuliert Prämien, bereitet Angebote vor, erstellt neue Policen aus bzw. erneuert, erweitert oder annulliert bestehende Policen.

Mit Hilfe der WINS-Software werden bei verschiedenen Anwendern ca. 4.000.000 Policen verwaltet.

5.2.2 Buchhaltung

Dieses Modul erstellt Rechnungen und verfolgt den Verlauf von Einzahlungen und Auszahlungen. Falls innerhalb gesetzter Fristen keine Zahlungen eingehen, stößt dieses Modul Mahn- und Klageverfahren an, kündigt existierende Verträge und benachrichtigt die Policeninhaber über die Konsequenzen.

5.2.3 Anspruchsmanagement (Claims)

Dieses Modul verwaltet Ansprüche, die im Rahmen und auf der Grundlage von Policen erhoben worden sind und setzt diese in Bezug zu den Anspruchnehmern. Ausgehend von dem schriftlichen Eingang eines Anspruchs bis zur Erfüllung oder Ablehnung werden alle Vorgänge unterstützt, insbesondere auch die Erstellung, der Austausch und die Verarbeitung von Unfallskizzen.

5.2.4 Rückversicherung

Dieses Modul verwaltet die Rückversicherungsbeziehungen der Versicherungsgesellschaft mit einer Rückversicherungsgesellschaft. Auf diese Weise sichert sich die Versicherungsgesellschaft gegen besondere Risiken ab und teilt auf diese Art und Weise das Risiko wie auch den Ertrag mit anderen Versicherungsunternehmen.

5.2.5 Management-Information

Dieses Modul erstellt periodische Berichte und statistische Auswertungen, die für das Management eines Versicherungsunternehmens als Entscheidungshilfe dienen.

5.2.6 Diverse Verarbeitungsmodule

Diese Service-Module bieten Verarbeitungsfunktionalität für einfache Datentypen wie Listen, Mengen und Zeichenketten, die in verschiedenen anderen Modulen verwendet werden.

Das Paket WINS umfaßt 4.500 Programme, aufgeteilt in sechs Hauptanwendungen. Jede Anwendung besteht aus ca. 750 Programmen. Das Gesamtpaket enthält 2 Millionen Codezeilen, die sich folgendermaßen aufteilen:

100.000 Zeilen Code CL/400-Programme

500.000 Zeilen Code COBOL/400-Programme

200.000 Zeilen Code Datenbankprogramme

200.000 Zeilen Code Repräsentation von Benutzungsoberflächen.

5.3 Notwendigkeit der Jahr-2000-Umstellung für die WINS-Software

DPS realisierte in der Umstellung der Software von der IBM S/36-Plattform auf die IBM AS/400-Plattform den Kern der Anwendung. Aufgrund der vorhandenen Detailkenntnisse der Anwendungsinterna konnte DPS auf gesicherter Basis prognostizieren, daß zumindest die folgenden Probleme zum Jahrhundertwechsel auftreten würden:

Da die Datumsfelder innerhalb der Datenbank aus sechs Ziffern bestanden, bedeutete dies, daß die Angabe des Jahrhunderts fehlte. Allein dieser Umstand ist die Ursache für die folgenden Detailprobleme: das Datumsfeld ist von großer Wichtigkeit innerhalb einer Versicherungssoftware. Informationen über Daten und deren Ver- und Berechnungen betreffen die Berechnung von Versicherungssummen, Prüfungen der allgemeinen Versicherbarkeit und Berechnung von Zinsen. In fast allen Situationen ist es erforderlich, die Differenz zwischen zwei Daten zu ermitteln und diese als Anzahl von Tagen abzuspeichern. Allein diese Kalkulation würde bei Überschreitung der Jahrhundertgrenze nicht mehr funktionieren. In jeder Versicherungswirtschaft (und genauso gut in vielen kommerziellen Anwendungssystemen) müssen eine Menge Daten erzeugt und nach dem Erstellungsdatum abgelegt werden.

Wo auch immer im WINS-Paket (insbesondere im Policenmanagement) der Benutzer Daten eingibt, werden fehlerhafte Daten identifiziert, wenn der Jahresteil das Jahr 2000 angibt. Dies liegt einfach daran, daß das Jahr 2000 als kein gültiger Wertebereich bei dem Entwurf des WINS-Paketes angesehen wurde.

Das Systemdatum spielt eine wesentliche Rolle in der Berechnung und Überprüfung verschiedener Ergebnisse von Datumsberechnungen. Im WINS-Paket wird unter Verwendung von COBOL-Programmen das Systemdatum in einer Variablen gespeichert, die aus 6 Byte besteht. Wenn wir uns nun dem Jahre 2000 nähern, wird das Betriebssystem der zugrundeliegenden Hardware irgendwann umgestellt werden, um auch die Jahrhundertangabe des Systemdatums zu umfassen. Solange jedoch das Anwendungsprogramm nicht in entsprechender Art und Weise umgestellt ist, wird es nicht in der Lage sein, das Systemdatum vom Betriebssystem abzufragen und innerhalb der Anwendung selbst weiterzuverarbeiten. Dies würde unmittelbare Probleme hervorrufen, nämlich dann, wenn die Differenz zwischen einem explizit gegebenen Datum und dem Systemdatum ermittelt wird.

Ein Modul zur Realisierung des elektronischen Zahlungsverkehrs ist ein Grundmodul von WINS (wie auch der meisten anderen Versicherungspakete). Am Ende aller finanziellen Transaktionen müssen Zahlungen auf elektronische Art und Weise zu Fremdsystemen transportiert werden. Dies geschieht in aller Regel unter Verwendung von Modems, kann aber auch durch den Austausch elektronischer Datenträger durchgeführt werden. Würden diese Fremdsysteme Jahr-2000-tauglich gemacht, ohne das WINS-Paket umzustellen, würde das WINS-Paket nicht mehr fehlerfrei arbeiten. Umgekehrt würde der Austausch mit diesen Systemen auch nicht mehr funktionieren, wenn allein das WINS-Paket umgestellt würde, ohne daß die Fremdsysteme in der Lage sind, Daten in ihrer vierziffrigen Darstellung zu verarbeiten. Eine Abstimmung in der zeitlichen Umstellung der Fremdsysteme ist also erforderlich.

5.4 Das Jahr-2000-Problem aus der Perspektive des Unternehmensmanagement

Im Jahre 1992 erläuterte DPS vor dem Management von Wheatley die Jahr-2000-Problematik in Bezug auf das Softwarepaket WINS. Nach langwierigen Diskussionen (Zeitraum ca. 3 Monate) und Abstimmung mit verschiedenen Abteilungen wurde entschieden, daß das Paket Jahr-2000-tauglich gemacht werden müßte. Anschließend bereiteten DPS und Wheatley gemeinsam eine Präsentation vor und verdeutlichten die Probleme des Jahrhundertwechsels bei verschiedenen Versicherungsgesellschaften, die WINS einsetzen. Auch hier war das gemeinsame Verständnis, daß das Jahr 2000 für die Anwender von WINS eine potentielle Gefahr darstellt. Verschiedene Gesellschaften erkannten, daß mit der Lösung des Problems schon gestern hätte begonnen werden müssen.

5.5 Der Lösungsansatz in der WINS-Umstellung

DPS führte zunächst eine umfassende Analyse von WINS durch. Als Ergebnis entstand eine Detailstudie, in der der Programmierstil sowie Anzahl und Umfang der WINS-Programme festgestellt wurden. Auf der Grundlage der Detailstudie konnte der für das Jahr-2000-Projekt erforderliche Aufwand kalkuliert werden. Diese Untersuchung brachte folgende grundlegenden Ergebnisse:

Es gab keine vollständige Dokumentation der einzelnen Programme der Applikationen. Tatsächlich wurde herausgefunden, daß lediglich zwei Prozent der Entwicklungszeit für die Erstellung einer technischen Dokumentation auf Programmniveau aufgewendet wurde. Viel schlimmer noch (wenn auch üblich für Software eines gewissen Alters), es wurde herausgefunden, daß die Dokumentation der Programme nicht den tatsächlich im Einsatz befindlichen Programmen entsprach.

Auf der Ebene des Gesamtsystems existierte technische Dokumentation. Diese war allerdings veraltet und konnte somit keinen detaillierten Stand über die Struktur des Systems geben. Dies ist eines der üblichen Ergebnisse einer wasserfallorientierten Entwicklung, in der die Ergebnisse der späten Entwicklungsaktivitäten, beispielsweise der Codierung, erweitert und geändert werden, ohne daß die Ergebnisse der früheren Entwicklungsaktivitäten (Anforderungsanalyse, Entwurf) auf den neuesten Stand gebracht werden.

Für einzelne Teile der Applikation wurde festgestellt, daß der Quellcode (Sourcecode) entweder gar nicht oder in einer früheren, veralteten Version vorhanden war. Die durch diese Situation hervorgerufenen Änderungsprobleme waren offensichtlich von erheblicher Bedeutung. Ursachen für dieses Phänomen konnten im nachhinein nicht mehr festgestellt werden. Einzelne Programmierer, denen nachgesagt wurde, sie könnten im Objectcode Änderungen vornehmen, waren nicht mehr im Unternehmen. Verfahrensanweisungen und Reviews, die die Änderungen von Objectcode ausschließen, waren nicht installiert und wurden bisher nicht durchgeführt.

Die Untersuchung erbrachte, daß Berechnungsroutinen zur Ermittlung der Abstände zwischen zwei Daten in fast allen Programmen existierten. Dies bedeutete, daß die prinzipiell gleichartigen Routinen mehrfach realisiert wurden. Dieser Umstand wurde als Ursache für die Verfünffachung des erforderlichen Umstellungsaufwands eingeschätzt (verglichen mit dem Aufwand, der nötig gewesen wäre, wenn diese Routinen als zentrale Prozeduren implementiert worden wären, statt mehrfach und unabhängig voneinander bereitgestellt zu werden).

Der Datenbankentwurf wurde während des Einsatzes der Software ad hoc modifiziert. Als Ergebnis dieser spontanen, nicht geplanten Änderung kamen redundante Informationen an verschiedenen Stellen vor und wurden nach Einführung dieser Änderungen dauerhaft weitergepflegt und gewartet. Reparaturmaßnahmen zur Beseitigung solcher Anomalien wurden während der Einsatzzeit des Systems selten durchgeführt, so daß die Struktur sukzessive verschlechtert wurde. Im Endeffekt entstand eine Datenbankstruktur, die weder normalisiert noch an einigen wenigen Stellen zielgerichtet denormalisiert wurde. Statt dessen entstand eine Reihe von Redundanzen, deren Sinn nicht nachvollziehbar war. Aufgrund fehlender Dokumentation und mangelhafter Konsistenzsicherungsmechanismen, waren diese Redundanzen die Ursache für vielfältige Inkonsistenzen, die ihrerseits wieder nur durch im Programm verstreute Plausibilitätsüberprüfungen ermittelt und teilweise kompensiert wurden.

Das Datenvolumen, das durch das Softwarepaket WINS verwaltet wurde, war groß (über 380.000 Lebensversicherungspolicen). Allein der Einbau der Jahrhundertziffern in die Datenbank würde eine umfassende Reorganisation des Datenbestandes erfordern. Allein die Konversion des Datenbestandes sollte als eigenes Projekt organisiert werden. Der Versuch, den Datenbestand mit Hilfe von Programmen zu konvertieren, wurde auf der Grundlage verschiedener Ansätze unternommen, beispielsweise mit COBOL und RPG-Programmen, mit dynamischem SQL und mit Scripten auf Betriebssystemebene.

Es gab verschiedene Stile, mit denen Datenelemente in der Datenbank und innerhalb von Programmen benannt wurden.

Der komplette und detaillierte Untersuchungsbericht wurde in den USA in Zusammenarbeit mit dem Kunden erstellt. Er umfaßte einen Lösungs- und Implementierungsplan. Nachdem der Plan durch Wheatley akzeptiert wurde, wurde der gesamte Quellcode nach Kalkutta gebracht. Die Identifikation der richtigen, d.h. betroffenen und im Einsatz befindlichen Sourcen war eine schwierige Aufgabe. Es gab mehrere Versionen des Programms und niemand wußte, welche davon die aktuelle war. Die verschiedenen Programmversionen wurden über verschiedene Jahre betrieben, ohne daß Änderungen vorgenommen wurden. Änderungen führten in aller Regel zu neuen Versionen. Programmierer, die bei der Erstellung einzelner Versionen maßgeblich beteiligt waren, waren zum größten Teil nicht mehr im Unternehmen beschäftigt. Das Fehlen vernünftiger technischer Dokumentationen erwies sich als Haupthindernis bei der Ermittlung der betroffenen Quellen. Letztendlich konnten die betroffenen Quellen durch verschiedene Versuche (Trial and Error) identifiziert werden, ohne wirklich gewiß zu sein, daß die korrekte und aktuelle gültige Version ermittelt war. Nach der Datumsumstellung und einer während dieses Projekts vorgenommenen Reduktion der Programmquellen blieb eine überschaubare Menge von Programmen übrig. Während der Implementierung stellte sich erfreulicherweise heraus, daß keine zu weitreichenden Reduktionen der Programmquellen vorgenommen wurden.

5.6 Die Umstellung der Software in Indien

Auf der Basis des Untersuchungsberichtes und verschiedener Erfahrungen bei anderen Datumsumstellungen wurde ein Gesamtplan zur Abwicklung des Projektes erstellt. Es wurde entschieden, daß nicht alle Programme, die in den Datumsroutinen implementiert waren, geändert werden sollten. Statt dessen wurde *eine* Routine neu realisiert, die von allen Programmen aufgerufen werden sollte. In vielen Programmen mußte datumsberechnender Programmcode somit nur durch den Aufruf der neuen Routine ersetzt werden. Auf diese Weise wurde die Struktur der Software geändert. Es konnte jedoch vermieden werden, die Redundanz in den aktuellen Programmen auf Dauer festzuschreiben.

Es wurden einige Werkzeuge entwickelt, die die erforderlichen Änderungen teilweise automatisch vornahmen, die aber vor allen Dingen die betroffenen Programmstellen automatisch lokalisieren konnten, so daß nicht jede Zeile Sourcecode begutachtet werden mußte. Dabei konnte der identifizierte Benennungsstil ausgenutzt werden. 60 Prozent aller WINS-Programme wurden mit Hilfe der DPS-eigenen Werkzeuge geändert, die restlichen 40 Prozent mußten manuell geändert werden.

5.6.1 Phase I des WINS Projekts: Die Impact-Analyse

In dieser Phase wurde die gesamte Software auf die Auswirkung auf das Jahr 2000 analysiert. Die Analyse ergab drei verschiedene Berichte, die für die spätere Umstellung als Basis dienten. Nachfolgend eine Beschreibung der drei Analyseberichte mit einigen Beispielen:

5.6.1.1 Bericht 1 – Decision Report

Source Type	Source ID	Pattern	Line No.	Occurance
SRC	DDLS106	R-DAT	382	1
SRC	DDL06	R-DAT	508	1
SRC	SX472	REV1-DAT	187	1
SRC		REV1-DAT	1022	1
SRC		W-BRTHDAY	211	1
SRC		W-BRTHDAY	1489	1
SRC		W-BRTHDAY	1962	1
SRC		W-BRTHDAY	214	1
SRC		W-DATGEB	215	1
SRC		W-DATGEB	216	1
SRC		W-DATGEB	217	1
SRC		W-DATGEB	1962	1
SRC		W-DATGEB	1963	1
SRC		W-DATGEB	1964	1
SRC		W-DATGEB	1965	1
SRC		W-DATVTS	228	1
SRC		W-DATVTS	229	1
SRC		W-DATVTS	230	1
SRC		W-DATVTS	231	1

Abb. 5.2: Beispiel eines Decision Reports

Erklärung

Spalte 1: nennt den Sourcetyp und kann Werte wie (z.B. PF (physical file), LF (logical file), DSPF (display file), PRTF (printer file) oder andere Files haben

Spalte 2: hier erscheint der Programmname (Source ID), gehört zum Sourcetyp aus der ersten Spalte

Spalte 3: zeigt Datumsvariable (Patterns (Werte) ausgesucht für das Werkzeug) an

Spalte 4. zeigt die Zeilennummer des Sourcecodes an, in der die Datumsvariable auftritt

Spalte 5: gibt die Häufigkeit an, mit der die Datumsvariablen in der angegebenen Zeilennummer auftreten.

Auswirkung des Decision Reports

Der Report unterstützt den Programmierer bei der Bestimmung der benötigten Zeitdauer für ein bestimmtes Programm. Dieser Report zeigt an, wie wichtig (bzw. kritisch) die Datumsvariablen für ein Programm sind. Kommt eine Variable mehr als einmal in einer Codezeile vor, bedeutet dies, daß diese Codezeile verschiedene

Entscheidungen basierend auf Datumsvariablen trifft (Vergleiche, Kalkulationen usw.).

Dieser Report lenkt während der Umstellungsphase die Aufmerksamkeit auf Änderungsauswirkungen in der betroffenen Codezeile und zwar im Hinblick auf die Ausrichtung des Prozesses (wahre oder falsche Entscheidungen werden den Prozeßverlauf in eine unterschiedliche Richtung verzweigen lassen).

Manchmal werden Datumsvariablen *redefiniert* für eine besondere Bearbeitung.

5.6.1.2 Bericht 2 – Detailed Report

Source ID	Pattern	Line No.	Source Line
CA741	REV1-DAT	187 018700	05 REV1-DAT.
	REV1-DAT	1022 102200	IF REV1-DAT IS NOT NUMERIC
	REV1-J	188 018800	07 REV1-J PIC 99.
	REV1-J	1025 102500	IF REV1-J LESS 82
	REV1-J	1092 109200	MOVE REV1-J TO WA2-01-ORDBUDAJ.
	REV1-J	1098 109800	MOVE REV1-J TO WA2-03-J.
	REV1-M	189 018900	07 REV1-M PIC 99.
	REV1-M	1026 102600	IF REV1-M LESS 1 OR GREATER 12
	REV1-M	1091 109100	MOVE REV1-M TO WA2-01-ORDBUDAM.
	W-GEBDAT	211 021100 01	W-GEBDAT PIC 9(4).
	W-GEBDAT	1489 148900	MOVE WEH1-GEBDATJ2M TO W-GEBDAT.
	W-GEBDAT	1962 196200	MOVE W-GEBDAT TO W-DATGEBJJMM.
	W-DATGEB	214 021400 01	W-DATGEB.
	W-DATGEB	215 021500	05 W-DATGEBJH PIC 9(02) VALUE 0.
	W-DATGEB	216 021600	05 W-DATGEBJJMM PIC 9(04) VALUE 0.
	W-DATGEB	217 021700	05 W-DATGEBTT PIC 9(02) VALUE 0.
	W-DATGEB	1962 196200	MOVE W-GEBDAT TO W-DATGEBJJMM.
	W-DATGEB	1963 196300	MOVE 01 TO W-DATGEBTT.
	W-DATGEB	1964 196400	MOVE 19 TO W-DATGEBJH.
	W-DATGEB	1965 196500	MOVE W-DATGEB TO B20-DATGEB.
	W-DATVTSZUG	228 022800 01	W-DATVTSZUG.
	W-DATVTSZUG	229 022900	05 W-DATVTSZUGJH PIC 9(02) VALUE 0.
	W-DATVTSZUG	230 023000	05 W-DATVTSZUGJJMM PIC 9(04) VALUE 0.
	W-DATVTSZUG	231 023100	05 W-DATVTSZUGTT PIC 9(02) VALUE 0.
	W-DATVTSZUG	232 023200 01	RW-DATVTSZUG REDEFINES W-DATVTSZUG PIC 9(08).
	W-DATVTSZUG	1958 195800	MOVE 19 TO W-DATVTSZUGJH.
	W-DATVTSZUG	1959 195900	MOVE WEI1-TEBEJ2M TO W-DATVTSZUGJJMM.
	W-DATVTSZUG	1960 196000	MOVE 01 TO W-DATVTSZUGTT.
	W-DATVTSZUG	1961 196100	MOVE W-DATVTSZUG TO B20-RDATVTSZUG.
	W-DATVTSZUG	1984 198400	MOVE 19 TO W-DATVTSZUGJH.
	W-DATVTSZUG	1985 198500	MOVE WEI1-TEBEJ2M TO W-DATVTSZUGJJMM.
	W-DATVTSZUG	1986 198600	MOVE 01 TO W-DATVTSZUGTT.
	W-DATVTSZUG	1987 198700	MOVE RW-DATVTSZUG TO B291KDB01-DATVTS.
	RW-DATVTSZUG	232 023200 01	RW-DATVTSZUG REDEFINES W-DATVTSZUG PIC 9(08).

Abb. 5.3: Beispiel eines Detailed Reports

Erklärung

Spalte 1: enthält Quellcode-ID (Name)

Spalte 2: enthält Datumsvariable

Spalte 3: macht Angaben zur Zeilennummer des Quellcodes, der die Datumsvariable enthält

Spalte 4: Die aktuelle Zeile des Quellcodes wird hervorgehoben und hier ausgedruckt

Auswirkung des Detailed Reports

Dieser Report bildet die eigentliche Basis für die Umstellungsphase. Er führt den Programmierer direkt zu der *genauen* Zeile des Sourcecodes für die gegebene Datumsvariable. Diese kann gemäß den mit den Kunden abgestimmten Standards der Jahr-2000-Umstellung modifiziert werden. Hierdurch wird die Zeit für das Durchlaufen der Codes (Code-Walk-Through) drastisch reduziert.

Mit Hilfe dieses Reports kann der Programmierer während des After-Image-Tests Probleme (sollten diese auftreten) identifizieren. Dies geschieht, indem er direkt zu den modifizierten Codezeilen geht und die Semantik-Zeile vor oder nach der modifizierten Codezeile untersucht.

Dieser Report leistet Hilfestellung bei der Fehleridentifizierung im Programm, wenn dieses Programm an ein neues Modul angefügt wird, das während der Jahr-2000- Umstellung entwickelt wurde. In einer durchaus typischen Situation kann es sein, daß das neue Modul mit dem konvertierten Modul kommuniziert. Treten Fehler auf, ist es dann sehr leicht, direkt die LOC (Codezeile) des Sourcecodes, welche mit dem neuen Modul kommuniziert, anzusprechen. Die Fehler können somit schneller beseitigt werden.

5.6.1.3 Bericht 3 – Summary Report

Prog. ID	**Date var.**	**no. of lines**	**occur.**	**Source type**
DDLS106	REV1-DAT	0	0	SRC
	W-GEBDAT	0	0	SRC
	W-DATGEB	0	0	SRC
	W-DATVTS	0	0	SRC
	WEC3-VTST	0	0	SRC
	WEF1-VTST	0	0	SRC
	WEF2A-VTST	0	0	SRC
	WEG1-VTST	0	0	SRC
	R-DAT	1	1	SRC
	R-GEBDAT	0	0	SRC
	WEH1-GEB	0	0	SRC
	WEH1-GDTT	0	0	SRC
	WEI1-TEB	0	0	SRC

Prog. ID	Date var.	no. of lines	occur.	Source type
	WA2-01-ORDBUD	0	0	SRC
	WA2-04-TBEG	0	0	SRC
	WS-VST	0	0	SRC
	E-DATGEB	0	0	SRC
	E-DATVTS	0	0	SRC
	E-DATTEBEG	0	0	SRC
	REV1-J	0	0	SRC
	REV1-M	0	0	SRC
	WEF1A-VTST	0	0	SRC
	WA2-03-J	0	0	SRC
	WA2-03-ORDBUD	0	0	SRC
	R-EA-BEITRAG-J	0	0	SRC
	R-UA-BEITRAG-J	0	0	SRC
	R-UA-BEITRAG-M	0	0	SRC
	R-UA-FAKTOR-J	0	0	SRC

Abb. 5.4: Beispiel eines Summary Reports

Erklärung

Spalte 1: Quellcode-ID (Name)

Spalte 2: Datumsvariable

Spalte 3: gibt die Anzahl der Zeilen in der Sourcecode-ID an, die die Datumsvariablen enthalten

Spalte 4: gibt an, wie oft die Datumsvariable in der gesamten Sourcecode-ID enthalten ist

Spalte 5: enthält den Sourcetyp (z.B. PF (physical file), LF (logical file), DSPF (display file), PRTF (printer file) oder andere Files.

Auswirkung des Summary Reports

Dieser Report liefert eine Abschätzung der Mannstunden, die für die Modifikation der Datumsvariablen in einer Sourcecode-ID benötigt werden.

Er zeigt auch an, zu welcher Sourcetypgruppe diese Source-ID gehört. Dadurch lassen sich die insgesamt benötigten Mannstunden für die Umstellung eines *Typs* der Source-ID abschätzen (z.B. alle Programme, alle Druckerdateien, alle Bildschirmdateien, alle physikalischen und logischen Dateien).

Dieser Report unterstützt die Projektplanung in Bezug auf die abgelaufene Zeit für unterschiedliche Änderungseinheiten.

Dieser Report macht Angaben zu der gesamten Testleistung (z.B. geben die Spalten 3 und 4 an, wie oft eine Datumsvariable in einer Codezeile vorkommt). Dadurch wird die Aufmerksamkeit beim Testen auf die richtigen Software Abschnitte fokussiert.

5.6.2 Phase 2 des WINS-Projekts: Die Umstellung

Änderungen in den Masken und Auswertungen

In den Masken mußten Änderungen bei allen Datumsanzeigen realisiert werden, um eben auch die Jahrhundertziffern zu integrieren. Für einige Masken bedeutete dies, daß der Platz nicht ausreichte; durch die zusätzliche Angabe des Jahrhunderts wäre das Maskenlayout durcheinandergeraten. Es konnten also nicht immer einfach zwei Ziffern ergänzt werden. Wann immer dies nicht möglich war, mußte eine Detailabstimmung mit dem Kunden erfolgen, um das neue Layout zu verabreden. In den meisten Fällen war es jedoch einfach möglich, die Masken und Auswertungen durch die zusätzliche Darstellung der Jahrhundertangabe zu ändern.

Anschließend wurden alle Masken und Auswertungen rekompiliert und getestet, wobei die aktuellen Layouts verwendet wurden. Dies betrifft auch die Login-Fenster sowie die Menüs der Masken.

Nachfolgend zeigen wir einige Beispiele für AS/400-Masken, Datei-Layouts und Druckdateien vor und nach der Umstellung. Hier sieht man auch, wo und wie die Änderungen vorgenommen wurden.

5.6.2.1 Layout einer Maske vor der Umstellung

```
A***********************************************************
A*  GLP  TERRITORY TEXT MAINTENANCE                        *
A*                   SWGF721                               *
A***********************************************************
A*%%EC
A                                       DSPSIZ(24 80 *DS3)
A                                       REF(*LIBL/DXXX00000)
A                                       MSGLOC(24)
A                                       PRINT
A                                       CA01(99)
A                                         CA12(01 'End of process')
A N25N28N29                             CF06(03 'Accept Updates')
A  28                                   CA23(05 'Delete Verify')
A                                       CA03(24 'Total Abort')
A                                       HELP(99)
A          R FWGF72101                  SFL
A*%%TS  SD  19930520  084427  LFJ          REL-V2R2M0  5738-PW1
A            SEQNO      R        B 12  4
A  25
```

```
AO 28
AO 29                                  DSPATR(PR)
A  55                                  DSPATR(RI)
A  55                                  DSPATR(PC)
A            EXTDSC        65A  B 12  9
A  25
AO 28
AO 29                                  DSPATR(PR)
A  56                                  DSPATR(RI)
A  56                                  DSPATR(PC)
A          R FWGF72102                 SFLCTL(FWGF72101)
A*%%TS  SD  19961002  133839  GOVILM      REL-V3R1M0  5763-PW1
A                                      SFLSIZ(0999)
A                                      SFLPAG(0010)
A                                      BLINK
A  90                                  SFLCLR
A  91N90                               SFLDSP
A  92N90                               SFLDSPCTL
A  97                                  SFLEND
A  50                                  SFLMSGID(SEQ0001 *LIBL/MWXX000)
A  51                                  SFLMSGID(DEC0001 *LIBL/MWXX000)
A  52                                  SFLMSGID(DUP0021 *LIBL/MWXX000)
A            CTLNBR         3S 0H      SFLRCDNBR
A                                  1  2'GLP Territory Text Maintenance'
A                                      DSPATR(HI)
A            USER      R        O  1 48TEXT('USER ID')
A                                      DSPATR(HI)
A                                  1 53DATE
A                                      EDTCDE(Y)
A                                      DSPATR(HI)
A                                  1 62TIME
A                                      DSPATR(HI)
A  29                              1 71' Inquire '
A                                      DSPATR(RI)
A  25                              1 71' Browse '
A                                      DSPATR(RI)
A  27                              1 71' Change '
A                                      DSPATR(RI)
A  28                              1 71' Delete '
A                                      DSPATR(RI)
A  26                              1 71' Add '
A                                      DSPATR(RI)
```

```
A                                  10  4'Seq'
A                                        DSPATR(HI)
A                                  11  4' No    Description
A
A                                        DSPATR(HI)
A                                        DSPATR(UL)
A                                   3  3'SUBLINE'
A                                        DSPATR(HI)
A                                   4  3'State'
A                                        DSPATR(HI)
A                                   5  3'GLP Territory'
A                                        DSPATR(HI)
A                                   6  3'Effective Date'
A                                        DSPATR(HI)
A            CDKEY1     R         O 3 20
A            CDKEY2     R         O 4 20
A            CDKEY3     R         O 5 20
A            EFFDTE     R         O 6 20EDTCDE(Y)
A          R FWGF72103
A                                       TEXT('SUBFILE OVERLAY')
A                                       BLINK
A                                       OVERLAY
A                                  24  2'F3=Exit'
A N25N28N29                        24 11'F6=Update'
A                                  24 22'F12=Cancel'
A  28                              24 34'F23=Delete'
```

Abb. 5.3: Masken-Layout vor der Umstellung

Erklärung zu Abbildung 5.3: Das Datumsfeld EFFDTE hat eine Länge von sechs Stellen (umrahmte Zeile). Dieses Feld wurde später auf acht Stellen erweitert.

5.6.2.2 Layout von der vorherigen Maske nach der Umstellung

```
A*****************************************************************
A*        GLP  TERRITORY TEXT MAINTENANCE                        *
A*                          SWGF721                              *
A*****************************************************************
A*%%EC
A                                       DSPSIZ(24 80 *DS3)
A                                       REF(*LIBL/DXXX00000)
```

```
A                                           MSGLOC(24)
A                                           PRINT
A                                           CA01(99)
A                                           CA12(01 'End of process')
A N25N28N29                                 CF06(03 'Accept Updates')
A  28                                       CA23(05 'Delete Verify')
A                                           CA03(24 'Total Abort')
A                                           HELP(99)
A          R FWGF72101                      SFL
A*%%TS  SD  19930520  084427  LFJ             REL-V2R2M0  5738-PW1
A            SEQNO     R        B 12  4
A  25
AO 28
AO 29                                       DSPATR(PR)
A  55                                       DSPATR(RI)
A  55                                       DSPATR(PC)
A            EXTDSC         65A  B 12  9
A  25
AO 28
AO 29                                       DSPATR(PR)
A  56                                       DSPATR(RI)
A  56                                       DSPATR(PC)
A          R FWGF72102                      SFLCTL(FWGF72101)
A*%%TS  SD  19961002  133839  GOVILM          REL-V3R1M0  5763-PW1
A                                           SFLSIZ(0999)
A                                           SFLPAG(0010)
A                                           BLINK
A  90                                       SFLCLR
A  91N90                                    SFLDSP
A  92N90                                    SFLDSPCTL
A  97                                       SFLEND
A  50                                       SFLMSGID(SEQ0001 *LIBL/MWXX000)
A  51                                       SFLMSGID(DEC0001 *LIBL/MWXX000)
A  52                                       SFLMSGID(DUP0021 *LIBL/MWXX000)
A            CTLNBR          3S 0H          SFLRCDNBR
A                                       1  2'GLP Territory Text Maintenance'
A                                           DSPATR(HI)
A            USER      R        O  1 48TEXT('USER ID')
A                                           DSPATR(HI)
A                                       1 53DATE
A                                           EDTCDE(Y)
A                                           DSPATR(HI)
```

```
A                                        1 62TIME
A                                             DSPATR(HI)
A   29                                   1 71' Inquire '
A                                             DSPATR(RI)
A   25                                   1 71' Browse '
A                                             DSPATR(RI)
A   27                                   1 71' Change '
A                                             DSPATR(RI)
A   28                                   1 71' Delete '
A                                             DSPATR(RI)
A   26                                   1 71' Add '
A                                             DSPATR(RI)
A                                       10  4'Seq'
A                                             DSPATR(HI)
A                                       11  4' No    Description           -
A                                                                          -
A                                                '
A                                             DSPATR(HI)
A                                             DSPATR(UL)
A                                        3  3'SUBLINE'
A                                             DSPATR(HI)
A                                        4  3'State'
A                                             DSPATR(HI)
A                                        5  3'GLP Territory'
A                                             DSPATR(HI)
A                                        6  3'Effective Date'
A                                             DSPATR(HI)
A             CDKEY1     R          O    3 20
A             CDKEY2     R          O    4 20
A             CDKEY3     R          O    5 20
A             EFFDTE     R   -2     O    6 20EDTCDE(Y)
A           R FWGF72103
A                                             TEXT('SUBFILE OVERLAY')
A                                             BLINK
A                                             OVERLAY
A                                       24  2'F3=Exit'
A N25N28N29                             24 11'F6=Update'
A                                       24 22'F12=Cancel'
A   28                                  24 34'F23=Delete'
```

Abb. 5.4: Masken-Layout nach der Umstellung

Erklärung zu Abbildung 5.4: Hier wurde das Datumsfeld (EFFDTE) um zwei Stellen erweitert (umrahmte Zeile). Die Bildschirmdarstellung bleibt jedoch nach wie vor sechsstellig.

5.6.2.3 Layout einer Druckdatei vor der Umstellung

```
A****************************************************************
A*                  PACKAGE MOD MAINTENANCE PRINT               *
A*                      PWXF730                                 *
A*                                                              *
A****************************************************************
A                                      REF(DXXX00000)
A          R HEADING
A*%%*************************************************************
A*%%RI 00000
A*%%*************************************************************
A                                      SKIPB(001)
A                                      SPACEA(002)
A                                     2
A                                      DATE
A                                      EDTCDE(Y)
A                                   +2
A                                      TIME
A            TITLL      R        O  +25
A                                  120
A                                      'Page'
A                                   +1
A                                      PAGNBR
A                                      EDTCDE(Z)
A                                     2
A                                      'WINS -'
A                                      SPACEB(002)
A            PROGNO     R        O  +2
A                                     2
A                                      SPACEB(002)
A                                      'PRODUCT'
A                                   +2
A                                      'PROGRAM'
A                                   +2
A                                      'STATE'
A                                   +2
A                                      'PACKAGE MOD'
A                                   +2
A                                      'DESCRIPTION'
A                                  +24
A                                      'EFFECTIVE'
A                                   89
A                                      'CANCEL'
A*%%*************************************************************
A*%%SS
A*%%CL 002
A*%%CL 002
```

```
A*%%CL 002
A*%%*****************************************************************
A*
A          R DETAIL
A*%%*****************************************************************
A*%%RI 00000
A*%%*****************************************************************
A                                            SPACEA(001)
A            CDKEY1     R     3A   O      3
A            CDKEY2     R     1A   O     +7
A            CDKY2A     R     2A   O     +7
A            CDKEY3     R     2A   O     +8
A            CDDESC     R          O     40
A            EFFDTE     R          O     75
A                                            EDTCDE(Y)
A            ENDDTE     R          O     89
A                                            EDTCDE(Y)
A*%%*****************************************************************
A*%%SS
A*%%CL 001
A*%%*****************************************************************
A*
A          R TOTAL
A*%%*****************************************************************
A*%%RI 00000
A*%%FS 002
A*%%*****************************************************************
A                                            SPACEB(003)
A                                           2
A                                            'END OF JOB :'
A            PROGNO     R          O     +3
A                                      +10
A                                            'RECORDS READ :'
A            RECRED     R          O     +2
A                                            EDTCDE(Z)
A                                        +5
A                                            'RECORDS PROCESSED :'
A            RECPRO     R          O     +2
A                                            EDTCDE(Z)
A*%%*****************************************************************
A*%%SS
A*%%CP+999CRTPRTF
A*%%CP+    FILE(DDSSCT/PWXF501)
A*%%CP+    DEVTYPE(*SCS)
A*%%CP     PAGESIZE(66       132        *N      )
A*%%CS+999CRTPRTF
A*%%CS+    FILE(QTEMP/QPRDRPT    )
A*%%CS+    DEVTYPE(*SCS)
A*%%CS     PAGESIZE(66  132)
A*%%*****************************************************************
```

Abb. 5.5: Druckdatei-Layout vor der Umstellung

Erklärung zu Abbildung 5.5: Die Datumsfelder EFFDTE (Effective Date) und ENDDTE (End Date) haben jeweils eine Länge von sechs Stellen (umrahmte Zeilen). Diese Felder wurden später auf acht Stellen erweitert.

5.6.2.4 Layout von vorheriger Druckdatei nach der Umstellung

```
A***************************************************************
A*                PACKAGE MOD MAINTENANCE PRINT                *
A*                    PWXF730                                  *
A*                                                             *
A***************************************************************
A                                     REF(DXXX00000)
A          R HEADING
A*%%*************************************************************
A*%%RI 00000
A*%%*************************************************************
A                                     SKIPB(001)
A                                     SPACEA(002)
A                                    2
A                                     DATE
A                                     EDTCDE(Y)
A                                  +2
A                                     TIME
A            TITLL     R        O  +25
A                                  120
A                                     'Page'
A                                   +1
A                                     PAGNBR
A                                     EDTCDE(Z)
A                                    2
A                                     'WINS -'
A                                     SPACEB(002)
A            PROGNO    R        O   +2
A                                    2
A                                     SPACEB(002)
A                                     'PRODUCT'
A                                   +2
A                                     'PROGRAM'
A                                   +2
A                                     'STATE'
A                                   +2
A                                     'PACKAGE MOD'
A                                   +2
A                                     'DESCRIPTION'
A                                  +24
A                                     'EFFECTIVE'
A                                   89
A                                     'CANCEL'

A*%%*****************************************************************
A*%%SS
A*%%CL 002
A*%%CL 002
```

```
A*%%CL 002
A*%%***************************************************************
A*
A          R DETAIL
A*%%***************************************************************
A*%%RI 00000
A*%%***************************************************************
A                                      SPACEA(001)
A            CDKEY1    R    3A  O       3
A            CDKEY2    R    1A  O      +7
A            CDKY2A    R    2A  O      +7
A            CDKEY3    R    2A  O      +8
A            CDDESC    R        O      40
A            EFFDTE    R   -2   O      75
A                                      EDTCDE(Y)
A            ENDDTE    R   -2   O      89
A                                      EDTCDE(Y)
A*%%***************************************************************
A*%%SS
A*%%CL 001
A*%%***************************************************************
A*
A          R TOTAL
A*%%***************************************************************
A*%%RI 00000
A*%%FS 002
A*%%***************************************************************
A                                      SPACEB(003)
A                                     2
A                                      'END OF JOB :'
A            PROGNO    R        O      +3
A                                    +10
A                                      'RECORDS READ :'
A            RECRED    R        O      +2
A                                      EDTCDE(Z)
A                                      +5
A                                      'RECORDS PROCESSED :'
A            RECPRO    R        O      +2
A                                      EDTCDE(Z)
A*%%***************************************************************
A*%%SS
A*%%CP+999CRTPRTF
A*%%CP+     FILE(DDSSCT/PWXF501)
A*%%CP+     DEVTYPE(*SCS)
A*%%CP      PAGESIZE(66       132        *N      )
A*%%CS+999CRTPRTF
A*%%CS+     FILE(QTEMP/QPRDRPT    )
A*%%CS+     DEVTYPE(*SCS)
A*%%CS      PAGESIZE(66  132)
A*%%***************************************************************
```

Abb. 5.6: Druckdatei-Layout nach der Umstellung

Erklärung zu Abbildung 5.6: Hier wurden die erweiterten Datumsfelder EFFDTE und ENDDTE (umrahmte Zeilen) bei der Darstellung um zwei Stellen von links gekürzt. Die Jahrhundertstellen werden im Programm und Dateien vorgesehen, jedoch nicht auf dem Bildschirm angezeigt.

5.6.2.5 Änderungen in den Programmen

In Datendefinitionsabschnitten mußten die Variablen erweitert werden, um die Jahrhundertziffern aufzunehmen. In prozeduralen Statements mußte für alle Datumsvariablen der Jahrhundertanteil hineinkonstruiert werden.

5.6.2.6 Layout einer Datei vor der Umstellung

```
A*****************************************************************
     A*        GLP TERRITORY TEXT DESCRIPTION FILE                    *
     A*                       DWGF721                                 *
     A*****************************************************************
     A                                          REF(DXXX00000)
     A                                          UNIQUE
     A          R RWGF72101                     TEXT('GLP TERR TEXT RECORD')
     A            CDKEY1    R                   TEXT('SUBLINE')
     A            CDKEY2    R                   TEXT('STATE')
     A            CDKEY3    R                   TEXT('GLP TERRITORY')
     A            EFFDTE    R
     A            SEQNO     R
     A            EXTDSC    R
     A            ENDDTE    R
     A            IDADD     R
     A            DTEADD    R
     A            IDCHG     R
     A            DTECHG    R
     A*
     A          K CDKEY1
     A          K CDKEY2
     A          K CDKEY3
     A          K EFFDTE                        DESCEND
     A          K SEQNO
     A*%%TS  SD  19961002  133839  GOVILM      REL-V3R1M0  5763-PW1
```

Abb. 5.7: Datei-Layout vor der Umstellung

Erklärung zu Abbildung 5.7: Die umrahmten Datumsfelder wurden durch die Impact-Analyse festgestellt.

5.6.2.7 Layout obiger Datei nach der Umstellung

```
A*****************************************************************
     A*         GLP TERRITORY TEXT DESCRIPTION FILE                 *
     A*                        DWGF721                               *
     A*****************************************************************
     A                                         REF(DXXX00000)
     A                                         UNIQUE
     A          R RWGF72101                    TEXT('GLP TERR TEXT RECORD')
     A            CDKEY1     R                 TEXT('SUBLINE')
     A            CDKEY2     R                 TEXT('STATE')
     A            CDKEY3     R                 TEXT('GLP TERRITORY')
     A            EFFDTE     R   +2
     A            SEQNO      R
     A            EXTDSC     R
     A            ENDDTE     R
     A            IDADD      R
     A            DTEADD     R   +2
     A            IDCHG      R
     A            DTECHG     R   +2
     A*
     A          K CDKEY1
     A          K CDKEY2
     A          K CDKEY3
     A          K EFFDTE                       DESCEND
     A          K SEQNO
     A*%%TS   SD   19961002   133839   GOVILM      REL-V3R1M0   5763-PW1
```

Abb. 5.8: Datei-Layout nach der Umstellung

Erklärung zu Abbildung 5.8: Die Datumsfelder EFFDTE, DTEADD und DTECHG wurden für die Jahrhundertzahlen um zwei Stellen erweitert.

5.6.2.8 Änderungen im Data Dictionary

Ein Data Dictionary wird benutzt, um Feldnamen, Felddefinition, Datenbankdefinition etc. abzuspeichern. Ein Data Dictionary ist kein Muß. Manche Unternehmen unterhalten kein Data Dictionary. Statt dessen werden die Definitionen im Programm selbst eingebaut. Es ist auch nicht immer vorteilhaft, mit einem Data Dictionary zu arbeiten, denn dies setzt auch eine saubere Pflege des Dictionary voraus, d.h. alte Begriffe, Definitionen etc., die nicht mehr gebraucht werden, müssen auch rechtzeitig entfernt werden bzw. alle neue Definitionen müssen hier verfügbar sein.

Für die Datumsumstellung ist das Data Dictionary mit zu modifizieren.

In diesem Schritt werden die erweiterten Datumsfelder im Data Dictionary definiert.

1. **6-stellige Datumsfelder JJMMTT** (6 numeric – zone decimal format/character)

   Die Felder werden als 8-stellige Felder definiert (8 numeric – zone decimal format/character)

   Eventuelle Edit-Code-Attribute wie EDTCDE (Y) werden durch benutzerdefinierte Attribute EDTWRD JJJJ/MM/TT ersetzt.

   Beispiel

   Wenn für ein Datenbankfeld Display-Attribute EDTCDE (J) und EDTWRD (JJJJ/MM/TT) benutzt werden, sieht das Ergebnisfeld folgendermaßen aus:

   Für EDTCDE(J)

Datenbankfeld	Ergebnisfeld
961231 (JMT)	96/12/31
311296 (TMJ)	31/12/96
123196 (MTJ)	12/31/96

   Für EDTWRD JJJJ/MM/TT

   19961231 1996/12/31

2. **4-stellige Datumsfelder JJMM oder JJWW**

   Die Felder werden als 6-stellige Felder definiert (JJJJMM oder JJJJWW) (6 numeric – zone decimal format/character).

3. **2-stellige JJ-Felder**

   Die Felder werden als 4-stellige Felder definiert (JJJJ) (4 numeric – zone decimal format/character).

   Als letzter Schritt werden sowohl die Feldreferenzdatei als auch alle physischen und logischen Dateien neu kompiliert.

5.6.3 Phase 3 des WINS-Projekts: Die Testphase

Für alle Algorithmen, in denen Datendefinitionsvariablen verwendet wurden, mußte sichergestellt werden, daß sie auch nach der Erweiterung der entsprechenden Variablen noch korrekt arbeiteten. Dies passierte unter Ausnutzung grundlegender Testmethoden wie statischer und dynamischer Überdeckungstests. Nachdem dies geschehen war, wurde ein Programm zur Konvertierung der Datenbank erstellt. Die Anwendung dieses Datenbankprogramms wurde im voraus durch eine Performanzuntersuchung begleitet. Nur auf diese Weise konnte sichergestellt werden, daß das erstellte Konvertierungsprogramm in vernünftiger Laufzeit terminierte.

Die gesamte Testphase erfolgte in vier Stufen.

5.6.3.1 Stufe 1: Before-Image-Test

Zusammen mit Wheatley wurden aussagekräftige Testdaten vorbereitet, die alle Eigenschaften der Software widerspiegelten.

Vor Beginn der Umstellung, wurden alle Programmeinheiten mit den Testdaten getestet. In dieser Phase wurde der Benutzer ebenfalls involviert. Das Ergebnis dieser Phase waren die *Before-Image-Test-Daten.*

5.6.3.2 Stufe 2: After-Image-Test

Nach der Umstellung wurde die Software nochmals mit denselben Testdaten, nachdem diese jetzt Jahr-2000-kompatibel gemacht worden waren, getestet, um so die Ergebniskonsistenz des Before-Image-Testing zu prüfen. Diese Phase erfolgte in Indien. Das Ergebnis dieser Phase war das *After-Image-Test-Ergebnis.*

5.6.3.3 Stufe 3: Regressionstest

Nach Beendigung des After-Image-Tests wurde ein vollständiger Regressionstest für alle Softwarekomponenten durchgeführt. Diese Phase wurde mit 100-prozentiger Ergebniskonsistenz beendet.

5.6.3.4 Stufe 4: Jahr-2000-Test

Als letzte Teststufe galt der Jahr-2000-Test. Hier wurden Datumsfälle simuliert, die u.U. durch die Before-Image-Testdaten nicht abgedeckt wurden.

Nach erfolgreicher Beendigung von Phase 3 wurde die Konvertierungssoftware geliefert, um die Datenbank zu konvertieren.

5.7 Implementierung in den USA

Nachdem die Software in Indien umgestellt und gründlich getestet wurde, stand die Implementierung bei den Anwendern an. Zunächst bedeutete die Implementierung beim Anwender, daß dessen Datenbank auch geändert werden mußte. Hierbei stellte sich heraus, daß idealisierte Annahmen über die Konsistenz von Daten in Datenbanken, wie sie einigen Tests in Indien zugrundelagen, tatsächlich nicht realistisch waren und daß viele Daten in inkonsistentem Zustand waren. Einige Erweiterungen der Konvertierungswerkzeuge zur Beseitigung dieser Inkonsistenzen mußten nachträglich implementiert werden. Darüber hinaus sollte die Software gegen ihre Spezifikation getestet werden. Zur Durchführung dieser Tests mußten insbesondere angesichts fehlender vollständiger Dokumentation ein Team auf Seiten des Versicherungsunternehmens eingerichtet werden. Jedes dieser Teammitglieder testete den Teil der Software, den er auch schon zuvor getestet hatte, insbesondere in Hinblick auf das korrekte Funktionieren aller datumsbezogenen Aktivitäten und Benutzungsoberflächen. Während dieses Testprozesses wurden die folgenden Probleme identifiziert.

Einige minimale Änderungen bezüglich der Plazierung von Datumsfeldern in Oberflächenlayouts und Auswertungen waren erforderlich. Diese Änderungen wurden mit geringem Aufwand realisiert.

Einige Programme boten nicht die Funktionalität, die die Anwender erwarteten. Für den größten Teil – mit Ausnahme einiger Fehler eben – wurde dabei festgestellt, daß nicht die korrekten Programmquellen konvertiert wurden. Diesen Fehlern wurde so begegnet, daß zunächst die korrekten Programmquellen aus der Vielfalt an Versionen bei Wheatley identifiziert wurde und die entsprechenden Anpassungen, die schon zuvor bei den falschen Versionen vorgenommen wurden, erneut durchgeführt wurden. Dies war nicht immer ganz einfach; insbesondere dann nicht, wenn zwischen den Versionen der umgestellten und der tatsächlich verwendeten Software viele Änderungen stattgefunden hatten. Es gab einige solcher Fälle, in denen die Umstellung der zweiten Version nahezu genauso aufwendig war wie die Umstellung der ersten Version.

Danach wurde dieser Teil der Tests wiederaufgenommen. Nach der Umstellung wurde gerade für diese Teile, die zum zweiten Mal betrachtet wurden, einige Inline-Dokumentationen eingefügt, so daß zukünftige Anpassungen für den Anwender einfacher wurden.

Letztendlich wurde die konvertierte Software in Betrieb genommen, zunächst parallel zu der nicht konvertierten Software. Es wurde entschieden, daß für jedes Modul, für jede Komponente, mindestens ein relevanter Betriebszyklus im Parallelbetrieb durchgeführt wurde. Was ein relevanter Betriebszyklus ist, richtet sich nach dem Inhalt der Software. Bei monatlich stattfindenden Abrechnungen ist es ein Monat, bei Rückvergütungen, die einmal im Jahr stattfinden, ist es ein Jahr. Während des Parallelbetriebs wurden für alle technischen Fragen Ansprechpartner zur Verfügung gestellt, die die auftretenden Probleme unmittelbar vor Ort lösen konnten.

5.8 Zusammenfassung

Die Datumsumstellung für das Jahr 2000 für WINS dauerte zehn Monate. Die Impact-Analyse als erste Phase des Projektes wurde in sechs Wochen fertiggestellt. Hierfür wurden fünf Personenmonate benötigt. Für die nächste Phase, die Umstellungsphase, wurden zwei Personenjahre aufgewendet. Diese Phase wurde in acht Zeitmonaten durchgeführt, wobei 70% des Aufwandes in diesen beiden Phasen in Indien und ca. 30% in den USA geleistet wurde. Der Testaufwand war ungefähr gleich verteilt. Knapp 50% wurde in den USA, etwas mehr als 50% in Indien geleistet.

Am Ende des Konversionsprojektes waren sich alle Beteiligten einig, daß eine Konversion unvermeidlich war. Dies traf auch auf diejenigen zu, die zu Beginn der Konversion mit erheblich geringerem Aufwand gerechnet und eine »Nebenbei-Umstellung« für möglich gehalten hatten.

Der rechtzeitige Beginn des Umstellungsprojektes wurde von allen Beteiligten als ein wichtiger Schritt für eine systematische und gut organisierte Umstellung betrachtet. Der Umstellungsaufwand, der zu Beginn des Projekts identifiziert wurde, konnte trotz der erforderlichen Mehrfachumstellung einiger Programmversionen eingehalten werden. Auf Seiten von DPS selbst wurde der Erfahrungsgewinn als wichtig für zukünftige Aufwandsreduzierung in Umstellungsprojekten angesehen. Insbesondere die Weiterentwicklung der eigenen Werkzeuge sowie die Bestätigung der angewandten Umstellungsmethode wurden als wesentliche Aspekte empfunden.

Strategische Planung

6

Knowing is not enough; we must apply. Willing is not enough, we must do.
– Johann Wolfgang von Goethe

6.1 Die Rolle einer Jahr-2000-Strategie

Während das EDV-Personal in aller Regel versteht, warum das Jahr 2000 eine besondere Herausforderung ist, ist dieses Verständnis im höheren Management nicht immer vorhanden. Darüber hinaus ist ein Jahr-2000-Projekt wirtschaftlich nicht besonders interessant, solange man nur auf den Zusatznutzen, der sich durch Software-Entwicklung erreichen läßt, achtet. Die Jahr-2000-Umstellung sorgt für keinen zusätzlichen Kunden, sie bedeutet keine zusätzliche Wertschöpfung, sie eröffnet keine neuen Geschäftsfelder. Sie ist nötig, aber es ist unwahrscheinlich, daß sich mit der rechtzeitigen Umstellung ähnlicher Lorbeer verdienen läßt wie mit der visionären Idee einer neuen Software, mit der ein Produktivitätssprung möglich wird. Anders ausgedrückt: die Neuentwicklung von Software ist für ihre Initiatoren, für die beteiligten Entwickler und für die Vorstände und Geschäftsführer, in deren Ressort sie stattfindet, attraktiver als eine Jahr-2000-Umstellung.

Mangels Attraktivität der Umstellung für die beteiligten Personengruppen und angesichts des fehlenden Zusatznutzens ist es zuweilen schwierig, das Management von den zum Teil enormen Aufwendungen, die in die Jahr-2000-Umstellung investiert werden müssen, zu überzeugen. In einer solchen Situation ist das Abwarten eine weit verbreitete Reaktion. Die ernsthafte und zielgerichtete Auseinandersetzung mit der Jahr-2000-Umstellung muß deshalb oft erst mühevoll in Gang gebracht werden.

Dies kann zum Beispiel durch »schlechte« Nachrichten geschehen. Erst wenn es gelingt, die aus wirtschaftlicher Sicht möglicherweise überlebensnotwendigen Auswirkungen einer Nichtumstellung zu verdeutlichen, ist das Management in der Regel gewillt, entsprechende Investitionen zu bewilligen. Um die Jahr-2000-Umstellung für die beteiligten Personen attraktiv zu machen und sie dauerhaft zu motivieren, muß – falls die Umstellung erst einmal als unverzichtbar erkannt wurde – jeder Zweifel an der Umstellungsnotwendigkeit unterbunden werden. Um das Negativimage der *langweiligen* Umstellung an alter Software zu überwinden, sollte eine explizite Jahr-2000-Strategie aufgestellt werden. Diese Strategie dient dazu, den häufigen Spezies der selbsternannten Experten, die die Umstellung nach eigener Einschätzung im Vorbeigehen nebenbei erledigt hätten, den Wind aus den Segeln zu nehmen. Sie veranschaulicht Umfang, Komplexität und Notwendigkeit der Umstellung und rückt die Bedeutung der Jahr-2000-Umstellung damit ins rechte Licht.

Wenn mit Hilfe der Strategie erst einmal verdeutlicht wird, daß das Ziel der Umstellung die Jahr-2000-Tauglichkeit *aller* dann eingesetzten Hard- und Softwaresysteme ist und daß diese Tauglichkeit passend zum Ereignishorizont der Systeme erreicht sein muß, daß die Tests der Umstellung einen Regressionstest bedeuten und daß auf diese Weise die Wettbewerbs- und Überlebensfähigkeit des gesamten Unternehmens gesichert wird, dann bekommt das *langweilige* Jahr-2000-Projekt einen vernünftigen Stellenwert. Dann brauchen sich die Manager des Projektes nicht permanent für die erforderlichen Aufwendungen rechtfertigen und eine gewisse Kontinuität in der Befürwortung der Jahr-2000-Umstellung ist gewährleistet.

Eine Jahr-2000-Strategie auf Management-Ebene sollte folgendes leisten:

- das Bewußtsein schaffen, Rückendeckung versprechen und Leute zu den Visionären der Jahr-2000-Umstellung machen.
- illustrieren, daß die Umstellung nicht nebenbei erfolgen kann und daß statt dessen die Einbeziehung qualifizierter Hilfe in Form von externen Beratern und Dienstleistern erforderlich sein kann, um die nötigen Ressourcen bereitzustellen.
- die wesentlichen Bestandteile eines formalen Prozesses definieren, mit dessen Hilfe die Jahr-2000-Umstellung geplant, durchgeführt und die resultierende Software eingesetzt wird.
- Regeln für die Kommunikation zwischen dem Jahr-2000-Team und allen anderen, mit der Software befaßten Teams und Personen aufstellen.
- Eskalationsmechanismen definieren, die auf der Basis strikter Terminkontrolle und -verfolgung gewährleisten, daß Verzögerungen frühestmöglich erkannt und durch geeignete korrektive Maßnahmen ausgeglichen werden.

Mit anderen Worten sollte die Jahr-2000-Strategie die Projektinitialisierung für das Umstellungsprojekt leisten. Zu diesem Zweck sind die folgenden Bestandteile erforderlich:

Managementübersicht: In der Managementübersicht müssen das Problem benannt, die Folgen skizziert, die Ziele der Umstellung auf technischer Ebene aufgezählt, das Budget identifiziert und ein Zeitplan aufgestellt werden.

Ziel dieses Teiles der Strategie: Zusammenfassung der wichtigsten Teile für das Management.

Einschätzung der Ist-Situation: In der Einschätzung der Ist-Situation innerhalb der Jahr-2000-Strategie müssen die betroffenen Hard- und Softwaresysteme genannt und die erforderlichen Untersuchungsmaßnahmen identifiziert werden. Neben der Anwendungssoftware müssen auch die zugrundeliegenden Basissysteme als möglicherweise von der Umstellung betroffen identifiziert werden.

Ziel dieses Teiles der Strategie: Untermauerung der Notwendigkeit durch Veranschaulichung der aktuellen Situation.

Beschreibung des Umstellungsprozesses: Die Frage nach der Art der Umstellung, nach der Verabschiedung der Ergebnisse und die Frage nach einzuhaltenden Standards nach der Umstellung muß beantwortet werden. Prozesse und Prozeduren für Durchführung und Überprüfung von Zwischenergebnissen müssen verabschiedet werden. Die Technologie für die Durchführung des Jahr-2000-Projekts muß identifiziert werden.

Ziel dieses Teiles der Strategie: Festlegung eines groben Prozeßmodells als Grundlage des weiteren Vorgehens.

Zeitplan für das Umstellungsprojekt: Aufgrund der Terminsensibilität des Umstellungsprojektes sollten wesentliche Eckdaten schon in der Strategie festgelegt werden. Die Abweichung von diesen Eckdaten wird auf diese Weise von vornherein erschwert.

Ziel dieses Teiles der Strategie: Verdeutlichung der Bedeutung einer detaillierten Zeitplanung für das Umstellungsprojekt und Festschreibung einiger wesentlicher Termine.

Budget für die Jahr-2000-Umstellung: So unangenehm es sein mag, die Jahr-2000-Umstellung ist eine Notwendigkeit, die mit Kosten verbunden ist. Das Budget muß explizit benannt werden, jeder Versuch, die Jahr-2000-Umstellung en passent zu erledigen, muß von vornherein ausgeschlossen werden. Das Budget muß den einzelnen Aufgaben der Umstellung zugewiesen werden, um deren Verhältnis zueinander rein aufwandsmäßig zu skizzieren.

Ziel dieses Teiles der Strategie: Vermeidung des Mißverständnisses, daß irgend jemand denkt, die Umstellung sei kostenfrei möglich; Freigabe eines Budgets.

Erörterung des Kontextes (EURO, Wartung, sonstiges): Zum Ende des Jahrtausends ballen sich mit der EURO-Umstellung und der Jahr-2000-Umstellung zwei Querschnittsänderungen, die in Einklang mit dem Tagesgeschäft gebracht werden müssen. Das Tagesgeschäft wird dabei auf der strategischen Ebene nicht nur als die alltägliche Wartungsarbeit, sondern auch als die Weiterentwicklung der Informationstechnologie durch neue Projekte verstanden. Gerade bei der Verabschiedung einer Strategie ist es erforderlich, diesen komplexen Wirkungszusammenhang und die entstehenden Seiteneffekte zu betrachten. In der Jahr-

2000-Strategie sollte deshalb erörtert werden, wie das Tagesgeschäft und wie die EURO-Umstellung auf die Jahr-2000-Umstellung wirken.

Ziel dieses Teiles der Strategie: Identifikation von Wechselwirkungen zwischen verschiedenen Querschnittsänderungen und Projekten. Schärfung des Bewußtseins dafür, daß solche Wechselwirkungen auftreten können.

Jahr-2000-Einsatzstrategie: Nicht nur die Umstellung ist eine große Herausforderung, auch der Einsatz der umgestellten Software erfordert große Koordinationsaufwendungen. Hierzu muß die einzusetzende Software priorisiert werden (soweit das auf der strategischen Ebene schon möglich ist). Die Einführungszeitpunkte einzelner umzustellender Softwaresysteme sollten genannt werden, insofern deren Ereignishorizonte bekannt sind.

Ziel dieses Teiles der Strategie: Klarstellung, daß die Einführung der umgestellten Software – noch mehr als andere Softwareeinführungen – eine heikle und komplexe Aufgabe ist.

Outsourcing-Strategie: Die Jahr-2000-Umstellung kollidiert in aller Regel mit anderen Projekten, insofern als daß Personal doppelt beansprucht wird und deshalb im Lauf der Zeit abgezogen wird. Da die Jahr-2000-Umstellung eine Zusatzaufgabe ist, die nicht bedeuten sollte, daß andere als strategisch erkannte Projekte ersatzlos gestrichen werden, werden viele Jahr-2000-Projekte mit externen Partnern zusammen durchgeführt. Schon zu Beginn der Umstellung ist in aller Regel klar, ob externe Partner einbezogen werden müssen oder nicht. Dies sollte auf der strategischen Ebene geklärt werden.

Ziel dieses Teiles der Strategie: Ermöglichung der frühestmöglichen Suche nach externen Partnern (falls externe Partner einbezogen werden sollen) oder frühestmögliches Erkennen von internen Kapazitätsengpässen und Doppelbeanspruchungen.

Teststrategie: Die Jahr-2000-Strategie muß eine Validationsstrategie umfassen, die Sicherheit für die Zeit nach der Umstellung gewährleistet. Fehler und Schrekkensszenarien müssen von vornherein beachtet und überprüft werden, um sie im täglichen Betrieb zu vermeiden. Im Rahmen der Teststrategie muß von vornherein festgelegt werden, daß es verschiedene Ebenen von Tests gibt, daß aber letztlich auf jeden Fall ein Regressionstest erforderlich ist. Es müssen Regeln für die Identifikation der Testfälle skizziert werden (beispielsweise kann festgelegt werden, daß jede datumssensitive Funktion mit einem beliebigen Datum in 1999, mit einem beliebigen Datum in 2000, mit dem 31.12.1999, mit dem 01.01.2000 und mit dem 29.02.2000 getestet wird, daß die Ergebnisse des Tests in einer Testdatenbank abgelegt werden und daß nach der Umstellung ein Regressionstest erfolgt, dessen Ergebnisse mit den Ergebnissen eines Vor-Umstellungstests verglichen werden).

Ziel dieses Teiles der Strategie: Untermauerung des erheblichen Anteils der Testaktivitäten innerhalb der gesamten Umstellung. Festlegung einiger Regeln für die Durchführung verschiedener Arten von Tests.

Inkraftsetzen eines Jahr-2000-Management-Boards: Das Jahr-2000-Management-Board muß technische Vertreter und insbesondere auch einen Vertreter aus der Geschäftsführung, respektive des Vorstandes umfassen. Das Jahr-2000-Management- Board muß regelmäßig tagen und Abweichungen von den in der strategischen Planung festgelegten Eckdaten und Vorgehensweisen verabschieden. Dadurch, daß in diesem Gremium auch das oberste Management vertreten ist, ist sichergestellt, daß das Jahr-2000-Projekt nicht nur einmal vom Management beachtet wird, sondern daß das Management dauerhaft auf den Erfolg der Umstellung achtet. Die Präsenz des Managements in diesem Gremium sorgt darüber hinaus dafür, daß das Management-Commitment für jedermann sichtbar wird. Das Prestige, das sich daraus ergibt, daß die anderen Board-Mitglieder auf diese Weise einen direkten Kommunikationskanal zur Geschäftsführung/zum Vorstand haben, trägt dazu bei, das gesamte Jahr-2000-Projekt aufzuwerten.

Ziel dieses Teiles der Strategie: Beginn der Operationalisierung der Strategie und Verdeutlichung des Management-Interesses.

Wesentliche Aktivitäten der Umstellung: Innerhalb der Formulierung einer Jahr-2000-Strategie muß zu den wesentlichen Aktivitäten der Herstellung der Jahr-2000-Tauglichkeit der eingesetzten Software Stellung genommen werden. Die Identifikation der Grobaktivitäten ist erforderlich, um ihre Rolle innerhalb der Umstellung zu erörtern und auf diese Weise für Problembewußtsein und für einen einheitlichen Sprachgebrauch zu sorgen. Ein unmittelbarer Nutzen der Identifikation der wesentlichen Aktivitäten ist schon, daß diese Aktivitäten nicht vergessen werden können. Dies ist deshalb nützlich, weil bei einer Jahr-2000-Umstellung Aktivitäten anfallen, die nicht in jeder Software-Entwicklung und -einführung vorkommen. Zu den wesentlichen Aktivitäten der Jahr-2000-Strategie gehören beispielsweise die Bestandsaufnahme (welche Software gibt es, welche wird eingesetzt), die Impact-Analyse (welche Software ist in welchem Maße identifiziert) und die Festlegung der Umstellungsstrategie (mit welcher Software wird im Rahmen der Umstellung wie verfahren). Diese Aktivitäten und einige andere werden im folgenden ausführlicher erörtert.

Ziel dieses Teiles der Strategie: Unmißverständliche Identifikation notwendiger Bestandteile der Jahr-2000-Umstellung.

6.2 Konkrete Schritte innerhalb der Jahr-2000-Strategie

In der Strategie werden keine detaillierten technischen Festlegungen getroffen, sondern es wird lediglich die strategische Bedeutung der wesentlichen Aktivitäten und ihre Unverzichtbarkeit diskutiert. Soweit möglich, werden Ecktermine und Vorstellungen der erforderlichen Aufwände erörtert.

6.2.1 Software-Bestandsaufnahme

In der Software-Bestandsaufnahme wird ermittelt, welche Software im Unternehmen vorhanden ist und welche in welchem Kontext eingesetzt wird. Eine umfassende Analyse dieses Ist-Zustandes ist die Grundlage der folgenden Impact-Analyse und der darauf aufbauenden Umstellungsstrategie. Schon in der Strategie muß unmißverständlich definiert werden, daß die Bestandsaufnahme die Grundlage der sämtlichen folgenden Aktivitäten ist.

6.2.2 Impact-Analyse

Auf der Grundlage der Information, die in der Bestandsaufnahme ermittelt worden ist, ist der nächste Schritt die Identifikation der Ereignishorizonte einzelner Softwareteile. Es ist offensichtlich nicht so, daß die Fehler bei der Datumsberechnung genau zum Jahrhundertübergang auftreten, sondern bei allen Berechnungen, die Daten errechnen oder verrechnen, die über die Jahrhundertgrenze hinwegreichen, kommt es potentiell zu Fehlern. Folglich muß detailliert analysiert werden, welches Stück Software wann zusammenbricht respektive wann zu Fehlern führt.

Dies kann in aller Regel am besten dadurch geschehen, daß die Personen gefragt werden, die sich mit der Software auskennen. Auch wenn dies einen Anhaltspunkt liefert, muß in jedem Fall eine umfassende Analyse aller Programmteile erfolgen.

Ziel dieser umfassenden Impact-Analyse ist die Ermittlung der infektiösen Stellen der Software. Als infektiöse Stelle wird dabei jede Deklaration einer Datumsvariable und jeder Zugriff auf eine Information, die ein Datum repräsentiert, bezeichnet. Auf diese Weise sind alle abstrakteren Operationen mit Daten (Sortierungen, Berechnungen, Vergleiche) auch als infektiös charakterisiert, denn sie greifen auch auf Datumsinformationen zu. Sind erst die infektiösen Stellen eines Programms ermittelt, läßt sich in aller Regel gut abschätzen, wie hoch der Konvertierungsaufwand ist. Besonders datumssensitive Programme lassen sich von solchen unterscheiden, die von der Umstellung weniger betroffen sind, so daß eine Vorentscheidung für die Wahl zwischen Umstellen, Ersetzen und Ausrangieren getroffen werden kann.

Eine umfassende Ermittlung der infektiösen Stellen ist jedoch nur dann möglich, wenn die zur Verfügung stehende Zeit reicht, alle Teile systematisch zu untersuchen. Das Anwendungswissen der Anwendungsexperten kann dabei helfen, eine Grobpriorisierung der umzustellenden Software zu erreichen, ohne daß hierfür der maximale Aufwand einer systematischen Untersuchung erforderlich ist. Natürlich ist dieses empirische Verfahren fehleranfälliger als eine vollständige und systematische Untersuchung. Frühzeitig betroffene Teile können übersehen werden und somit zu Fehlberechnungen führen. Nichtsdestotrotz ist das empirische Verfahren der Befragung der Anwendungsexperten ein vernünftiger Ansatzpunkt, um die besonders heiklen Stellen der Datumsumstellung zu identifizieren.

6.2.3 Grundsatzentscheidung: ausrangieren, ersetzen oder umstellen

Die Jahr-2000-Umstellung ist nicht nur ein Problem. Sondern sie stellt auch eine Chance dar: Es kann entrümpelt werden. Vielleicht bietet die Auseinandersetzung mit der Frage, welche Softwaresysteme umgestellt werden müssen, die Gelegenheit, einige Systeme als entbehrlich zu erkennen oder die Chance einige besonders unstrukturierte (und daher umstellungsintensive) oder mit besonders vielen infektiösen Stellen behafteten Systeme durch neue schlanke Systeme zu ersetzen.

In der Umstellungsstrategie wird – zunächst ohne Kenntnis der detaillierten Ergebnisse der Bestandsaufnahme und der Impact-Analyse – festgelegt, wie mit welchem Anwendungsteil zu verfahren ist. Vereinfacht bieten sich die im folgenden skizzierten Alternativen, die aufgrund ihrer substantiellen Bedeutung für die gesamte Umstellung auch schon auf der strategischen Ebene diskutiert werden sollten.

6.2.3.1 Ausrangieren

Es erscheint auf den ersten Blick seltsam, daß Jahr-2000-Tauglichkeit erzielt werden kann, indem Programme ausrangiert werden. Oft genug ist es jedoch so, daß die eingesetzte Software über Jahre gewachsen oder gar gewuchert ist. So gut wie nie wurde systematisch darüber nachgedacht, ob eingesetzte Software tatsächlich benötigt wird oder ob sie vielleicht verzichtbar ist. Im Rahmen von Ansätzen der schlanken Organisation oder des Business Process Reengineering wird seit längerem befürwortet, die eingesetzte Infrastruktur (unabhängig davon, ob sie Software, Hardware, Mitarbeiter, Geschäftsprozesse, Richtlinien oder sonstiges ist) zu überdenken, um sie auszudünnen. Für viele Unternehmen wird angesichts der Fülle der umzustellenden Software gar keine andere Wahl bleiben, als die Lebensfähigkeit über die Jahrtausendwende hinweg dadurch sicherzustellen, daß Software ausgedünnt wird. Schon in der Umstellungsstrategie sollte die Effizienz des Ausrangierens betont werden, um allen sturen Komplettumstellungen entgegenzuwirken.

6.2.3.2 Ersetzen

Im Extremfall kann die Notwendigkeit der Datumsumstellung auch Anlaß sein, solche Software, die nur mit hohem Aufwand Jahr-2000-tauglich gemacht werden könnte, durch neue Software zu ersetzen. Damit stellt sich zunächst die Frage, wie passende Jahr-2000-taugliche Software besorgt werden kann. Für einen großen Teil der betroffenen Unternehmen kann das Jahr-2000-Problem schon damit gelöst sein, daß vom Softwarelieferanten eine neue Jahr-2000-taugliche Software geordert und eingesetzt wird. Dies ist in der Regel möglich, wenn Standardprogramme eingesetzt werden, denn dann ist der Softwarelieferant mehreren Kunden gegenüber in der Pflicht Jahr-2000-taugliche Versionen zur Verfügung zu stellen. Oft genug ist dieser einfache Weg aber nicht gangbar, weil eine Individuallösung eingesetzt wird, weil der Softwarelieferant möglicherweise gar nicht mehr existiert oder weil die ursprünglich gelieferte Software im Laufe der Zeit so stark auf individuelle Bedürfnisse angepaßt worden ist, daß ein Austausch des Programmkerns durch eine neue Version technisch gar nicht zu bewerkstelligen ist.

Auch für Unternehmen in dieser Situation stellt sich jedoch die Frage nach der Neubeschaffung. Viele dieser Unternehmen stehen schon seit Jahren am Scheideweg im Hinblick auf die einzusetzende Software. Unabhängig von Jahr-2000-Problemen steht in vielen Unternehmen (mit Häufungen in bestimmten Branchen wie zum Beispiel der Versicherungsbranche oder in der Wohnungsverwaltung und -bewirtschaftung) der Sprung in neue Softwarewelten an. Objektorientierte Software-Systeme, Workflow-Management, offene Architekturen und Client/Server-Computing sind einige der Schlagworte, die im letzten Jahrzehnt dazu beigetragen haben, die Notwendigkeit neuer Software-Systeme zu untermauern.

Unternehmen, die Teile der eingesetzten Software noch vor dem Jahrtausendwechsel durch neue Software ersetzen wollen, brauchen sich über die Jahr-2000-Tauglichkeit der zu ersetzenden Teile keine Gedanken zu machen, denn neue Software ist in aller Regel Jahr-2000-tauglich. Die Tauglichkeit der nicht zu ersetzenden Software bleibt ein Problem, das entweder durch eine interne Entwicklung der benötigten Software oder durch den Kauf geeigneter Software zu lösen ist. In einer solchen Situation ist die Make-or-Buy-Entscheidung sorgfältig abzuwägen, da sowohl Software-Beschaffungsprojekte als auch Software-Entwicklungsprojekte verschiedenen Gefahren unterliegen, die sich insbesondere angesichts der Nichtverschiebbarkeit des Jahrtausendwechsels risikoerhöhend auswirken.

Für Beschaffungsprojekte ist das Risiko zu beachten, daß die zu beschaffende Software:

- noch gar nicht existiert, sondern erst noch entwickelt werden muß (somit handelt es sich dann um ein Entwicklungsprojekt inklusive der dafür typischen Probleme),
- nicht die gestellten Anforderungen erfüllt und deshalb grundlegend angepaßt werden muß (hier ist die Grenze zu einem Entwicklungsprojekt schwammig),
- mit anderer Software (all derjenigen, die nicht ersetzt werden soll) integriert werden muß (dies ist mit Sicherheit dann ein Problem, wenn die neu beschaffte Software nicht gut strukturiert und gut dokumentiert ist).

Die Überschreitung der Entwicklungszeit stellt schon für normale Entwicklungssituationen ein beträchtliches Problem dar. Es werden Kosten verursacht, die nicht geplant waren. Nutzen (in Form von Lizenzerträgen oder in Form von Rationalisierung aufgrund besserer Software) tritt erst verspätet auf. Allein dies kann Unternehmen in den Ruin treiben. Oft genug ist es jedoch möglich, die Verlängerung der Entwicklungszeit zu überstehen. Angesichts des unaufschiebbaren Jahrtausendwechsels ist die Situation heikler. Die Entwicklung einer neuen Software, die in 1999 fertig werden soll, bietet unter rein statistischer Betrachtung eine unzureichende Gewähr dafür, daß das Jahr-2000-Problem gelöst ist. Wenn sich mehr als die Hälfte der wirklich großen Entwicklungsprojekte um ein Jahr oder mehr verzögern [CKI88], dann tritt das Jahr-2000-Problem bei einem solchen Entwicklungshorizont ebenfalls mit einer mehr als 50%igen Wahrscheinlichkeit auf. Erschwerend kommt hinzu, daß der Zieltermin nicht mitverschoben werden kann.

Bei einem potentiellen Abbruch (immerhin auch mit ca. 20%iger Wahrscheinlichkeit [Capers Jones, AP]) sieht die Sicht aus reiner Datumsumstellungsperspektive ähnlich düster aus.

In beiden Fällen entsteht der »normale« Ärger, den eine Projektverzögerung oder gar ein Abbruch bedeutet, daß das Jahr 2000 unaufhaltsam naht und daß auch der beste Vertriebler niemanden davon wird überzeugen können, daß eine Verschiebung der Fertigstellung über das Jahr 2000 hinaus keine ernsthaften Konsequenzen haben wird. Da sich Projekte in aller Regel schleichend verzögern, ist davon auszugehen, daß große Projekte, die heute begonnen werden, so spät als verzögert/abbruchswürdig erkannt werden, daß es für eine geordnete Umstellung der alten Software im Hinblick auf das Jahr 2000 zu spät ist.

Die Frage, wann eine Neubeschaffung von Software (durch Entwicklung oder Kauf) für ein Unternehmen sinnvoll ist, kann natürlich nicht allgemein beantwortet werden. Eine Neubeschaffung ist in unserem Kontext folglich nur im Hinblick auf ihre Tauglichkeit zur Lösung des Jahr-2000-Problems zu beurteilen. Der wesentliche Charme der Neubeschaffung liegt darin, daß in alte – möglicherweise veraltete

Software – nicht mehr investiert werden muß. Die unausweichlichen Aufwendungen für die Herstellung der Jahr-2000-Tauglichkeit können nutzbringend eingebracht werden, indem in neue Software investiert wird.

Der wesentliche Nachteil neben der Unsicherheit, die mit einer Neuentwicklung unvermeidlich verbunden ist, ist der Sprung in neue technologische Welten. Der Sprung von einer Großrechner-basierten Informationstechnologie in offenes Client/Server- Computing ist so groß, daß ein großer Teil der Kompetenz und Erfahrungen der Mitarbeiter sehr schnell sehr viel weniger wert ist. Oft ist dieser Verlust nicht durch Schulungen und/oder Neueinstellungen auszugleichen, so daß ein echtes Kompetenzdefizit entsteht. Eine neue Software, zu deren Betrieb und Wartung das nötige Wissen fehlt, ist jedoch nicht effizient einsetzbar, so daß umfangreiche begleitende Maßnahmen (Schulung, Training, Support, Einstellungen) nötig sind, um den Sprung in neue technologische Welten abzufedern.

6.2.3.3 Konvertieren

Wenn weder das Ausrangieren von Programmen noch eine Ersatzbeschaffung für die betroffenen Programme möglich ist, bleibt nichts anderes, als diese Anwendungen durch Konvertierung Jahr-2000-tauglich zu machen. Für die Umstellung gibt es verschiedene Ansätze, die wir in Kapitel 7 detaillierter erörtern. Die Umstellung bedeutet, daß in existierende Software investiert wird, um diese auf die Erfordernisse des Jahrhundertwechsels vorzubereiten. In aller Regel beginnt sie mit einer detaillierten Analyse, an deren Ende das Ergebnis steht, welche Softwareteile in welchem Maße von den Umstellungserfordernissen betroffen sind. Die Umstellung selbst basiert auf den Ergebnissen dieser Analyse und stellt sicher, daß sich die geänderten Programme auch bei Berechnungen, die sich über die Jahrhundertgrenze hinweg erstrecken, korrekt arbeiten, wobei der Begriff der Korrektheit sich darauf bezieht, daß Daten korrekt miteinander verglichen werden können, voneinander abgezogen werden können und daß die Sortierung nach Daten in chronologischer Ordnung erfolgt.

6.2.3.4 Festlegung der Vorgehensweise pro Softwarekomponenten

Nach individueller Einteilung der Anwendungen in die genannten Klassen, stellt sich möglicherweise heraus, daß die verbleibende Zeit oder die potentiell zur Verfügung stehenden Ressourcen nicht ausreichen, um alle Programme in der erforderlichen Art und Weise Jahr-2000-tauglich zu machen. Es ist zwangsläufig erforderlich, eine Güterabwägung zu betreiben, um die zu ändernden Programme zu identifizieren und andere, die nicht mehr Jahr-2000-tauglich gemacht werden können, zu ermitteln. Diese Güterabwägung führt dazu, daß bestimmte Anwendungen tatsächlich konvertiert werden können, während für andere, die ursprünglich auch zur Konvertierung vorgesehen waren, Ersatz beschafft werden muß, bzw. ihre Verwendung überflüssig gemacht werden muß. Während sich die Ersatzbeschaffung oft auch als Problem herausstellt, da hierfür ebenfalls ein Budget erforderlich ist und externe Lieferanten beschäftigt werden müssen, respektive eigene Mitarbeiter eingesetzt werden müssen, ist das Ausrangieren bestimmter Programme möglicherweise die einzige verbleibende Möglichkeit.

Peter D. Jaeger nennt dies in [Jag96] »Systemic Triage«. Die Grundidee ist die, daß für den Fall, daß nicht genügend Mittel zur Verfügung stehen, um alle betroffenen Programme Jahr-2000-tauglich zu machen, diejenigen auswählt werden, die besonders kritisch und unverzichtbar sind, während für die anderen Programme die Jahr-2000-Tauglichkeit nicht hergestellt wird.

Im Fall großer, nicht in einzelne Programme zerlegter Anwendungen kann es darüber hinaus erforderlich sein, eine Anwendung nachträglich in Teile zu zerlegen. Ansätze des modernen Systementwurfs verfechten die Modularisierung, um auf diese Art und Weise zu unabhängig voneinander änderbaren Komponenten zu kommen. Komponenten oder auch Module werden über definierte Schnittstellen miteinander kommunizieren. Alle Änderungen, die nicht schnittstellenrelevant sind, können vorgenommen werden, ohne die Funktionsfähigkeit des Gesamtsystems zu betreffen. Auch wenn ein schwach strukturiertes System nicht im nachhinein in ein modulares System gewandelt werden kann, kann für den Fall, daß nicht alle Komponenten Jahr-2000-tauglich gemacht werden können, darauf abgezielt werden, den Datenbankzugriff, den Programmlogikteil und den Benutzungsschnittstellenteil voneinander zu trennen. Diese Trennung ist in aller Regel umso schwieriger, je älter das nachträglich zu strukturierende Softwaresystem ist und je öfter es bereits geändert wurde. Ist diese Trennung jedoch erst einmal gelungen, so kann beispielsweise die Datenbankschnittstelle geschlossen umgestellt werden, während für die eigentliche Programmlogik ein neues Programm erstellt wird oder ein existierendes Programm vielleicht auch überflüssig gemacht wird. Die Trennung in diese drei Schichten einer Anwendungsarchitektur ist somit ein Ansatz, die nur begrenzt zur Verfügung stehenden Mittel zur Herstellung einer Jahr-2000-Tauglichkeit gezielt einzusetzen und die Konsequenzen der Nichtsicherstellung der Jahr-2000-Tauglichkeit für einzelne Programme abzuschätzen.

Die Notwendigkeit zur Güterabwägung ist möglicherweise um so dringender, als parallel zur Jahr-2000-Umstellung auch noch die EURO-Umstellung ansteht. Abgesehen von diesen beiden unverzichtbaren Umstellungen muß das Tagesgeschäft weiter betrieben werden. Das heißt, die täglichen Wartungs- und Fehlerbeseitigungsarbeiten sind ohnehin nicht einzuschränken. Angesichts dieser relativ trostlosen Situation kommt es in vielen Unternehmen zu der Entscheidung, sich auf diese Aufgaben zu beschränken und alle anderen IT-Projekte (zum Beispiel die

Neukonzeption oder Umgestaltung von Softwaresystemen) zunächst zurückzustellen. Solche Entscheidungen – so sehr sie auch angesichts der kurz- und mittelfristigen Situation angemessen scheinen – haben in aller Regel langfristig nachteilige Konsequenzen. Die Gefahr, daß der Anschluß an Technologietrends verlorengeht, weil sich die eigene EDV-Mannschaft jahrelang ausschließlich mit Umstellung und Wartung beschäftigt hat, ist groß. Auch zur Vermeidung dieses Risikos ist es wichtig, eine Umstellungsstrategie zu finden, die einen geeigneten Mix von Ausrangieren, Ersetzen und Konvertieren zuläßt.

Die detaillierte Erörterung der Frage, ob Software zu ersetzen, auszurangieren oder umzustellen ist, innerhalb der Erörterung der strategischen Planung reflektiert, daß eine Festlegung der groben Umstellungsstrategie schon auf der strategischen Ebene erfolgen sollte. Nur durch eine möglichst zielgerichtete Konzentration der zur Verfügung stehenden Ressourcen auf die Umstellung der unmittelbar erforderlichen Softwareteile kann gewährleistet werden, daß die Umstellung auf die Erfordernisse des Jahres 2000 (die ohnehin keinen wirtschaftlich meßbaren Zusatznutzen bringt) in einer Art und Weise durchgeführt wird, die die wirtschaftlichen Rahmenbedingungen angemessen berücksichtigt. Von einer Verlagerung der Entscheidung, wie mit welcher Anwendung oder mit welchem Anwendungsteil zu verfahren ist, auf die operative Ebene wird dringend abgeraten, da die Gefahr, daß einzelne Fachbereiche »ihre« Software für unverzichtbar und dringend umzustellen halten, sonst kaum auszuschließen ist.

Dennoch kann eine grobe Umstellungsstrategie nicht die endgültige sein. Die detaillierte Impact-Analyse zeigt möglicherweise später, daß bestimmte Programme nur mit sehr hohem Aufwand konvertiert werden können, so daß gerade für diese Programme die Alternative des Ausrangierens oder Ersetzens besonders interessant werden. Folglich kann auf der strategischen Ebene eine grobe Strategie festgelegt werden, die jedoch den Freiraum lassen muß, auf die Ergebnisse der Bestandsaufnahme und der Impact-Analyse flexibel zu reagieren. Auch hier erlauben die definierten Gremien einen geregelten und kontrollierten Änderungsdienst und stellen somit sicher, daß Flexibilität möglich ist, ohne daß dem Chaos Tür und Tor geöffnet werden.

Die Umstellungsstrategie muß in der strategischen Planung als DER Schlüssel zum Erfolg unterstrichen werden. Eine clevere Umstellungsstrategie kann die Gesamtaufwände deutlich reduzieren. Ein stures Konvertieren des gesamten Softwarebestandes bedeutet in aller Regel, daß reichlich viel völlig unnötige Arbeit anfällt. Eine solch dumme Umstellungsstrategie bewahrheitet dann wirklich das Vorurteil der intellektuell anspruchslosen und langweiligen Jahr-2000-Umstellung. Die offensive Diskussion der Notwendigkeit sich von alter Software zu trennen (möglicherweise ohne sie zu ersetzen) schafft ein kreatives Klima, in dem intelligente Lösungen zur Bewältigung des Jahr-2000-Problems nötig werden. Genausogut muß schon in der strategischen Planung klar werden, daß die Umstellungsstrategie – wenn sie denn erst einmal definiert ist – nicht beliebig umgeworfen werden kann. Wie jede andere Planabweichung muß sie von den entsprechenden Gremien abgesegnet werden.

6.2.4 Zeitplanung

Sobald identifiziert ist (vorbehaltlich der detaillierten Ergebnisse aus Bestandsaufnahme und Impact-Analyse), wann welche Anwendungsteile zusammenbrechen, bzw. Fehler liefern und sobald die betroffenen Komponenten gemäß den Renovierungsnotwendigkeiten, Beseitigungsmöglichkeiten oder Reimplementierungserfordernissen kategorisiert sind, ist es möglich, mit der groben Zeitplanung zu beginnen. Hierbei muß zusätzlich berücksichtigt werden, wieviel Zeit- und Budgetpuffer für unvorhergesehene, zusätzliche Aufwendungen erforderlich sind. Diese Puffer sind gerade angesichts der Nichtverschiebbarkeit des Endtermins unbedingt erforderlich. Um geeignete Puffer einzuplanen, sollten komplexe Anwendungsentwicklungsprojekte und deren Verzögerung betrachtet werden. Mindestens die durchschnittliche Verzögerung sollte einkalkuliert werden. So weit wie eben möglich sollten zusätzliche Sicherheitsreserven eingebaut werden.

Darüber hinaus ist die zeitliche Planung der sich aus der Umstellungsstrategie ergebenden Aktivitäten schon in der strategischen Formulierung der Jahr-2000-Umstellung von Bedeutung, um wesentliche Eckdaten zu fixieren.

6.2.5 Kosten- und Personalplanung

Die wichtigsten Ressourcen bei der Jahr-2000-Umstellung sind sicherlich die benötigten Programmierer. Die zu leistenden Arbeitsstunden müssen auf Grundlage der betroffenen Komponenten kalkuliert werden. Sicherheitszuschläge sind unbedingt erforderlich. Darüber hinaus gibt es jedoch noch mehr als in vielen anderen Projekten die Erfordernis, sonstige Ressourcen zu planen, zu sichern oder zu beschaffen. Der Wettbewerb um Großrechnerprogrammierer wird, je mehr es auf das Jahr 2000 zugeht, immer größer werden. In den nächsten zwei oder drei Jahren wird mehr oder weniger jede von Großrechnersoftware abhängige Firma versuchen, ihr Großrechnerpersonal aufzustocken; nicht notwendigerweise dadurch, daß zusätzliche Einstellungen getätigt werden, aber zumindest dadurch, daß auf externe Großrechnerprogrammierer zugegriffen wird. Angesichts der Tatsache, daß es fast keine Hochschulabsolventen mit Großrechnerkenntnissen gibt, wird der Wettbewerb ungeahnte Ausmaße annehmen. Je früher also mit der Sicherstellung der Ressourcen begonnen wird, desto preisgünstiger wird dies möglich sein. Aus Wettbewerbssicht weniger dramatisch, aber dennoch bedenkenswert ist, daß das Projekt der Jahr-2000-Umstellung durch einen möglichst schon Großrechner-erfahrenen Manager geleitet wird. Angesichts des ohnehin hohen Risikos einen solchen Projekts kann die Erfahrung eines Managers helfen, bestimmte Alarmzeichen frühzeitig zu erkennen und korrektive Maßnahmen rechtzeitig einzuleiten.

Die Budgetschätzung zur Sicherstellung einer Jahr-2000-Umstellung fällt in zwei Kategorien: unternehmensspezifische Overhead-Kosten und tatsächliche Umstellungskosten. Alles, was nicht unmittelbar mit der Umstellung, dem Test und dem Einsatz umgestellter Programme zu tun hat, ist zu den Overhead-Kosten zu rechnen. Dies umfaßt die Definition und Anpassung von Prozessen, die Klassifizierung der betroffenen Komponenten, die Planung, die Koordination von Personal in verschiedenen Bereichen, das Budgetmanagement, den Erwerb von Werkzeugen und von Software-Upgrades wie auch die Hardware-Akquisition.

Die unmittelbaren Umstellungskosten werden gemäß definierter Metriken identifiziert und abgeschätzt, müssen jedoch in aller Regel auf der Basis von Pilotprojekten angepaßt werden. Diese Anpassung ist insbesondere deshalb erforderlich, weil die ohnehin junge Softwareindustrie mit ihren wenig ausgeprägten Verfahren zur Aufwandsabschätzung für hochkomplexe und parallel durchzuführende Projekte wie die Jahr-2000-Umstellung wenig empirische Daten bereitstellt. Während die Overhead-Kosten in aller Regel in den frühen Phasen des Projektes aufgewendet werden müssen, fallen die tatsächlichen Umstellungskosten in späteren Phasen an und erreichen in aller Regel gegen Projektende ihren Höhepunkt. Overhead-Kosten werden darüber hinaus insbesondere gegen Ende des Jahrhunderts anfallen, nämlich genau dann, wenn es nicht gelingt, Software im nötigen Umfang umzustellen, so daß Hilfsmaßnahmen erforderlich sind, die auf organisatorische Lösungen abzielen und möglicherweise die Deaktivierung von Softwareteilen umfassen.

Als grober Anhaltspunkt für die in der Impact-Analyse und in der tatsächlichen Konvertierung anfallenden Kosten können 0,15 bis 0,18 DM pro Programmzeile in der Analyse (also für alle untersuchten Programme!) und 1,00 bis 1,50 DM pro Programmzeile in der Konvertierung (also für alle konvertierenden Programme!) dienen. Allerdings variieren diese Kosten stark nach dem Zustand der Programme und ihrer Dokumentation und nach ihrer Datumssensitivität (gemessen als Anzahl der infektiösen Stellen pro 1000 Zeilen Programm). Das Fehlen von Programmquellen, Aufwände für die Erstellung zusätzlicher Brückenprogramme (vgl. Abschnitt 7.4) und besondere Anforderungen an das Änderungs-Management sind in diesen Kosten noch nicht berücksichtigt, so daß in der Summe erhebliche Abweichungen auftreten können. Dennoch ist es sinnvoll, schon in der Strategie eine – wenn auch noch vage – Vorstellung von den auftretenden Kosten und ihrem Verwendungszweck zu vermitteln, um einen Einblick in die Aufteilung des auf den ersten Blicks wahrscheinlich große Budget zu geben.

6.2.6 Planung und Durchführung eines Pilotprojektes

Ein Pilotprojekt im Rahmen eines Umstellungsprojekts ist besonders wichtig, weil Fehler in der Zeitschätzung und mögliche systematische Fehler bei der eigentlichen Softwarekonvertierung fatale Konsequenzen haben können. Um diese Konsequenzen zu vermeiden, sollte in einem Pilotprojekt eruiert werden, ob die Zeitschätzungen und das technische Vorgehen plausibel sind.

Während allein diese Motivation schon ein Pilotprojekt nahelegt (und dessen Planung schon in der Strategie seinen Stellenwert untermauert), ist es endgültig unverzichtbar, wenn ein externer Partner einbezogen wird. Hier gilt es, die Schnittstellen einzuüben und zu überprüfen, ob die Kommunikationswege praktikabel und effizient sind.

6.2.7 Eckdaten eines Testkonzepts

In der Softwareentwicklung wird allgemein davon ausgegangen, daß ca. 40 Prozent der Gesamtaufwendungen für Testaktivitäten verbraucht werden. Die restlichen 60 Prozent umfassen beispielsweise die Anforderungsanalyse, den Systementwurf und die Realisierung. Für Jahr-2000-Projekte sind Anforderungsanalyse und Entwurf von geringerer Bedeutung, da die erforderliche Systemfunktionalität bekannt ist und da zusätzliche Spezifikationen darauf abzielen, den Grad der Softwaretauglichkeit zu definieren. In Jahr-2000-Projekten tritt zwar zusätzlich die Notwendigkeit auf, zwischen Umstellung der Daten oder der Programmlogik zu entscheiden; nichtsdestotrotz ist der Anteil der Entwurfstätigkeit in Jahr-2000-Projekten vergleichsweise gering. Entsprechend ist der Anteil der Testaktivitäten am Gesamtbudget größer. Aufgrund der Schadenspotentiale einer nicht vollständig Jahr-2000-tauglichen Software wächst der Anteil der Tests darüber hinaus – allein deshalb, weil viele Randfälle abgedeckt werden müssen, weil Massentests durchgeführt werden müssen und weil eine große Sicherheit bezüglich des Funktionierens über den Jahrhundertwechsel hinweg erreicht werden muß. Die genannten Aufwendungen zur Durchführung von Jahr-2000-Projekten zusammen mit der Erfahrung, daß oft genug ein Anteil von 60 bis 70 Prozent der Gesamtaufwendungen auf den Test entfällt, zeigen, daß die sorgfältige Planung und Instrumentierung des Testprozesses von erheblicher wirtschaftlicher Bedeutung sind.

Für die Planung des Tests ist zuallererst die Frage zu beantworten, ob die verfügbare Hardware-Umgebung einen zusätzlichen Test (zusätzlich zum normalen Tagesgeschäft und zur normalen Entwicklung) verkraftet. Insbesondere aufgrund der Erfordernisse eines Massentests und zur Betrachtung der Randfälle ist sowohl genügend Rechenzeit als auch ausreichender Plattenplatz sicherzustellen. Die Wichtigkeit einer effizienten Testumgebung leitet sich aus den insgesamt aufzuwendenden Kosten für den Test der Jahr-2000-umgestellten Software ab.

Für den Test selbst ist der Baseline-Ansatz geeignet. Der Baseline-Ansatz basiert auf der Grundidee, die geänderten Programme gegen die Funktionalität der aktuellen Programme zu testen. Da die Funktionalität nicht beeinträchtigt werden soll und die geänderten Programme für die Daten vor der Jahrhundertwende das gleiche Ergebnis liefern sollen wie die alten Programme auch, können die alten Programme getestet werden, indem die Ergebnisse der alten Programme mit denen der neuen Programme verglichen werden. Um die Jahr-2000-Tauglichkeit zu überprüfen, ist es darüber hinaus erforderlich, mit Daten rund um die Jahrhundertwende zu testen. Für den Jahr-2000-Test gibt es eine Reihe von Produkten, die das Jahr 2000 in der Systemzeit simulieren und auf diese Art und Weise eine Testumgebung liefern. Allerdings ist es nicht ausreichend, nur die Systemzeit zu ändern. Daten rund um die Jahrhundertwende müssen in ähnlicher Art und Weise getestet werden. Um auf diese Art und Weise einen systematischen Jahr-2000-Test sicherzustellen, ist es erforderlich, jedes Datum in jeder Datei und in jeder Maske zu finden und auf sein Verhalten unter der geänderten Software zu überprüfen.

Nachdem der Baseline-Test und der Jahr-2000-Test bestanden sind, ist ein Akzeptanz-Test erforderlich. Viele Firmen setzen eine oder mehrere Produktionsumgebungen parallel ein, um die Änderungen zu validieren. Für die Durchführung des Aktzeptanz-Testes ist es unumgänglich, die Benutzer mit einzubeziehen, denn nur sie wissen in aller Regel, wie sich die Software im Tagesbetrieb verhält.

Für den Jahr-2000-Test ist die Überprüfung der Korrektheit der geänderten Software komplizierter als für den Baseline-Test, da es kein Referenzsystem gibt, dessen Verhalten als Grundlage dient. Der Jahr-2000-Test erfordert insofern eine intelligentere Testumgebung und intelligentere Testdaten als der Baseline-Test. »Intelligenz« wird hier besonders betont, weil nicht mit beliebigen Daten hantiert werden darf, sondern sinnvolle Randfälle überprüft werden müssen und insbesondere Testfälle überprüft werden müssen, die im Hinblick auf den Jahrhundertwechsel aussagekräftig sind. Ein Beispiel für eine solch sinnvollerweise zu überprüfende Randbedingung ist, daß ein Geburtsdatum nicht nach dem Einstellungsdatum eines Arbeitnehmers liegen darf.

Der Test einzelner Komponenten im Hinblick auf ihre Jahr-2000-Tauglichkeit bereitet zuweilen besondere Probleme, da geänderte Komponenten mit noch nicht geänderten Komponenten zusammenarbeiten müssen. Die genannte Technik der Überbrückung muß hierbei gezielt eingesetzt werden, um einzelne Komponenten einem Test im Hinblick auf ihre Jahr-2000-Tauglichkeit zu unterziehen. Hierbei ist es oft erforderlich, geeignete Programmierschnittstellen zur Verfügung zu stellen, die ausschließlich für den Test verwendet werden. Solche Programmierschnittstellen erleichtern einen zielgerichteten Migrations- und Testprozeß und sind deshalb wirtschaftlich, obwohl in ihre Erstellung ein erheblicher Aufwand zu investieren ist.

Die relativ detaillierte Diskussion der Testaktivitäten schon auf der strategischen Ebene betont die außerordentlich wichtige Stellung der Tests genauso wie den hohen Kostenanteil, der im Rahmen des gesamten Umstellungsprojektes auf sie entfällt.

6.2.8 Infrastrukturplanung

Anforderungen an Infrastruktur für das Umstellungsprojekt treten während der gesamten Umstellung auf. Einige dieser Anforderungen sind typisch für fast alle Umstellungsprojekte, allerdings weniger typisch für traditionelle Softwareentwicklungs- und -einführungsprojekte. Um zu vermeiden, daß diese Anforderungen zu Beginn eines Umstellungsprojektes übersehen werden, ist es am besten, sie von vornherein zu adressieren. Die Berücksichtigung dieser möglichen Anforderungen an neue oder zusätzliche Infrastruktur ist ein kritischer Aspekt in der gesamten Umstellung, denn ihr unvorhergesehenes Auftreten führt in aller Regel zu Projektverzögerungen.

Eine Kategorie von erforderlicher Infrastruktur betrifft die Systemverfügbarkeit (wann kann das eingesetzte Softwaresystem zum Beispiel zum Zweck eines Tests vor der Umstellung benutzt werden?), die Änderungskontrolle (nach welchem Verfahren werden parallele Änderungen später miteinander integriert?), die Konfigurationskontrolle (welche Werkzeuge werden zur Konfigurationskontrolle verwendet? Wie sehen die Versionierungsverfahren aus), die Übergabepolitik (an welchen Stellen des Umstellungsprozesses werden Systemteile ins Produktivsystem übernommen? Welche Kriterien müssen zuvor erfüllt sein?), die Systematik und Zuverlässigkeit von Testverfahren und die Verfügbarkeit von Jahr-2000-Migrationsrichtlinien. Sind die entsprechenden Werkzeuge nicht verfügbar oder sind die entsprechenden Verfahren nicht klar definiert, dann sind Investitionen erforderlich, um sie zu definieren, in Kraft zu setzen und zu betreiben.

Eine zweite Kategorie von Infrastrukturfragen betrifft Systemsoftware und –hardware, die für die Softwarebestandsaufnahme und das Umstellungsprojekt selbst benötigt wird. In aller Regel erfordert das Umstellungsprojekt eine komplette Duplizierung des Produktivsystems. Nur dann können Vor-Umstellungstests ohne Seiteneffekte auf den Produktivbetrieb durchgeführt werden. Hierzu sind alle Arten von Systemressourcen erforderlich. Dies betrifft Rechenleistung für den parallelen Betrieb des Umstellungssystems (wenn auch in deutlich geringerem Umfang als im Produktivsystem erforderlich), Plattenplatz für die duplizierten Programme und Daten, Peripheriegeräte aller Art (Drucker, Terminals) und ggf. Leitungskapazität für den Fall, daß das Umstellungssystem entfernt betrieben wird.

Die letzte wesentliche Infrastrukturkategorie betrifft die Migrationstechnologie selbst. Der Technologiekoordinator für die Jahr-2000-Umstellung muß sich mit Inventarisierungssoftware, Analysesoftware, Migrationssoftware für Anwendung und Daten, Validierungssoftware, testunterstützender Software, Projektmanagement-Software, Prozeßplanungs-Software und sonstigen Hilfswerkzeugen, die für die Umstellung benötigt werden, auseinandersetzen und geeignete Kandidaten für die betroffene Infrastruktur auswählen. Verschiedene Werkzeuge helfen, Produktivität zu erhöhen, Zuverlässigkeit sicherzustellen und insgesamt eine höhere Qualität sicherzustellen. Allerdings muß auch beachtet werden, daß große Aufwände für das Erlernen zusätzlicher Hilfswerkzeuge nur dann geleistet werden können, wenn dies terminlich möglich ist und die Erlernung eines solchen zusätzlichen Werkzeuges keine kritischen Verzögerungen nach sich zieht.

Die Modellierung des Umstellungsprozesses [Chav96] stellt sicher, daß alle beteiligten Partner eine gemeinsame Vorstellung des durchzuführenden Prozesses haben. Ein solches Prozeßmodell sollte nicht nur die Anordnung der Aktivitäten festlegen, sondern es sollte auch die Typen der zu verarbeitenden Objekte (Module, Änderungseinheiten, Änderungsanforderungen, Abnahmeprotokolle etc.) sowie die Verantwortlichkeiten der Prozeßbeteiligten festlegen. Auf Grundlage eines formal definierten Umstellungsprozesses ist es möglich, Abweichungen zu erkennen und die verschiedenen Aufwendungen so zu koordinieren, daß sie zum Gesamtziel beitragen.

6.2.9 Konzept zur Einbeziehung externer Partner

Jahr-2000-Projekte unterscheiden sich von traditionellen Entwicklungs- und Wartungsprojekten schon allein dadurch, daß die Ressourcen noch knapper sind als sonst üblich. Darüber hinaus gibt es in Jahr-2000-Projekten eine Reihe von Aufgaben, die kein tiefes Verständnis für den Anwendungskontext der umzustellenden Software erfordern. Derjenige, der ein Programm zur Errechnung der Rendite einer Kapitallebensversicherung umstellt, muß wissen wie Daten voneinander subtrahiert werden und wie diese Subtraktion Jahr-2000-tauglich gemacht wird, er muß sich jedoch nicht mit den Details von Kapitallebensversicherungen oder Renditeberechnungen auskennen. Aus diesen Gründen und – angesichts der Möglichkeit, externe Partner in Niedriglohnländern einzubeziehen – auch aus Kostengründen sind Jahr-2000-Projekte besonders geeignet, um unter Einbeziehung externer Partner durchgeführt zu werden. Diese besonderen Umstände müssen schon in der Jahr-2000-Strategie genannt werden, um die Chancen des Outsourcing im Bewußtsein der verantwortlichen Projektmanager zu verankern. Details zu der Frage, wie externen Partner ausgewählt und sinnvoll eingebunden werden können, sind in Abschnitt 8.1.4 zu finden.

6.3 Zusammenfassung

Die Strategie und ihre Bekanntmachung bei allen beteiligten Personen und Partnern sorgt dafür, daß Einverständnis bezüglich des weiteren Vorgehens erzielt werden kann, selbst wenn zum Zeitpunkt der Formulierung noch nicht im Detail festgelegt werden kann, wie der Projektplan aussieht. Die folgende Abbildung 6.1 faßt die wesentlichen Bestandteile der Jahr-2000-Strategie zusammen.

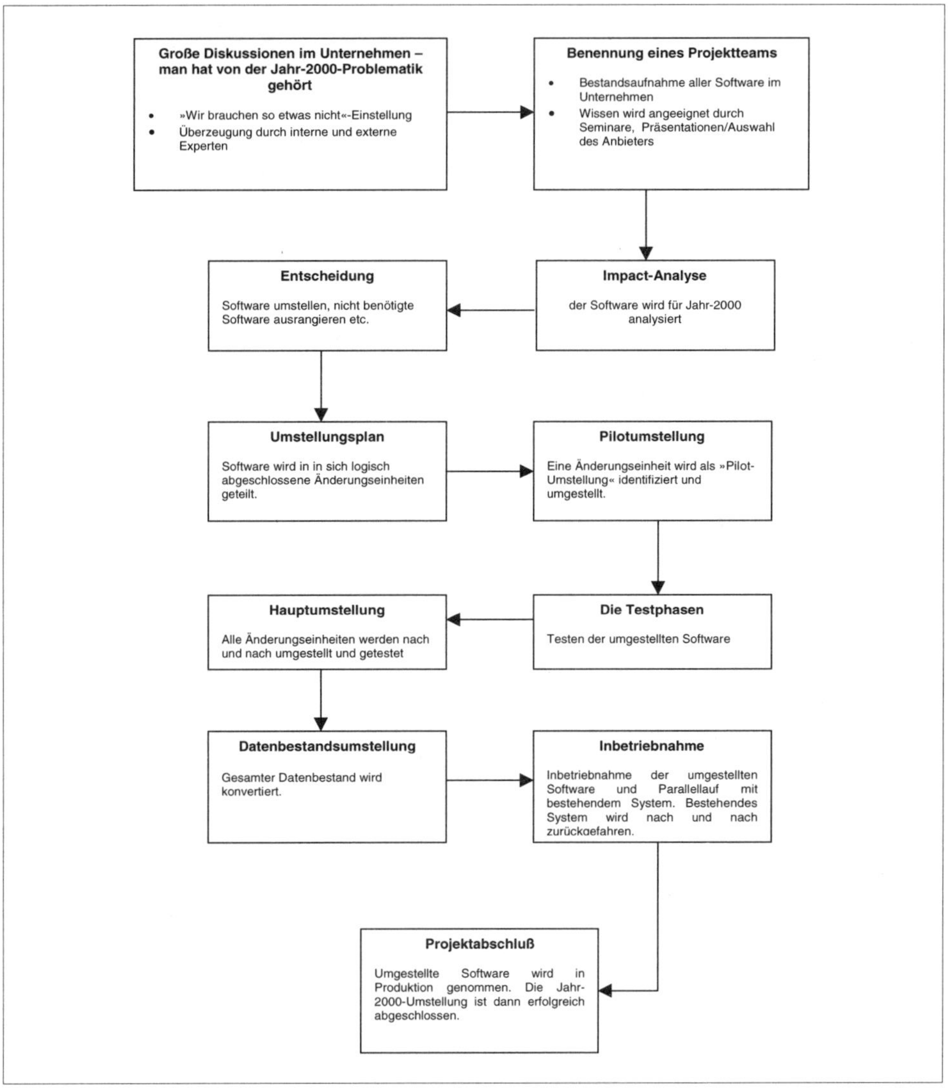

Abb. 6.2: Gesamtprozeß in Unternehmen – Jahr-2000-Datumsumstellung

Technische Lösungen zur Herstellung der Jahr-2000-Tauglichkeit 7

One accurate measurement is worth a thousand expert opinions.
– Grace Hopper, U.S. Navy Admiral

7.1 Softwaretauglichkeit für das Jahr 2000

Nachdem wir die unbedingte Notwendigkeit der Jahrhundertumstellung ausführlich diskutiert haben, erörtern wir im folgenden, was aus technischer Sicht getan werden muß, um Softwaresysteme auf den Jahrhundertwechsel vorzubereiten.

Dazu müssen zunächst Bedingungen definiert werden, deren Einhaltung eine Software als Jahr-2000-tauglich ausweist. Es ist nicht möglich, eine vollständige Liste von Kriterien zu identifizieren, die von einem integrierten Hardware-Softwaresystem erfüllt werden müssen, um Jahr-2000-tauglich zu sein. In vielen Systemen wird es besondere Umstände geben, die eine besondere Überprüfung erfordern. Statt den Versuch zu unternehmen, eine solch vollständige Liste zu erstellen, werden wir uns darauf konzentrieren, die Punkte herauszustellen, die unbedingt eingehalten werden müssen.

Software wird als Jahr-2000-tauglich bezeichnet, wenn sie sowohl vor als auch nach dem Jahrhundertwechsel Daten vor und nach dem 31.12.1999 (einschließlich des 31.12.1999 selbst) korrekt verarbeitet. Die wesentliche inhaltliche Bedingung dieses Kriteriums liegt offensichtlich in der *korrekten* Verarbeitung.

Im folgenden werden wir in Form einiger technischer Kriterien den Begriff der Jahr-2000-Tauglichkeit erklären.

- Das von der Software als aktuell ermittelte Datum entspricht jederzeit dem realen, aktuellen Datum. Diese Forderung gilt insbesondere für die kritischen Daten der Jahr-2000-Tauglichkeit wie den 31.12.99, den 1.1.2000, den 29.2.2000 und den 1.3.2000.
- Die Berechnung von Schaltjahren funktioniert gemäß der Schaltjahreslogik. Insbesondere wird das Jahr 2000 als Schaltjahr erkannt.
- Die Subtraktion eines Datums in der Vergangenheit vom aktuellen Datum erzeugt niemals ein negatives Ergebnis. Dies gilt insbesondere auch für Daten im Jahr 2000 und danach.

- Die chronologisch aufsteigende Sortierung von Daten liefert Daten aus dem Jahr 2000 vor denen aus dem 20. Jahrhundert.
- Die festcodierte 19 für die Jahrhundertziffern tritt in Masken und Auswertungen nicht auf.
- Abfragen nach den Jahrhundertzahlen 99 oder 00 als Überprüfung der Unendlichkeit treten nicht auf.
- Alle datumsrelevanten Felder umfassen zwei Ziffern zur Angabe des Jahrhunderts. Dies gilt für Benutzungsoberflächen, für Datenbankfelder, für Dateien und Auswertungen. Falls dies nicht gilt und falls Jahrhundert und Jahr durch drei Ziffern angegeben wird, wobei die erste Ziffer das Jahrhundert und die zweite und dritte Ziffer die Jahreszahl innerhalb des Jahrhunderts angeben, dann wird das folgende Schema zur Identifikation des Jahrhunderts angewendet: 0 identifiziert das 19. Jahrhundert, 1 identifiziert das 20. Jahrhundert, 2 identifiziert das 21. Jahrhundert usw. Dies ermöglicht es, Geburtstage von Personen, die im 19. Jahrhundert geboren sind, zu speichern und andere Daten, in denen Jahreszahlen aus dem 19. Jahrhundert die ältesten möglichen Werte sind. Falls Jahresangaben durch zwei Ziffern dargestellt werden, dann werden geeignete Algorithmen angewendet, um die Jahreszahl zu einer vierziffrigen zu ergänzen (vgl. Abschnitt zu Sliding Windows).

Auch Software, die nicht alle Kriterien der Jahr-2000-Tauglichkeit erfüllt, kann möglicherweise weiter eingesetzt werden, da manche Probleme kein allzugroßes Schadenspotential aufweisen. Eine festcodierte 19 in einer Maske widerspricht unmittelbar den Kriterien der Jahr-2000-Tauglichkeit, allerdings wird durch die in einer Maske angezeigte 19 zunächst wenig Schaden verursacht. Die Kriterien der Jahr-2000-Tauglichkeit sind somit nur ein Anhaltspunkt, der im Falle der vollständigen Erfüllung der Kriterien anzeigt, daß Probleme ausgeschlossen werden können. Im Falle ihrer Nichterfüllung ist das Schadenspotential genauer zu untersuchen.

7.2 Klassifikation von Software

Unter der Annahme, daß die eingesetzten Softwaresysteme in aller Regel nicht alle Kriterien der Jahr-2000-Tauglichkeit erfüllen, stellt sich unmittelbar die Frage, welche Maßnahmen zur Erreichung der Jahr-2000-Tauglichkeit notwendig sind. Hierzu ist es unverzichtbar, die existierenden und eingesetzten Systeme im Hinblick auf ihren *Abstand* zur Jahr-2000-Tauglichkeit zu überprüfen.

Um die Identifikation der Größenordnung des Jahr-2000-Problems in einer konkreten Firma zu vereinfachen, haben wir das Problem in vier verschiedene Kategorien eingeteilt. Diese Kategorisierung vermittelt einen groben Überblick über die existierende Software und je nach Kategorie ergeben sich einige stereotype Maßnahmen für die Umstellung der Software.

7.2.1 Kategorie I

Software der Kategorie I umfaßt keine Jahrhundertangabe in den Benutzerschnittstellen und auch nicht in den Dateien. Auswertungen, wenn sie überhaupt eine Jahrhundertangabe enthalten, werden mit einer festcodierten 19 für die Jahrhundertangabe wiedergegeben. Diese Systeme sind am meisten betroffen und sind kaum in der Lage, den Jahrhundertwechsel zu überstehen, es sei denn, grundlegende Änderungen werden rechtzeitig realisiert. Software dieser Kategorie wird zwangsläufig nutzlos, ja sogar gefährlich, falls nicht unverzüglich Änderungen vorgenommen werden.

7.2.2 Kategorie II

Auch diese Kategorie gibt das Jahrhundert nicht explizit in den Benutzungsoberflächen an und speichert es auch nicht explizit in den Dateien. Allerdings wird, in Abhängigkeit von dem aktuellen Jahr, in dem die Software läuft, das Jahrhundert auf der Grundlage eines Basisalgorithmus ermittelt.

Dieser Algorithmus basiert auf der Anwendung der n:m-Regel, wobei n+m=100 und n,m > 1. Diese Regel besagt, daß die Jahre 100-n bis 99 als solche im 20. Jahrhundert (also von 2000-n bis 1999) und die Jahre von 0 bis m-1 als solche im 21. Jahrhundert (also von 2000 bis 1999+m) interpretiert werden.

Für n=80 und m=20 entsteht die 80:20-Regel. Somit werden die Jahre von 20 bis 99 als solche im 20. Jahrhundert und die von 00 bis 19 als solche im 21. Jahrhundert interpretiert. Das Datenfenster reicht dann also von 1920 bis 2019. Für andere n,m kann eine andere Verteilung des Jahrhundertfensters um das Jahr 2000 herum erreicht werden.

Auswertungen, die das Jahrhundert mit anzeigen, ohne auf explizite Repräsentationen des Jahrhunderts zuzugreifen, verwenden den Basisalgorithmus, um das Jahrhundert zu ergänzen. Softwaresysteme dieser Kategorie können das Problem der Jahrhundertumstellung handhaben, solange die zu verarbeitenden und zu berechnenden Daten sich nicht auf mehr als 100 Jahre verteilen.

7.2.3 Kategorie III

Softwaresysteme der Kategorie III ähneln denen der Kategorie II. Der Unterschied besteht darin, daß das Jahrhundert, das durch den Basisalgorithmus ermittelt wurde, in expliziter Form in Dateien gespeichert wird. Auswertungen nutzen dieses gespeicherte Jahrhundert unmittelbar. Softwaresysteme der Kategorie III können mit geringem Aufwand auf die Jahrhundertumstellung vorbereitet werden.

7.2.4 Kategorie IV

Softwaresysteme der Kategorie IV verarbeiten vierziffrige Jahrhundertangaben und speichern diese. Sie erfordern keinen Basisalgorithmus zur Ermittlung des Jahrhunderts, da die Jahrhundertangabe – überall wo erforderlich – explizit angegeben werden kann. Diese Kategorie ist vollständig dafür ausgerüstet, das Jahr-2000-Problem zu lösen und erfordert keinerlei Änderungen.

7.2.5 Maßnahmen für Software der verschiedenen Kategorien

Tabelle 7.1 charakterisiert diese Kategorien und gibt einen Überblick über die für jede Kategorie erforderlichen Maßnahmen.

Kategorie eines Software-systems	**Jahrhundert-angaben an der Benut-zeroberfläche**	**Basisalgorith-mus zur Ermitt-lung des Jahr-hunderts wird eingesetzt**	**Jahrhundert-angabe wird in Dateien gespeichert**	**Jahrhun-dertangabe wird in Aus-wertungen gedruckt**	**Maßnahme**
I	nein	nein	nein	ja/nein	Wechsel zu Kat. II, III oder IV ist ein Muß
II	nein	ja	nein	ja/nein	Wechsel zu Kat. IV, wenn nötig
III	nein	ja	ja	ja/nein	Wechsel zu Kat. IV, wenn nötig
IV	ja	nicht anwendbar	ja	ja/nein	Kein Wechsel erforderlich

Tabelle 7.1: Kategorien und erforderliche Maßnahmen

Softwaresysteme der Kategorien I, II und III können in eine höhere Kategorie migriert werden. Im folgenden beschreiben wir die Charakteristika der einzelnen Migrationspfade, die dabei zur Anwendung kommen können.

Wie bereits angedeutet, müssen Softwaresysteme der Kategorie I migriert werden. Die Frage ist, ob sie in Kategorie II, III oder IV migriert werden. Offensichtlich erfordert die Migration von Kategorie I in Kategorie II den geringsten Aufwand, während der Wechsel von Kategorie I in Kategorie IV den größten Aufwand erfordert. Softwaresysteme der Kategorie II und III müssen nicht migriert werden, es sei denn, die Anzahl der Jahre, die in diesem und im nächsten Jahrhundert zu bearbeiten sind, ergeben mehr als 100. Das bedeutet beispielsweise, daß sowohl das Jahr 1920 als auch das Jahr 2020 gültige Werte für die Jahrhundertangabe sind. Für viele Systeme ist die Wahrscheinlichkeit, daß dies der Fall ist, gering. Ausnahmen von dieser Regel sind beispielsweise Liegenschaftsverwaltungen, alle Angaben von Geburtsdaten oder Todesdaten. In Systemen dieser Art ist nicht zweifelsfrei feststellbar, in welches Jahrhundert eine Jahresangabe, die nur aus zwei Ziffern besteht, gehört.

Migrationskategorien von – nach	**I nach II**	**I nach III**	**I nach IV**	**II nach IV**	**III nach IV**
Datumsbezogene Routinen	ändern	ändern	ändern	ändern	ändern
Benutzeroberflächenlogik	ändern	ändern	ändern	ändern	ändern
Berichtslogik	ändern	ändern	ändern	ändern	ändern
Datendefinition in Dateien und Datenstrukturen	nicht ändern	ändern	ändern	ändern	nicht ändern
Daten (aktuelle und archivierte)	nicht ändern	ändern	ändern	ändern	nicht ändern
Maskenformate	nicht ändern	nicht ändern	ändern	ändern	ändern
Berichtsformate	nicht ändern	nicht ändern	ändern	nicht ändern	nicht ändern
Fehlermeldungen	nicht ändern	nicht ändern	ändern	ändern	ändern
Hilfemeldungen	nicht ändern	nicht ändern	ändern	ändern	ändern
Job Flows	nicht ändern	nicht ändern	ändern	nicht ändern	nicht ändern
Dokumentationen (Benutzerhandbücher usw.)	nicht ändern	nicht ändern	ändern	ändern	ändern

Tabelle 7.2: Migration zwischen Softwarekategorien

7.3 Versionskontrolle in Jahr-2000-Projekten

Unabhängig vom im Einzelfall zu wählenden Ansatz zur Herstellung der Jahr-2000-Tauglichkeit ist eines auf den ersten Blick erkennbar: Es müssen in aller Regel viele Bestandteile eines im Einsatz befindlichen Systems modifiziert werden. Anders als bei der Beseitigung eines Speicherfehlers und anders als bei der Änderung einer einzelnen Routine sind Änderungen im Kontext der Jahrhundertumstellung über fast alle Bestandteile eines Softwaresystems verstreut. Allein die Tatsache, daß Dateien, Masken, Routinen und unzählige Variablen angepaßt werden müssen, zeigt, daß die eigentlich einfach durchzuführenden einzelnen Änderungen dadurch kompliziert werden, daß sie viele Bestandteile betreffen. Darüber hinaus stehen die zu ändernden Bestandteile in enger Wechselwirkung miteinander. Wird beispielsweise ein Programm so umgestellt, daß es vierziffrige Jahresangaben erwartet, so müssen die aus Dateien gelesenen Jahresangaben ebenfalls auf vierziffrige Jahresangaben umgestellt werden. Tauschen zwei Programme Daten aus, so muß deren Umstellung synchronisiert werden, um zu vermeiden, daß die erfolgreiche Umstellung eines Programms dazu führt, daß der Austausch mit dem zweiten, noch nicht umgestellten Programm nicht mehr funktioniert. Allein die Umstellung auf die Erfordernisse der Jahr-2000-Tauglichkeit erfordert folglich das Management der verschiedenen Versionen einzelner Bestandteile und das Management der aus verschiedenen Versionen der Bestandteile bestehenden Konfigurationen.

Vollends unverzichtbar wird das Versions- und Konfigurationsmanagement in dem Moment, in dem man sich vergegenwärtigt, daß die eingesetzte Software nicht eingefroren werden kann. Abbildung 7.1 zeigt den Idealzustand des Einfrierens der auf das Jahr 2000 vorzubereitenden Software. Das betroffene System wird weiter eingesetzt, eine Kopie des Systems wird Jahr-2000-tauglich gemacht, und anschließend wird das eingefrorene System ersetzt.

Das Einfrieren eines Softwaresystems, während es parallel geändert wird, ist meistens nicht möglich, da aus dem Betrieb des Softwaresystems Änderungswünsche entstehen, die entweder auf Fehler, auf neue Anforderungen oder auch auf gesetzlich bedingte Änderungsnotwendigkeiten zurückgehen. Da zumindest bei gesetzlich bedingten Änderungserfordernissen und Fehlern Änderungen nicht aufgeschoben werden können, ist das Einfrieren eines Softwaresystems für die Dauer der Jahr-2000-Umstellung nicht möglich. Statt dessen müssen Änderungen an dem produktiv eingesetzten System vorgenommen werden, obwohl Umstellungsänderungen an der gleichen Software geschehen.

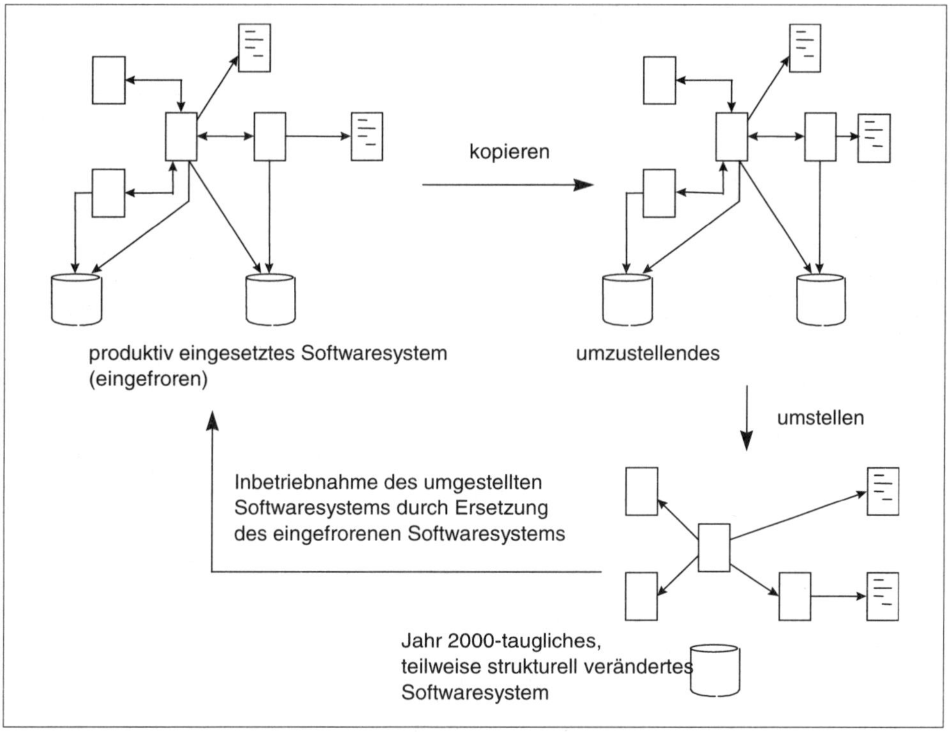

Abb. 7.1: Vorgehen auf der Basis des Einfrierens eines Softwaresystems

Um zu vermeiden, daß aufgrund dieser Erfordernisse sowohl inhaltliche Änderungen als auch Umstellungsänderungen zu zwei auseinanderlaufenden Softwareversionen führen, sollte das Softwaresystem nicht als Ganzes zur Jahrhundertumstellung freigegeben werden, sondern es sollten einzelne Teile eingefroren, umgestellt und wieder ins produktive System integriert werden.

Die Änderungen, die aus inhaltlicher Sicht an diesen Teilen während der Jahrhundertumstellung erforderlich werden, müssen nachgepflegt werden und die solchermaßen »aus zwei Richtungen« geänderten Softwarekomponenten in das produktiv eingesetzte Softwaresystem integriert werden.

Auf diese Weise ist eine Verkürzung der Zeiträume möglich, in denen aus zweierlei Richtungen Änderungen auftreten, so daß der Mehraufwand deutlich geringer gehalten werden kann, als wenn eine komplette Version des eingesetzten Softwaresystems umgestellt und dann wieder in Betrieb genommen werden soll.

Abbildung 7.1 veranschaulicht das Vorgehen bei einem solch kompletten Einfrieren. Sie zeigt, daß bei diesem Vorgehen ein relativ hoher manueller Aufwand zum Mischen von unabhängig voneinander geänderten Softwareversionen entsteht.

Nur durch dieses Mischen entsteht Software, die sowohl die letzten Funktionalitäten enthält als auch Jahr-2000-tauglich ist.

Abbildung 7.2 zeigt das Vorgehen bei der inkrementellen Umstellung. Sie veranschaulicht, daß nur einzelne Komponenten für kürzere Fristen eingefroren werden müssen und daß die während dieser kürzeren Jahr-2000-Umstellungszeiträume auftretenden Änderungen einfacher integriert werden können. Im rechten oberen Teil von Abbildung 7.2 sind die eingefrorenen Komponenten schraffiert dargestellt. Änderungen an den nicht eingefrorenen Komponenten können ohne Seiteneffekte auf die Umstellung vorgenommen werden und fortlaufend ins Produktivsystem integriert werden. Änderungen an den eingefrorenen Komponenten werden nach dem Schema aus Abbildung 7.2 nicht direkt durchgeführt, sondern so lange protokolliert, bis die Jahr-2000-Umstellung der eingefrorenen Komponenten abgeschlossen ist. Nach der Umstellung werden diese Änderungen realisiert und ins Produktivsystem integriert.

Bei der inkrementellen Umstellung ist es wesentlich, die geeigneten Konfigurationseinheiten zu identifizieren. Eine Konfigurationseinheit muß so beschaffen sein, daß sie als eine Teilsoftware sinnvoll umgestellt werden kann. Sie darf andererseits nicht größer als erforderlich sein, denn dann tritt das Problem des Mischens von Änderungen in einem höheren als notwendigen Maß auf. In Abbildung 7.2 sind die zur Umstellung identifizierten Komponenten grau dargestellt. Änderungen an diesen Komponenten, die nicht aufgrund der Jahr-2000-Umstellung auftreten, werden so lange verschoben, bis die umgestellten Komponenten wieder ins Produktivsystem integriert worden sind.

Unabhängig von der Größe der umzustellenden Konfigurationseinheiten ist es erforderlich, aktuelle Versionen dieser Konfigurationseinheiten zu verwalten, gegeneinander abzugleichen und Änderungen an einzelnen Versionen aufzuzeichnen. Dies wird durch ein Konfigurationsmanagementsystem oder ein Versionskontrollsystem geleistet. Die Systeme befreien Menschen von Routinearbeit, die sich bei der Erstellung von Versionen, dem Ein- und Auschecken von Versionen und Programmteilen ergeben, und sorgen so dafür, daß Fehlerquellen ausgeschlossen werden.

Wie bereits erwähnt, muß zu Beginn die aktuelle Version der Software beiseite gelegt werden, um sie im Sinne der Jahr-2000-Umstellung zur Verfügung zu haben. Hierbei stellt sich schon die allererste Frage, ob nämlich das aktuell im Einsatz befindliche Kompilat (also der eingesetzte Object Code) aus den zur Verfügung stehenden Ressourcen generiert werden kann. Neben diesem grundlegenden Versionsproblem, hat das Konfigurationsmanagement in Jahr-2000-Projekten vor allem das Problem der Änderungen aus zwei Richtungen zu beachten. Somit sind die Erfordernisse des Konfigurationsmanagements technisch komplizierter als in »normalen« Entwicklungs- und Erweiterungsprojekten.

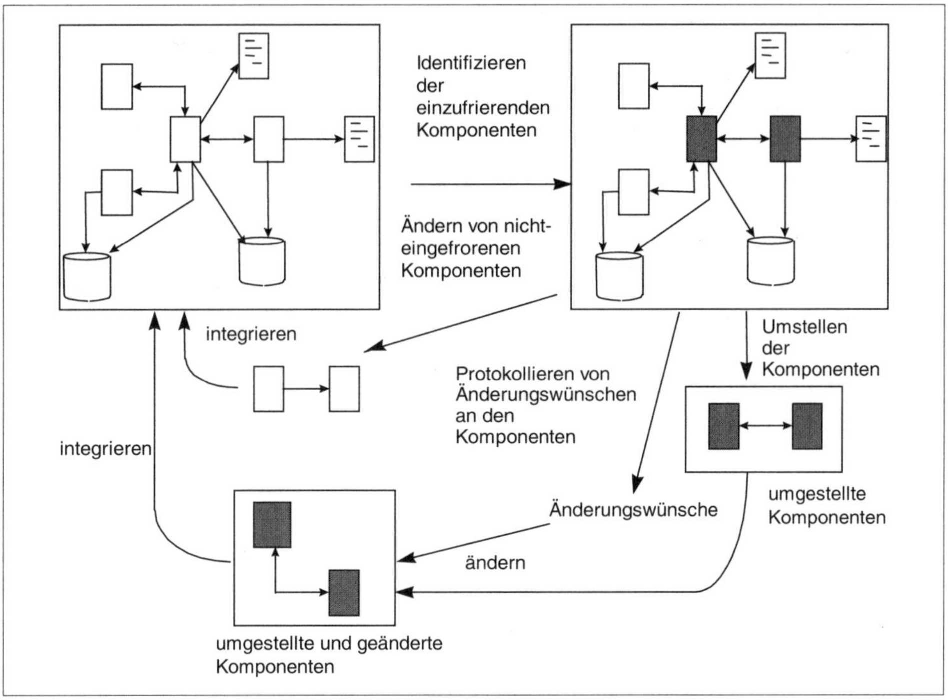

Abb. 7.2: Vorgehen bei der inkrementellen Umstellung

Die Wichtigkeit des Konfigurationsmanagements und der Versionskontrolle wollen wir im folgenden mit Hilfe einiger grundlegender Begriffe in aller Kürze erörtern, ohne einen umfassenden Einstieg in die Themen des Konfigurationsmanagements und der Versionskontrolle zu geben. Detailliertere Betrachtungen zu diesem Thema sind beispielsweise in [Buck95] zu finden.

Grob vereinfacht gibt es die Disziplin des Konfigurationsmanagements schon seit 50 Jahren. Ihr Zweck ist es, die Integrität eines Produktes durch dessen Entwicklungs- und Funktionszyklus sicherzustellen. Konfigurationsmanagement war ursprünglich auf die Hardwareproduktion oder auch die Produktion anderer materieller Güter beschränkt. Heutzutage wird Konfigurationsmanagement insbesondere auch im Bereich der Software zu einem wichtigen Thema. Dies ist insbesondere deshalb der Fall, weil gerade die »weiche« Natur von Software Ursache für ihre vielfältige und oft ungeordnete Manipulation ist. Die Konsequenzen und Seiteneffekte solcher Ad-hoc-Änderungen erschließen sich dem Betrachter nicht immer unmittelbar. Konfigurationsmanagement innerhalb eines Softwareprojektes stellt sicher, daß nicht von verschiedenen Stellen Änderungen vorgenommen werden, ohne daß diese Änderungen explizit gemacht werden. Auf diese Art und Weise wird die Verschwendung von Ressourcen vermieden, die zwangsläufig ist, wenn Modifikationen eines Programmierers durch Modifikationen eines zweiten Programmierers überschrieben werden.

Unter einer Konfiguration verstehen wir eine Menge von Versionen von Konfigurationseinheiten. Jede einzelne Einheit kann hierbei in Form von verschiedenen Versionen vorliegen, es kann also Versionen von einzelnen Modulen, Funktionen und Programmteilen geben. Das Zusammenfügen von Versionen dieser Einzelteile gemäß den im Entwurf festgelegten Konstruktionsbeziehungen führt zu einer Konfiguration des Gesamtsystems. Handelt es sich beispielsweise um ein integriertes System, das Software und Hardware umfaßt, so gibt es eine Konfiguration dieses Gesamtsystems, wobei sowohl die Software in einer bestimmten Version als auch die Hardware in einer bestimmten Version vorliegt (natürlich kann auch das Softwaresystem und das Hardwaresystem selbst aus vielen Konfigurationseinheiten bestehen, die dann ihrerseits in bestimmten Versionen vorliegen).

Die Gegenstände des Konfigurationsmanagements sind damit:

- Identifikation und Dokumentation der funktionalen Bestandteile von Konfigurationseinheiten.
- Betrachtung und Überprüfung der Konfigurationseinheiten, um deren Entsprechen zur Spezifikation, zur Schnittstellenbeschreibung und anderen Anforderungen sicherzustellen.
- Kontrolle von Änderungen von Konfigurationseinheiten und deren zugehöriger Dokumentation.
- Aufzeichnungen und Zusammenfassungen und Bereitstellung von Informationen, die gebraucht werden, um Konfigurationseinheiten zu handhaben, inkl. des Status einer vorgeschlagenen Änderung und dem Implementierungsstatus einer bewilligten Änderung.

Für jedes Projekt muß der Grad und die Granularität des Konfigurationsmanagements individuell bestimmt werden. Zu feingranulares Konfigurationsmanagement bedeutet die Identifikation zu vieler eigenständiger Konfigurationseinheiten und damit einen unangemessenen Overhead, der wenig Ergebnis im Vergleich zum Aufwand verspricht. Zu grobgranulares Konfigurationsmanagement bedeutet zu große Konfigurationseinheiten und damit, daß die Parallelität der Änderungen von vornherein eingeschränkt ist und daß es die Tendenz gibt, parallel an einzelnen Konfigurationseinheiten zu ändern. Dies wiederum kann leicht zu einer Gefährdung des gesamten Projektfortschritts führen.

Die Effizienz in Jahr-2000-Projekten hängt aufgrund der hohen Parallelitätsanforderungen in hohem Maße davon ab, daß passende Konfigurationseinheiten identifiziert werden. Im Widerstreit zwischen zuviel und zu wenig Konfigurationsmanagement sollte in Jahr-2000-Projekten das Pendel deshalb in aller Regel zu dem

»nicht-zu-viel«- aber immerhin »genug« Konfigurationsmanagement ausschlagen. Auch wenn sich allein hieraus die Notwendigkeit des Konfigurationsmanagements ergibt, möchten wir im folgenden einige der üblichen Argumente gegen Konfigurationsmanagement entkräften, da sie gerade im Kontext von Jahr-2000-Projekten immer wieder angeführt werden und da ihre Befolgung katastrophale Auswirkungen haben kann.

1. Argument:

»Meine Entwickler wissen, was sie tun, sie arbeiten seit ewigen Zeiten an ihren Programmen, sprechen miteinander und wissen, wie welche Änderungen zu realisieren sind.«

Dieses Argument ist offensichtlich wenig sinnvoll, insbesondere dann, wenn Jahr-2000-Projekte erhöhte Parallelitätsanforderungen und möglicherweise den Einsatz eines zweiten, parallel arbeitenden Teams erfordern. Hier ist dann die persönliche Kommunikation nicht mehr sichergestellt, und selbst wenn sie das wäre, ist die persönliche Kommunikation sicherlich fehleranfälliger als die automatischen Mechanismen eines werkzeuggestützten Konfigurationsmanagements. Im Falle des »Outsourcens« von Umstellungsarbeiten an externe Partner ist das Funktionieren der persönlichen Kommunikation kaum zu gewährleisten.

2. Argument:

»Ich muß nur so wenige Komponenten und diese auch nur so selten ändern, daß ein komplexes Konfigurationsmanagement ein Overhead ist, der sich nicht rechnet.«

Auch dieses Argument trägt wenig angesichts der vielfältigen Komponenten (Software, Auswertungen, Masken, Dateien, in Datenbanken gespeicherte Objekte), die von Jahr-2000-Umstellungen betroffen sind.

3. Argument:

»Die Konfigurationseinheiten, die identifiziert werden können, sind ohnehin so groß, daß nur einige wenige daran arbeiten können. Konfigurationsmanagement mit der Zielsetzung kleinere Konfigurationseinheiten zu identifizieren, kann also gar keinen Sinn ergeben.«

Auch dieses Argument trägt wenig, denn der mögliche Erfolg einer Jahr-2000-Umstellung hängt zwangsläufig davon ab, daß viele, oft mechanische Arbeit in paralleler Art und Weise durchgeführt werden kann. Erlaubt die Wahl bestimmter Konfigurationseinheiten nicht die erforderliche Parallelität, dann ist die getroffene Wahl falsch. Bei der Wahl von Konfigurationseinheiten ist immer zu berücksichtigen, daß die passende Granularität nicht nur aus Gründen der Änderungssicherheit erforderlich ist, sondern schon allein deshalb, um mit der festen Deadline Jahr-2000 vor Augen den nötigen Aufwand in entsprechend kurzer Zeit überhaupt leisten zu können.

Ein gutes Konfigurationsmanagement-Werkzeug ermöglicht nicht nur die Verwaltung einzelner Konfigurationseinheiten, deren Änderungskontrolle und die Bereitstellung von Informationen zum Status der einzelnen Änderungen und Implementierungen, sondern bietet einige zusätzliche Funktionalitäten, wie zum Beispiel:

- *Code Tracking:* Mittels der Code-Tracking-Funktionalität ist es möglich festzustellen, wer seit wann an welchen Komponenten arbeitet. Aufgrund dieser Information können Synchronisationszeitpunkte von Komponenten kalkuliert werden (Koordinierungshilfe), so daß die Kooperation in der Bearbeitung verschiedener Komponenten unterstützt wird.
- *Unterstützung in der Integration:* Ein Konfigurationsmanagement-Werkzeug unterstützt das Zusammenbinden der einzelnen Versionen zu Konfigurationen. Wenn verschiedene Komponenten geändert worden sind, bedeutet deren Integration eine schwierige Aufgabe, da sie in der richtigen Reihenfolge und unter Ausführung der richtigen Testfälle zu geschehen hat. Ein Konfigurationsmanagement-Werkzeug bietet in dieser Integration Unterstützung, indem es sowohl die Reihenfolge der Integration als auch die unbedingt durchzuführenden Testaktivitäten angibt.
- *Berichtswesen in der Fehlerentdeckung und -verfolgung:* Das Berichtswesen für Fehler und die Verfolgung von Fehlern stellt sicher, daß Fehler systematisch weitergeleitet und bearbeitet werden. Dem verantwortlichen Entwickler wird eine Übersicht über die dringend zu erledigenden Fehler und Probleme geboten. Der Release-Verantwortliche kann auf diese Art und Weise planen, wann ein Release möglich ist oder wann eine fehlerbeseitigende Nachinstallation vorgenommen werden kann. Die Gesamtübersicht über die aufgetretenen Fehler und deren Beseitigungszustand bietet die Möglichkeit, Anwendern gegenüber zuverlässige Aussagen über neue System- und Releasestände zu geben.

7.2.4 Softwareüberbrückung

Die inkrementelle Umstellung von Software und das möglichst kurze Einfrieren von Softwareteilen zum Zwecke der Umstellung bedeutet, daß umgestellte Softwarekomponenten so schnell wie möglich wieder ins produktive System integriert werden. Das wiederum bedeutet, daß umgestellte Komponenten mit noch nicht umgestellten Komponenten integriert werden müssen. Eine solche Integration kann prinzipiell folgendermaßen realisiert werden:

- Den noch nicht umgestellten Komponenten wird vorgegaukelt, daß die anderen Komponenten zweiziffrige Jahresangaben verarbeiten und bereitstellen. Insgesamt wird also so getan, als sei noch keine Umstellung erfolgt. Abbildung 7.3 enthält eine umgestellte Komponente c1, die mit den noch nicht umgestellten Komponenten c2 und c3 in Verbindung steht. Die vierziffrigen Ergebnisse der Komponente c1 werden durch die Brücken c1-c2 und c1-c3 auf ein zweiziffriges Format reduziert, so daß die nicht umgestellten Komponenten noch wie vor der Umstellung funktionieren.
- Den umgestellten Komponenten wird vorgegaukelt, daß sie mit vierziffrigen Jahresangaben versorgt werden und daß entsprechende Ergebnisse auch im vierziffrigen Format weiterverarbeitet werden können. Die Brücken c1-c2 und c1-c3 aus Abbildung 7.3 erweitern die von den nicht umgestellten Komponenten c2 und c3 gelieferten zweiziffrigen Jahresangaben um die Jahrhundertangabe 19 und versorgen c1 anschließend mit der erwarteten vierziffrigen Jahresangabe.
- Die umgestellten Komponenten sind so realisiert, daß sie sowohl zweiziffrige als auch vierziffrige Jahresangaben verarbeiten können. Das Format ihrer Ergebnisse kann per Parameter eingestellt werden. In diesem Fall stecken, die in den Fällen 1 und 2 erforderlichen Brücken bereits in der Umstellung.

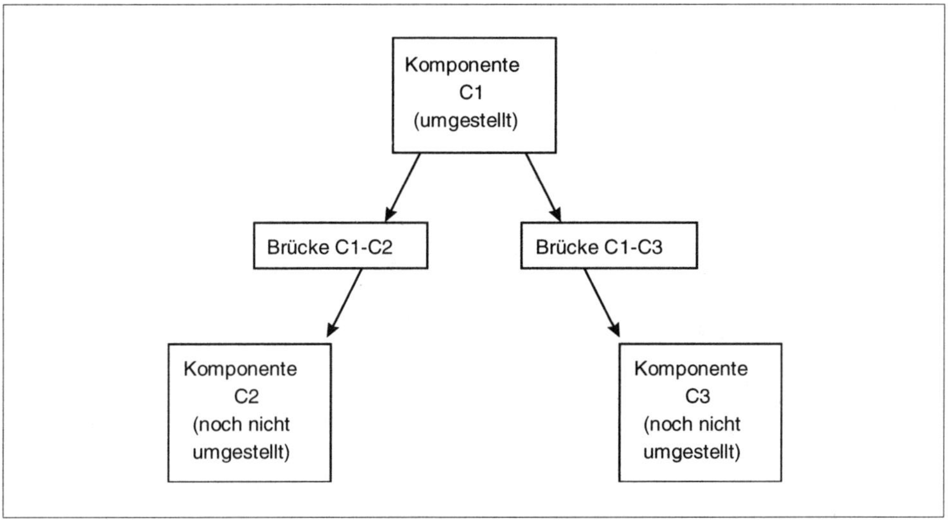

Abb. 7.3: Verwendung von Brücken zwischen umgestellten und nicht umgestellten Komponenten

Aufgrund der massiven Änderungsanforderungen eines Jahr-2000-Projektes und aufgrund der Tatsache, daß eine umfassende Änderung nicht plötzlich und simultan erreicht werden kann, müssen verschiedene Überbrückungsroutinen eingebaut werden. Eine solche Überbrückungsroutine unterstützt den Änderungsprozeß dadurch, daß sie sicherstellt, daß die Schnittstellen zwischen geänderten Modulen und Komponenten und den noch nicht geänderten Modulen und Komponenten keine fehlerhaften Ergebnisse liefern.

Der Einsatz solcher Überbrückungsroutinen muß sorgfältig verfolgt werden, um zu gewährleisten, daß nach Abschluß der Änderungen keine Überbrückungsroutinen zurückbleiben und ggf. die Performanz des Softwaresystems maßgeblich verschlechtern.

Ein besonderes Überbrückungsproblem tritt auf, wenn umzustellende Software mit anderer Software Daten austauscht, die sich nicht im direkten Zugriff des umzustellenden Unternehmens befindet. In dieser Situation sind externe Brücken erforderlich. Abbildung 7.4 zeigt eine Situation, in der eine umgestellte, intern genutzte Software mit anderer Software in anderen Unternehmen Daten austauscht. In Beziehungen zwischen solchermaßen verteilter Software ist es in der Regel erforderlich, während der Umstellung auf einer der betroffenen Seiten, die betroffene Software mit einer Schnittstelle für zweiziffrige Jahresangaben und mit einer für vierziffrige Jahresangaben zu versehen. Abbildung 7.4 zeigt das Schema einer solchen Softwarestruktur. Ist die Software komplett umgestellt (was bei einer verteilten Umstellung in verschiedenen Unternehmen meist länger dauert und weniger synchron erfolgt als im Fall der Umstellung der unternehmensinternen Software), können die zusätzlichen Brücken komplett beseitigt werden.

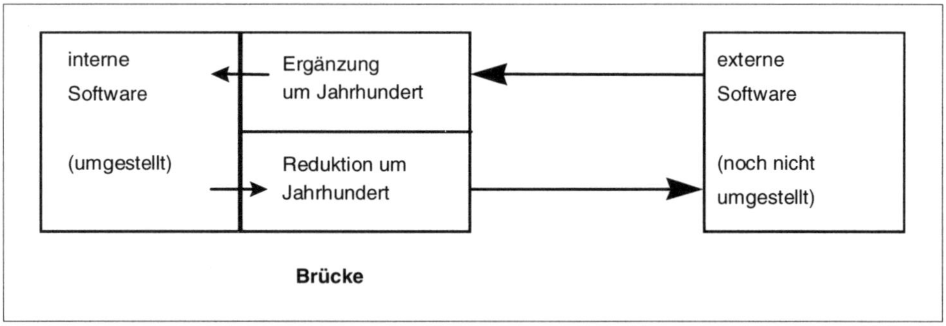

Abb. 7.4: Externe Brücken zwischen Software an verschiedenen Standorten

7.4 Verschiedene Techniken zur Sicherstellung der Jahr-2000-Tauglichkeit

Die allererste Frage bei der Herstellung der Jahr-2000-Tauglichkeit ist die, inwiefern die Anwendungsprogramme geändert werden müssen und inwiefern die Daten (abgelegt in Dateien und Datenbanken) angepaßt werden müssen. Bei der Änderung von Daten wird jede zweistellige Jahrhundertangabe durch eine vierstellige ersetzt. Die Programme, die diese erweiterten Daten ändern, werden entsprechend angepaßt. Soll auf eine Änderung existierender Daten verzichtet werden, besteht alternativ die Möglichkeit, datenseitig weiterhin mit zweiziffrigen Jahresangaben zu arbeiten und die Jahrhundertangabe durch zusätzliche Programmteile zu expandieren.

Andere Möglichkeiten zur Sicherstellung der Jahr-2000-Tauglichkeit bei der eingesetzten Software bestehen in lokalen Restrukturierungsmaßnahmen, in objektorientierten Restrukturierungsmaßnahmen oder auch im Reengineering einzelner Softwareteile.

7.4.1 Die Datumsexpansion (Datenansatz)

Die Daten werden geändert und die Programme werden entsprechend angepaßt. Das bedeutet, daß im Zuge der Datumsexpansion jede zweiziffrige Angabe eines Jahrhunderts durch eine vierziffrige ersetzt wird. Dies betrifft sowohl Variablennamen als auch gespeicherte Daten innerhalb von Datenbanken oder in Dateien. Abbildung 7.5 skizziert das Vorgehen bei der Datumsexpansion.

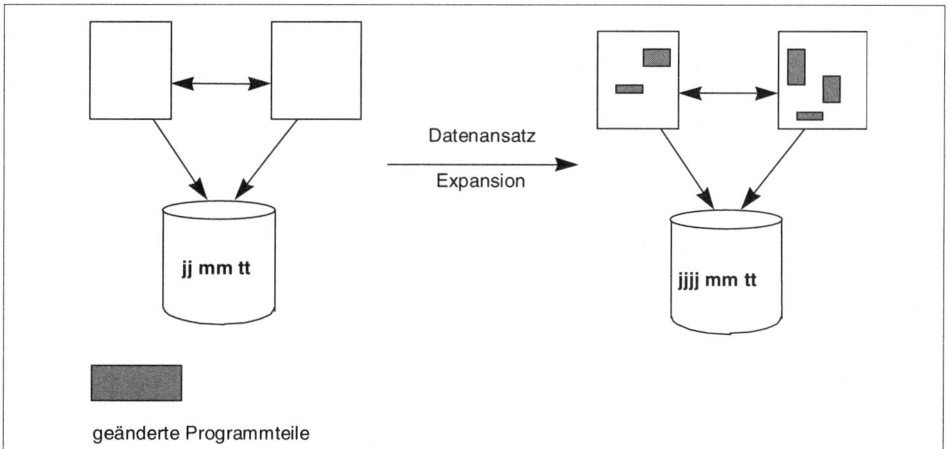

Abb. 7.5: Vorgehen bei der Datumsexpansion

7.4.2 Der Programmansatz

Wenn Daten unverändert bleiben sollen und dennoch an den Schnittstellen nach außen der Eindruck erweckt werden soll, daß mit vierziffrigen Jahrhundertangaben gearbeitet wird, so muß die Jahrhundertangabe programmintern durch Interpretation ergänzt werden. Diese Expansion beruht auf der Interpretation des Kontextes, d.h., daß je nach Werten und Verarbeitungssituationen darauf geschlossen wird, in welchem Jahrhundert das betreffende Datum liegt. Zu dieser Interpretation wird innerhalb der verwendeten Programme ein algorithmischer Teil ergänzt, der das Jahrhundert bestimmt. Im einfachen Fall kann ein solches Programmteil folgendermaßen aussehen:

if year < 60 move 20 to century, else move 19 to century

Die ohne Datenänderungen arbeitenden Programmänderungen basieren letztlich alle auf der Extrapolation der Jahrhundertangabe. Im allereinfachsten Fall (siehe oben) wird ein statisches Fenster definiert (im Beispiel deckt es den Bereich von 1960 bis 2059). Diese Fenstertechnik basiert auf der Annahme, daß Abschnitte von jeweils 100 Jahren in der Software bearbeitet werden. Eine weitere Annahme ist, daß die softwareinterne Repräsentation von Daten nicht durchgängig geändert werden soll, daß es aber andererseits auch erforderlich ist, an bestimmten Stellen mit vierziffrigen Jahresangaben zu arbeiten.

Um die vollständige interne Umstellung zu vermeiden, wird das Jahrhundert an bestimmten Stellen extrapoliert, d.h. es wird ergänzt, so daß an diesen Stellen eine vierziffrige Jahresangabe auftaucht. Typische Stellen, an denen eine solche Ergänzung nötig ist, sind Masken, Auswertungen und das Sortieren von Daten, die nicht alle in einem Jahrhundert liegen. Bei der Nutzung solcher Fenster muß an den Extrapolationsstellen für jedes einzelne Datum interpretiert werden, in welchem Jahrhundert es liegt.

Abbildung 7.6 skizziert das Vorgehen bei der interpretativen Ergänzung der Jahrhundertangabe.

Die Annahme einer fixen Grenze (im obigen Beispiel die Grenze 60) an der zwei Jahrhunderte unterschieden werden, hat den Nachteil, daß diese Grenze mit der Lebensdauer der Software geändert werden muß. Bei der Verwendung von Jahrhundertfenstern wird eine Spanne von 100 Jahren definiert, innerhalb derer sich die zweiziffrige Darstellung bewegt. Wenn diese Spanne im Programm fix codiert ist – wie die 60 in dem genannten Beispiel – spricht man von einem fixierten Fenster (static window).

Aus dieser Definition ergibt sich, was ein dynamische Fenster (sliding window) ist. Es ist ein Jahrhundertfenster mit einer Grenze zur Unterscheidung der Jahrhunderte, die für jeden Programmlauf unterschiedlich bestimmt werden kann.

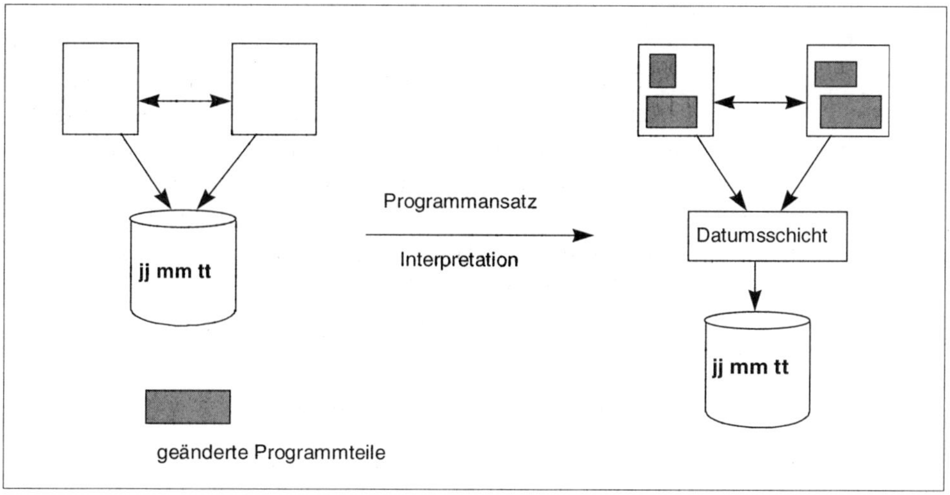

Abb. 7.6: Vorgehen im Programmansatz (Interpretation)

In der Regel hängt die Grenze von dem Jahr ab, in dem das Programm läuft. Zum Beispiel kann man annehmen, daß diese Grenze 20 Jahre vor dem Jahr liegt, in dem das Programm abläuft. Konkret bedeutet dies, daß – wenn das Programm 1996 läuft – die Grenze zur Jahrhundertunterscheidung die 76 ist, so daß das dynamische Fenster von 1976 bis 2075 reicht. Läuft das Programm demgegenüber im Jahre 2001, bewegt sich das dynamische Fenster von 1981 bis 2080.

Die Fenstertechnik kann nicht angewendet werden, wenn Berechnungen mit Daten angestellt werden, deren Ergebnisse größer als 99 sein können. In solchen Fällen läßt sich die zweiziffrige Jahresangabe nicht zweifelsfrei zu einer vierziffrigen ergänzen. Die Fenstertechnik (unabhängig davon, ob es sich um fixierte oder dynamische Fenster handelt) kann beispielsweise nicht angewendet werden, wenn Berechnungen mit Geburtsdaten durchgeführt werden, da es in einem Jahr *THZE* (THZE = Tausenderziffer, Hunderterziffer, Zehnerziffer, Einerziffer; zum Beispiel 1996, T=1, H=9, Z=9, E=6) nicht eindeutig feststellbar ist, ob die zweiziffrige Jahresangabe *ZE-2* (zum Beispiel 94) als *THZE-2* (1994) oder als *THZE-102* (1894) zu interpretieren ist.

Neben der Fenstertechnik gibt es andere Verfahren zur interpretativen Ermittlung der Jahrhundertangabe. Diese basieren auf der Berücksichtigung inhaltlicher Nebenbedingungen. Eine Person mit Geburtsjahr 94, die seit 20 Jahren Mitglied einer Versicherung ist, ist offensichtlich im Jahr 1894 geboren. Diese Offensichtlichkeit ergibt sich aus der Betrachtung der semantischen Information zu dieser Person.

Eine einfache Interpretationsregel zur Ergänzung einer zweiziffrigen Jahresangabe ZE, die ein Geburtsjahr repräsentiert, ist beispielsweise die folgende:

if ZE < 50 und Sozialversicherungsnummer > XX then TH = 20 else TH = 19

Gemäß dieser Regel wird angenommen, daß Geburtsjahre im 21. Jahrhundert liegen, wenn die zweiziffrige Jahresangabe kleiner als 50 ist und wenn die betroffene Person eine Sozialversicherungsnummer hat, die größer als eine bestimmte Grenze ist. Ist die Sozialversicherungsnummer kleiner, wird angenommen, daß es sich um ein Geburtsjahr im 20. Jahrhundert handelt.

Während die Auswertung solcher Nebenbedingungen in den allermeisten Fällen zu den richtigen Informationen führt, bleibt eine gewisse Fehleranfälligkeit, da es nicht immer Angaben zu den Nebenbedingungen gibt und da es zumeist Randfälle gibt, die durch die Interpretationsregeln fehlinterpretiert werden.

Nachfolgend ein Beispiel für den Programmansatz:

```
***  SONDERLOESUNG ABTEILUNG 960 / 961 / 962

DPS    MOVE CCX-JJ  TO C1-DATUM-JJ.
DPS    IF C1-DATUM-JJ > 79
DPS      MOVE 1 TO C1-DATUM-C
DPS    ELSE
DPS      MOVE 2 TO C1-DATUM-C.
   *
       IF      AG-UKZ-PR     =      010
               AND
DPS  *            CCX-JJ       >       88
DPS             ( CCX-JJ  > 88    OR   C1-DATUM-C = 2  )
          IF      AG-ABT-PR       >       960
                  AND
                  AG-ABT-PR      <       970
              GO       TO           1000-LESDV.
   *
   * ABTEILUNGEN < 100 WERDEN BEI UKZ 10 AUF NULL (FEHLERABT)
   * UMGESETZT BZW UEBERLESEN.
   *
```

Die Originalzeile im Programm (markiert mit DPS *) wurde hier ersetzt durch die Zeilen, die mit DPS markiert sind. Der Programmansatz funktioniert in diesem Beispiel folgendermaßen:

1. Der Wert in CCX-JJ wird transferiert zu der Variablen C1-DATUM-JJ
2. Der Wert in C1-DATUM-JJ wird gemäß dem Basisalgorithmus (20:80-Regel). Dies bedeutet, daß alle Jahreszahlen größer 79 auf 1900 hin deuten d.h. 1980, 1982...1999 etc. Alle anderen Jahreszahlen zwischen 00 und 79 deuten auf 2000 hin d.h. 2000, 2001...2079 etc.
3. C1-DATUM-C ist eine Variable für das Jahrhundert und bekommt den Wert 1 für 1900 oder 2 für 2000 basierend auf der 20:80-Regel.
4. Die nächste Cobol-Zeile ›CCX-JJ>88‹ ist vom Programm entfernt worden.

In den Zeilen

```
          IF     AG-UKZ-PR    =     010
                        AND
DPS *         CCX-JJ      >     88
```

werden zwei Zustände geprüft. Der Wert von AG-UKZ-PR ist gleich 010 und der Wert CCX-JJ ist größer 88.

Der Zustand CCX-JJ >88 ist jedoch nicht ausreichend, um das Jahrhundert zu erkennen. Deshalb wurde folgende Zeile eingefügt, um das Jahrhundert zusammen mit dem Jahr zu erkennen:

```
DPS          ( CCX-JJ > 88   OR   C1-DATUM-C = 2 )
```

In der obigen Zeile, wenn der Wert in CCX-JJ größer als 88 ODER der Jahrhundertwert gleich 2 ist, können die nachfolgenden Zeilen ausgeführt werden.

7.4.3 Restrukturierung

Die bevorstehenden Maßnahmen zur Vorbereitung von Software auf den Jahrhundertwechsel können – je nach Menge, Dokumentation und Strukturierung der betroffenen Software – einen Aufwand erfordern, der es rechtfertigt, die Datumsumstellung im Kontext weitergehender Software-Strukturierungsmaßnahmen zu betrachten. Grundlegende Fragestellung hierbei ist, ob das Ändern von Software im Hinblick auf das Jahr 2000 nicht mit anderen Änderungs- und Anpassungsaufwänden verbunden werden sollte, zum Beispiel mit möglicherweise ohnehin anstehenden EURO-Änderungen.

Eine solchermaßen kombinierte Restrukturierung ist nicht immer möglich, denn allein die Datumsumstellung wird in aller Regel schon eine Konzentration aller verfügbaren Ressourcen erfordern, so daß an zusätzliche Aufgaben nicht zu denken ist. Diejenigen Unternehmen, die jedoch früh genug mit der Datumsumstellung beginnen, können die Gelegenheit nutzen, Datumsumstellungen mit anderen, möglicherweise weitergehenden Verbesserungen der Softwarestruktur zu verbinden.

Wenn die eingesetzte Software nicht nur ins neue Jahrhundert gerettet werden soll, sondern auch mittelfristig das Rückgrat der IT-Infrastruktur sein soll, dann bietet es sich an, unumgängliche Änderungen der datumsrelevanten Aspekte mit weitergehenden Strukturierungsverbesserungen zu verbinden. Das Motto hierbei muß sein, daß Software, die sowieso detaillierter betrachtet werden muß, dann auch gleich so verbessert werden sollte, daß auch zukünftige Änderungen vereinfacht werden.

Die Vorteile der Einbindung der Jahr-2000-Aufwendungen in andere Restrukturierungsmaßnahmen (wie zum Beispiel der Strukturverbesserung durch nachträgliche Modularisierung oder auch nur der Vervollständigung der Dokumentation) bietet die Gelegenheit, die betroffene Software nur einmal »anzufassen« und dabei dann gleich unter Berücksichtigung aller erforderlichen Verbesserungen zu ändern.

Leider ist ein solch umfassender Restrukturierungsansatz nicht in allen Fällen möglich. Er kann auch nur dann zu einem erfolgreichen Abschluß geführt werden, wenn sichergestellt ist, daß die Jahr-2000-Änderungen auch bei ungünstigem Projektverlauf vor dem Jahrhundertwechsel beendet sind. Ist dies nicht gewährleistet, dann bedeutet die gleichzeitige Berücksichtigung anderer Verbesserungsmaßnahmen eine unverhältnismäßige Risikoerhöhung.

Abgesehen davon ist natürlich offensichtlich, daß jede Investition in alte Software die Entscheidung zu deren Ablösung (egal ob sukzessiv oder komplett) auch zukünftig schwerer macht, weil das allgegenwärtige Argument des Investitionsschutzes umso schwerer wiegt, je höher die Investitionen waren.

Wenn eine gründliche Restrukturierung nicht möglich ist, ist es in aller Regel dennoch effizient, durch lokal begrenzte Restrukturierungen den Aufwand einer Umstellung zu reduzieren. Dies kann beispielsweise gelingen, indem bestimmte Programme gezielt entkoppelt werden. Ein Beispiel, in dem die Restrukturierung zu einer sinnvollen Entkopplung beitragen kann, ist eine Situation, in der wechselseitige Abhängigkeiten zwischen zwei oder mehr Programmen bestehen. In einer solchen Situation steigt der Testaufwand mit der Kombination aller möglichen Parameterbelegungen. Diese Testaufwände können deutlich reduziert werden, wenn die Entkopplung zu azyklischen Aufrufstrukturen führt, denn in diesem Fall können aufgerufene Komponenten einzeln getestet werden und nach Abschluß dieser Tests können aufrufende Komponenten gemäß ihrer Parameterbelegung getestet werden. Auf diese Art und Weise kann der kombinatorische Testaufwand deutlich reduziert werden, so daß eine gezielte Entkopplung schon schnell effizient wird.

Abbildung 7.7 zeigt im linken Teil eng gekoppelte Programme, deren kompletter Test

l * m * n

verschiedene Testfälle umfaßt, die auf die Belegung der unterschiedlichen Parameter zurückgeht. Im rechten Teil von 7.7 sehen wir die funktional gleichen Programme nach ihrer Entkopplung. Die Aufrufstruktur ist azyklisch, so daß durch den getrennten Test der entkoppelten Module nur noch eine deutlich reduzierte Menge von

l* m + l + m + n

Testfällen zu berücksichtigen ist. Die Reduktion beruht darauf, daß die Basismodule unabhängig voneinander getestet werden können.

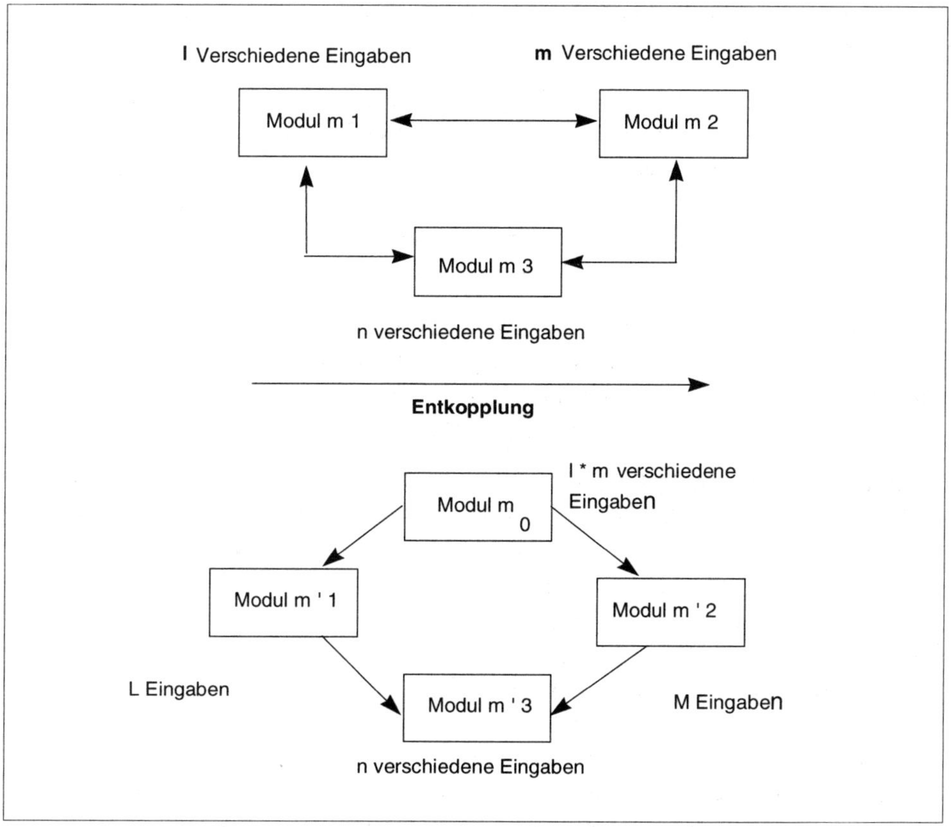

Abb. 7.7: Programme vor und nach ihrer Entkopplung

7.4.4 Objektorientierte Restrukturierung

Auch wenn die Jahr-2000-Umstellung *nur* das Ziel hat, die existierende Software ins neue Jahrhundert zu retten, so sollte der zu leistende Aufwand so erbracht werden, daß die erforderlichen Änderungen zu einer Strukturverbesserung führen und daß das Dokumentationsniveau verbessert wird. Es ist sicherlich möglich, Software auf die Jahrhundertwende vorzubereiten, indem in alle Benutzungsschnittstellen, Auswertungen, Datumsfelder und Algorithmen Jahrhundertangaben eingebaut werden, wobei dieser Einbau auf die schnelle Lösung des lokalen Problems, nicht aber auf eine strukturell sinnvolle Ergänzung ausgerichtet ist. Beispiele für solche kurzfristigen Lösungen sind in den vorherigen Abschnitten diskutiert worden. Sie sorgen für eine Beseitigung des unmittelbaren Problems, bedeuten jedoch für jede weitere Änderung einen deutlich erhöhten Wartungsaufwand und eine höhere Fehleranfälligkeit. Lokale und kurzfristige Änderungen führen aller Erfahrung nach zu Seiteneffekten, die kaum abgeschätzt werden können. Die Fehlersuche in einer solchermaßen ergänzten Software wird immer schwieriger. Wenn also schon der Weg lokaler Änderungen mit dem ausschließlichen Ziel der Jahrhundertvorbereitung gegangen wird, so sollten die Änderungen mit Blick auf die zukünftige Wartungsfreundlichkeit der entstehenden Software vorgenommen werden.

So ist es beispielsweise ratsam, auch bei der Änderung alter Software moderne Strukturierungsmittel anzuwenden. Das kann beispielsweise bedeuten, daß bei der Datumsumstellung ein neuer Objekttyp Datum eingeführt wird. Dieser Objekttyp kann dann – auch wenn er in wenig strukturierte Software integriert werden muß – als Objekttyp in einem strikt objektorientierten Sinne verstanden werden. Das bedeutet, daß eine solche Typdefinition neben der Definition der statischen Typstruktur auch die dynamischen Anteile in Form von auf Objekte des Typs Datum anwendbaren Operationen umfaßt. Weiterhin sollten Beschränkungen bezüglich der Reihenfolge des Aufrufs dieser Operationen definiert werden.

Abbildung 7.8 charakterisiert den Übergang von alter Software (in der datumsrelevante Aspekte über den ganzen Quellcode verteilt sind) zu Software, in der der Objekttyp Datum die Keimzelle der Objektorientierung ist. Der grau dargestellte Objekttyp Datum im unteren Teil von Abbildung 7.8 wird von den anderen Komponenten aufgerufen. Die vor der Umstellung in über alle Komponenten verstreuten Datumsroutinen sind auf diese Weise in einem Objekttyp zusammengefaßt.

Abbildung 7.9 zeigt eine Implementierung des Objekttyps Datum. Wir erkennen im Rumpf des dargestellten Moduls den Objekttyp und seine Signatur. Im Rumpf sind alle Operationen des Objekttyps Datum realisiert (die Realisierung selbst ist in Abbildung 7.9 ausgelassen.). Diese Operationen umfassen sowohl diejenigen, die exportiert werden und über die Exportschnittstelle anderen Objekttypen zur Verfügung gestellt werden als auch solche, die nur zur Realisierung der exportierten

Operationen verwendet werden (wie beispielsweise die beiden Prädikate *leap-year?* und *valid-date*). Im oberen Teil erkennen wir die Exportschnittstelle dieses Objekttyps. Konkret erscheinen in der Exportschnittstelle die Operationen *read-date, set-date, date-subtract, number-of-days-since, get-current-date, create-date.* Mit ihnen lassen sich die Werte eines Datums in Form einer Zeichenkette ermitteln (read-date), ein bestimmtes Datum läßt sich auf einen bestimmten Wert setzen (set-date), es lassen sich zwei Daten voneinander subtrahieren (date-subtract), es läßt sich die Anzahl der Tage seit einem bestimmten Datum (number-of-days-since) ermitteln, es läßt sich das aktuelle Datum ermitteln (get-current-date), und es läßt sich ein neues Datumsobjekt erzeugen (create-date).

Höherwertige Operationen, wie zum Beispiel die chronologische Sortierung einer Liste von Datumsobjekten, sind in komplexeren Objekttypen angesiedelt. Die Sortierung gehört beispielsweise zum Objekttyp *Liste-von-Daten.* Im unteren Teil von Abbildung 7.9 ist die Importschnittstelle zu erkennen. Sie identifiziert die aufgerufenen Operationen anderer Module (für den Fall der nicht vollständigen Verkapselung anderer Typen handelt es sich auch um Operationen, die von anderen Programmen realisiert werden).

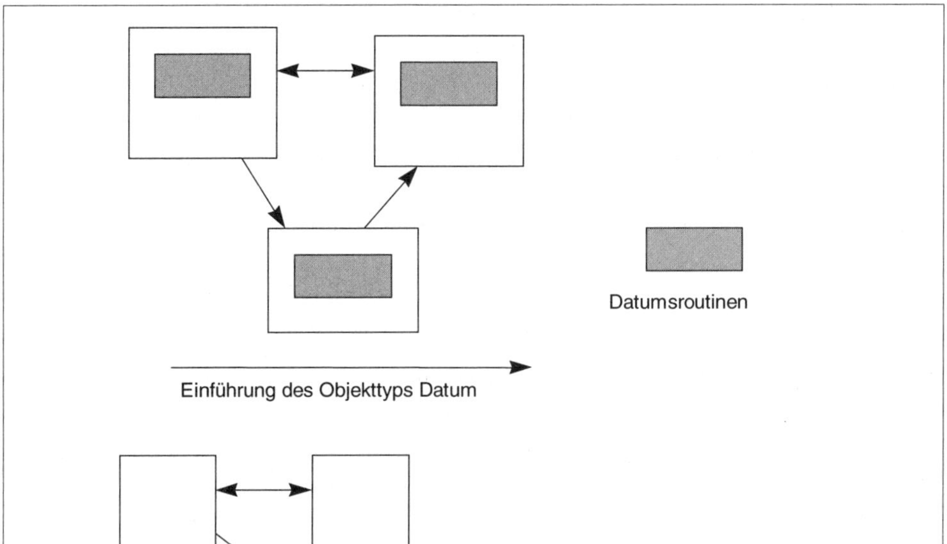

Abb. 7.8: Objekttyp Datum als Keimzelle der Objektorientierung

In der Importschnittstelle erkennen wir Operationen auf weniger abstrakten Objekttypen wie ganzen Zahlen, Zeichenketten und Wahrheitswerten, die genutzt werden, um im Rumpf des Moduls die bereitgestellten Operationen zu realisieren.

Im rechten Teil von Abbildung 7.10 erkennen wir die Software, die entstehen würde, wenn jeder datumsrelevante Aspekt lokal Jahr-2000-tauglich gemacht werden würde. Das Ergebnis ist noch unstrukturierter und schwieriger zu verstehen als die Ausgangssoftware, denn an der großflächigen Struktur ändert sich nichts, aber die lokale interne Struktur der einzelnen Komponenten wird durch die lokalen Änderungen weiter verschlechtert.

```
EXPORT INTERFACE
  read-date, set-date, date-subtract,
  number-of-days-since, get-current-date, create-date
-----------------------------------------------------
BODY

    sort date
    opns: read-date: date -> date
          set-date: date, string ->date
          date-subtract: date, date -> integer
          number-of-days-since: date -> integer
          get-current-date: -> date
          create-date: -> date
          leap-year?: date-> boolean
          valid-date: date-> boolean
    eqns: <Realisierung der opns>
-----------------------------------------------------
IMPORT INTERFACE
  subtract-integer, divide, add, is-true
```

Abb. 7.9: Implementierung des Objekttyps Datum

Der Übergang zu Software, in der der Typ Datum die Keimzelle der Objektorientierung bildet, hat folgende Vorteile:

- *Bessere Wartbarkeit:* Zukünftige Änderungen am Objekttyp Datum lassen sich eindeutig lokalisieren. Sie erfordern nicht mehr die Untersuchung der gesamten Software.
- *Erfahrungen mit einfachen Reengineering-Techniken:* Für zukünftige Querschnittsänderungen werden Erfahrungen gesammelt, die dann zusammen zu einer relevanten Strukturverbesserung führen können.
- *Einführung in objektorientierte Strukturierungsprinzipien:* Die grundlegenden Vorteile der Objektorientierung werden am konkreten Beispiel erlebt.

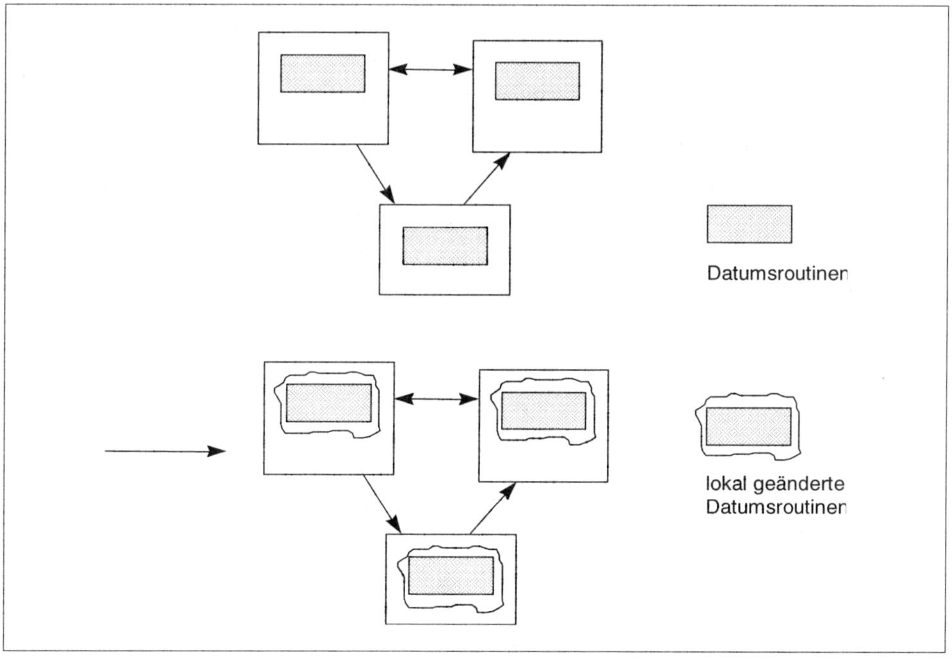

Abb. 7.10: Herstellung der Jahr-2000-Tauglichkeit durch lokale Änderungen

Das objektorientierte Reengineering hat gegenüber der Umstellung durch lokale Änderungen den scheinbaren Nachteil, daß die Aufwände auf den ersten Blick höher sind. Dies sieht zunächst so aus, weil in beiden Fällen alle datumsrelevanten Aspekte angefaßt werden müssen. Beim objektorientierten Reengineering muß zusätzlich ein Objekttyp realisiert und geeignet integriert werden. Betrachtet man jedoch die Fehleranfälligkeit lokaler Änderungen, so ist die Aufwandsfrage zwischen lokalen Änderungen und objektorientiertem Reengineering nicht mehr eindeutig entscheidbar. Der Ansatz des objektorientierten Reengineerings bietet jedoch den Vorteil, daß eine langsame Migration hin zur Objektorientierung den Sprung in neue Welten ersetzt. Auf einem solchen Migrationsweg ist es möglich, Veränderungen zu dosieren, verfügbares Know-how zu ergänzen und auf diese Weise Risiken, die bei sprunghaften Änderungen unvermeidlich sind, auszuschließen. Auf diese Weise werden die oben diskutierten Probleme der schnellen Umstellung auf neue technologische Grundlagen vermieden.

Die sukzessive Restrukturierung unter Nutzung objektorientierter Techniken scheint immer dann sinnvoll, wenn die zu ändernde Software langfristig weitergenutzt werden soll, so daß sich auch grundlegende Strukturveränderungen noch amortisieren können.

7.4.5 Reengineering

Die Softwarebestandsaufnahme kann unter Umständen einiges an Überraschungen und unerwarteten 'Situationen' mit sich bringen. Eine böse Überraschung ist meistens die Tatsache, daß zu einigen in der Produktion befindlichen Programmen schlichtweg der Quellcode fehlt. Erfahrungsgemäß liegt dieser Wert bei 1% bis 2% der gesamten Software. Was ist zu tun, wenn dies zutrifft? Angenommen, die Programme werden weiterhin gebraucht, bleibt einem nichts anderes übrig, als für diese Programme mit Hilfe von Verfahren und Techniken des Reengineering den fehlenden Quellcode zu erzeugen. Zielsetzung des Reengineering ist es, aus einzelnen in der Softwareentwicklung anfallenden Dokumenten eine zueinander passende Menge von Dokumenten zu erzeugen, die sinnvoll strukturiert und gut dokumentiert sind. Typisch für das Reengineering ist dabei, daß die vorliegenden Dokumente nicht die frühen Dokumente einer Softwareentwicklung sind, sondern daß gerade späte Dokumente vorhanden sind, daß diese schlecht strukturiert sind und daß frühe Dokumente fehlen. Die Begriffe *früh* und *spät* beziehen sich dabei auf die übliche Reihenfolge der Erstellung von Dokumenten im traditionellen Wasserfallmodell der Softwareentwicklung.

Die Ableitung der Programmquellen aus vorliegenden *Executables* (kompilierte, ausführbare Software) ist dabei eine typische Anwendung des Reengineering. Es wird in der Regel in zwei Stufen durchgeführt

Reverse Engineering: Im Reverse Engineering wird gezielt ein frühes Dokument aus einem späten rekonstruiert. In der Regel wird aus einem Programmcode eine Spezifikation erstellt, oder zu einem Executable wird ein Programmcode ermittelt.

Forward Engineering: Im Forward Engineering wird – wie in der Softwareentwicklung üblich – aus einem frühen Dokument (beispielsweise eben auch aus einem mittels Reverse Engineering rekonstruierten) ein spätes erzeugt.

Reengineering innerhalb der Datumsumstellung besteht in der Regel aus Reverse Engineering zur Wiedergewinnung des fehlenden Entwurfes bzw. der fehlenden Spezifikation aus einem eingesetzten Softwaresystem. Hier wird die Funktionalität der eingesetzten Programme analysiert und die Spezifikationen für diese Programme neu geschrieben. Basierend auf dem neuen Entwurf und der neuen Spezifikation wird eine Neuprogrammierung vorgenommen. Diese (Forward-Engineering) Phase liefert den Quellcode, der dann im Rahmen der Umstellung beispielsweise für die Impact-Analyse benutzt wird.

Das Reengineering bedeutet einen erheblichen Aufwand, bietet jedoch neben der Möglichkeit der Herstellung der völligen Jahr-2000-Tauglichkeit auch die Chance, funktionale Änderungen an den existierenden Programmen vorzunehmen. Solche Änderungen waren wegen des Fehlens des Quellcodes zuvor unmöglich oder – falls sie direkt in den Executables (auszuführenden Programmen) vorgenommen wurden – in allerhöchstem Maße fehleranfällig.

7.4.6 Bewertung

Die diskutierten Umstellungstechniken (Datenansatz, Programmansatz, Restrukturierung, objektorientierte Restrukturierung, Reengineering) können fast immer nur in gemischter Form angewendet werden. Genauso wie die Frage, wie mit welchem Anwendungsteil zu verfahren ist, zu differenzierten Antworten führt, d.h. zu der Antwort, daß bestimmte Anwendungsteile auszurangieren sind, während andere ersatzlos beseitigt werden können und während wieder andere unbedingt fristgerecht umgestellt werden müssen, führt die Frage, welcher technische Ansatz zur Umstellung von Anwendungsteilen gewählt werden soll, zu anwendungsspezifischen Antworten. Einige Anwendungsteile müssen restrukturiert werden, um überhaupt einen sinnvollen Test zu ermöglichen, andere sind ideale Kandidaten für eine objektorientierte Restrukturierung (beispielsweise deshalb, weil absehbar ist, daß an diesen Anwendungsteilen zukünftige Änderungen erforderlich sind und somit der erhöhte Aufwand einer nachträglichen Objektorientierung sich schnell amortisieren kann) und wieder andere Teile müssen grundlegend *reengineered* werden, einfach deshalb, weil Dokumentationen oder sogar Programmquellen abhanden gekommen ist. Die Frage, welcher technische Ansatz gewählt werden soll, läßt sich somit nicht allgemeingültig beantworten, er läßt sich nicht einmal für einen Anwendungskontext eindeutig beantworten. Prinzipiell kann für jedes einzelne Programm ein unterschiedlicher technischer Ansatz erforderlich sein. Allerdings ist darauf zu achten, daß eine gewisse Durchgängigkeit der angewendeten Kriterien zur Ermittlung des geeigneten Ansatzes gewährleistet wird, um beispielsweise zu vermeiden, daß einige dieser Programme gemäß dem Programmansatz umgestellt werden, während andere Programme gemäß dem Datenansatz umgestellt werden. Obwohl dies technisch zwar möglich ist, führt die erforderliche Überbrückung zwischen in verschiedener Art und Weise umgestellten Anwendungsteilen zu einem programmiertechnischen und letztendlich auch testtechnischen Overhead, der kaum zu rechtfertigen ist.

Die Vor- und Nachteile des Daten- und des Programmansatzes werden nachfolgend zusammenfassend dargestellt. Wenn eine Expansionslösung angestrebt wird, ist die Kernfrage, ob die verfügbare Zeit und das verfügbare Budget ausreichen, um die teurere und sauberere Lösung des Datumsansatzes durchzuführen. Unabhängig von der Wahl des Datumsansatzes oder des Programmansatzes stellt sich die Frage, ob die angestrebten Änderungen manuell durchgeführt werden sollen oder ob Werkzeuge zur Identifikation der betroffenen Stellen oder sogar zur Ergänzung der betroffenen Programmteile (im Falle des Programmansatzes) oder zur Expansion der betroffenen Datumsvariablen und Werte (im Falle des Datumsansatzes) verwendet werden sollten.

Da die Umstellungstechniken des Datenansatzes und des Programmansatzes am häufigsten eingesetzt werden und häufig als die klassischen Alternativen aufgefaßt werden, sind die Vor- und Nachteile dieser beiden Techniken im folgenden zusammengefaßt.

Vorteile des Datenansatzes

Die Jahrhundertangaben sind bei dieser Lösung eindeutig. Auch zukünftige Änderungen sind einfacher; es besteht keine Notwendigkeit, Algorithmen anzupassen. Der Datenansatz stellt eine einheitliche Lösung für alle Programme dar. Bei der Umstellung sind die Testaufwände gering, da die Grenzfälle in einheitlicher Weise behandelt werden.

Nachteile des Datenansatzes

1. Der Datenansatz ist sicherlich eine teure Lösung. Hier müssen Datenformate geändert und Dateien ergänzt werden, was die Fehleranfälligkeit erhöht.
2. Überbrückungsprogramme müssen implementiert werden; dies ist in aller Regel teuer und fehleranfällig.
3. Sorgfältige Implementierungs- und Testpläne sind erforderlich, um die Anzahl der benötigten Überbrückungsprogramme gering zu halten.
4. Die Tests sind kompliziert, Dateien müssen sukzessive expandiert werden, Überbrückungsprogramme müssen sukzessive eingeschaltet und wieder herausgenommen werden, das Fortschreiten von Daten innerhalb von Testprozeduren ist kompliziert.
5. Die Kosten für Speichermedien sind höher, da zusätzlicher Speicherplatz benötigt wird (Nachteil mit geringer Bedeutung).

Vorteile des Programmansatzes

1. Der Programmansatz d.h. die Anpassung in die Anwendung durch einen Algorithmus bietet eine preiswerte Lösung an. Hierbei müssen die gesamten Daten im Unternehmen nicht angepaßt werden (hoher Aufwand) und auch die Dateien behalten ihr altes Format.
2. Implementierung und Tests sind einfacher, da keine Datenkonversion und Überbrückungsprogramme benötigt werden.

Nachteile des Programmansatzes

1. Einige Daten sind zweideutig, dies gilt beispielsweise für Geburtsdaten. Für solche Daten, die potentiell in verschiedenen Jahrhunderten liegen können, ist es erforderlich, das korrekte Jahrhundert auf der Grundlage zusätzlicher Informationen zu ermitteln. Diese Ermittlungen bleiben fehleranfällig, tatsächliche Ermittlungsfehler werden nicht immer unmittelbar transparent.
2. Sortiererfordernisse nach Daten stellen besondere Herausforderungen dar, da die Information, nach der sortiert wird, nicht immer explizit gegeben ist.

8 Eine Vorgehensweise für die Datumsumstellung – Prozeß und Methode

Nothing is particularly hard if you divide it into small jobs.
– Henry Ford

In diesem Kapitel werden wir einen Prozeß und eine mögliche Methode für die Implementierung von Datumsumstellungsprojekten diskutieren. Zusätzlich betrachten wir die peripheren Voraussetzungen für eine erfolgreiche Implementierung. Die hier aufgezeigte Methode ist sicherlich nicht die einzige geeignete für die Jahr-2000- Datumsumstellung. Sie hat jedoch den Vorteil, daß sie mehrfach erfolgreich erprobt worden ist. Der Leser möge diese Methode eher als eine Richtschnur sehen, um daraus eigene Lösungsansätze zu generieren.

Es wird vorausgesetzt, daß die Datumsumstellung mit Unterstützung externer Partner durchgeführt wird. In diesem Beispiel ist der externe Partner ein Systemhaus in Indien. Jahr-2000-Projekte eignen sich sehr gut für die Off-shore-Implementierung. Der folgende Prozeß beschreibt Arbeiten, die beim Kunden durchgeführt werden und solche, die Off-shore (in diesem Fall in Indien) erledigt werden.

Abbildung 8.1 zeigt das in diesem Kapitel erörterte Prozeßmodell. Dieses Modell wird mit Hilfe von FUNSOFT-Netzen [DG90] dargestellt. FUNSOFT-Netze sind abstrakte Petrinetze, die die besonderen Anforderungen der Prozeßmodellierung berücksichtigen. Die Rechtecke repräsentieren die Aktivitäten, die während der Jahr-2000-Umstellung durchzuführen sind, die Kreise sind Speicher, die zum Austausch von Information zwischen den Aktivitäten verwendet werden. Die Pfeile stellen Datenflußbeziehungen dar. Datenflußbeziehungen mit einem schwarzen Punkt am Fuß repräsentieren den kopierenden Zugriff auf eine Information. Links oben erkennt man die Aktivität der Projektinitialisierung. Als Ergebnis wird die Bestandsaufnahme gestartet. Am linken Rand erkennt man einen Speicher ohne Typisierung. Dieser Speicher stellt eine Schnittstelle zu Teilen der traditionellen Softwareentwicklung und -beschaffung dar. Alle anderen Speicher sind mit einem Objekttyp assoziert (dargestellt als Schrift unter den Speichern). Diese Typen deuten an, welche Information welchen Typs mit Hilfe des jeweiligen Speichers ausgetauscht wird.

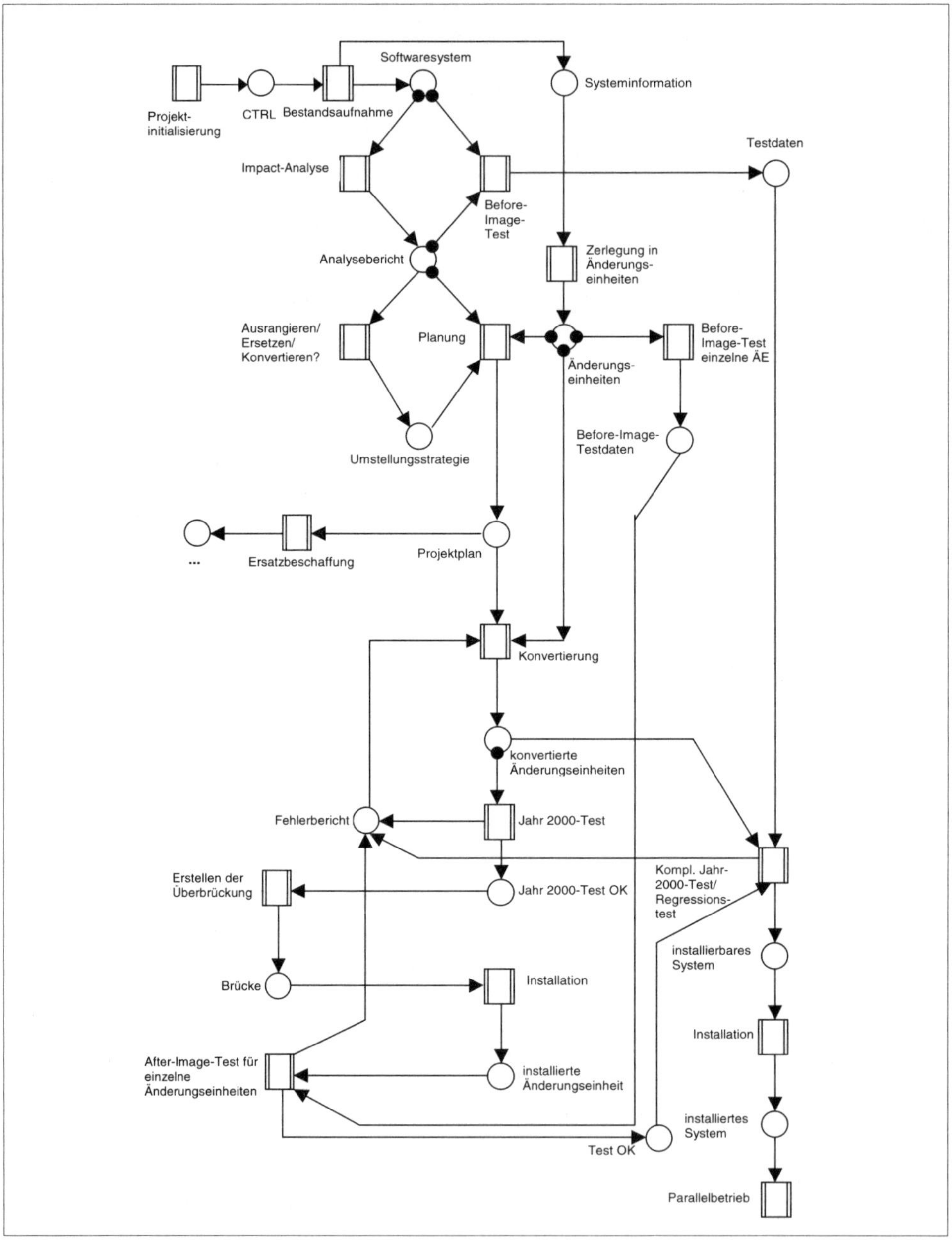

Abb. 8.1: Prozeßmodell für die Jahr-2000-Datumsumstellung dargestellt durch FUNSOFT-Netz

Abbildung 8.2 zeigt die wesentlichen Typen, die im Prozeßmodell aus Abbildung 8.1 zur Typisierung der Speicher verwendet werden.

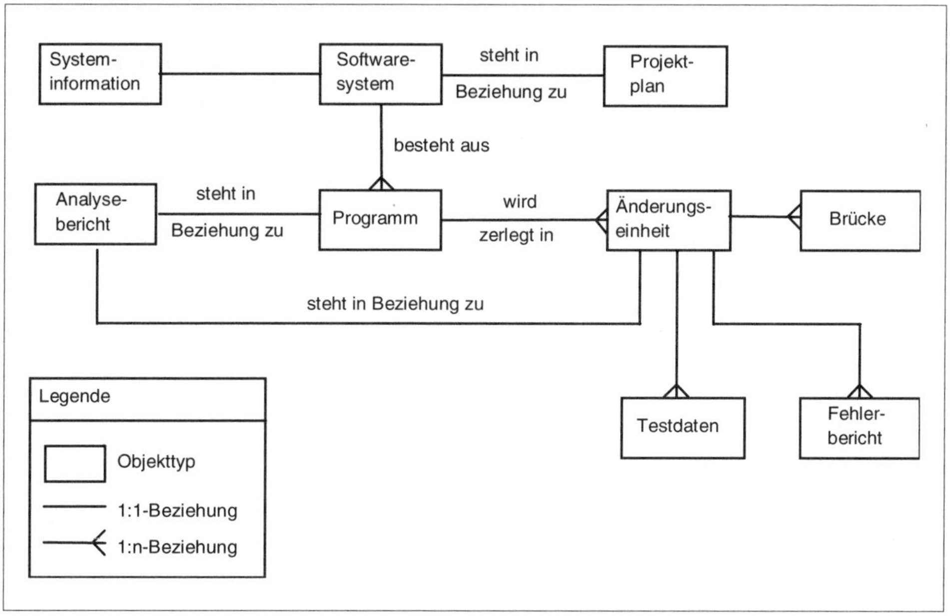

Abb. 8.2: Konzeptionelles Schema der wichtigsten Objekttypen aus dem Prozeßmodell aus Abb. 8.1

8.1 Vorbereitungsarbeiten

8.1.1 Projektmanagement

Jahr-2000-Projekte erfordern komplexe Projekt-Management-Fähigkeiten und Projekt-Management-Erfahrungen, da die Abhängigkeiten zwischen Teilprojekten groß sind. Darüber hinaus müssen verschiedene Aufgaben parallel angegangen werden, so daß auch hier ein leistungsfähiges Projektmanagement erforderlich ist. Es ist darüber hinaus unumgänglich, daß Änderungen mit Hilfe von Tracking-Mechanismen verfolgt werden, um auf diese Art und Weise einen Überblick über die bereits umgestellten und noch umzustellenden Module und Komponenten eines Softwaresystems zu erreichen.

Projektmanagement wird noch komplexer für Applikationen, die in Betrieb sind, so daß detaillierte Protokolle für alle Änderungen mitgeführt werden sollen, um jederzeit den aktuellen Stand ermitteln zu können. Aufgrund der Komplexität dieser Projektmanagementaufgaben ist es dringend erforderlich, einen erfahrenen

Manager einzusetzen, der mit dem Projektkoordinator (des externen Partners) zusammenarbeitet.

Der typische Projektmanager für Jahr-2000-Projekte ist nicht nur ein Fachmann, sondern hat auch Managementerfahrung. Zum ersten Mal in der DV-Geschichte wird die gesamte Unternehmenssoftware untersucht und bei Bedarf umgestellt. Hier geht es um bestehende, laufende Software, keine Neuentwicklung. Also werden viele Verantwortliche im Unternehmen (Bereichleiter etc.) mitreden wollen, wenn es darum geht, Entscheidungen zu fällen, die Ihre Software betreffen. Der Projektmanager muß solchen »Unternehmenskulturen« gewachsen sein. Er muß in seinem Unternehmen mehr organisatorische Probleme lösen als technische. Eine wichtige Voraussetzung für ein erfolgreiches Projektmanagement ist *Management-Attention*. Damit ist mehr die Rückendeckung des Projektmanagers durch das oberste Management gemeint als nur das Bewußtsein der Jahr-2000-Problematik.

Der Projektmanager zusammen mit dem Projektkoordinator des externen Partners bildet eine Schnittstelle zwischen seinem Unternehmen und dem externen Partner. Diese Schnittstelle ist erforderlich, da die Spezialisten bei der Datumsumstellung in aller Regel nicht den Applikationsbereich in der Tiefe kennen, die erforderlich ist, um Applikationen in Seiteneffekte und Einzeländerungen abzuschätzen.

Der Einsatz einer einzelnen Person auf Kundenseite erleichtert die Kommunikation insofern, als daß hier mit gegebenenfalls auch größerem Aufwand eine funktionierende Kommunikation sichergestellt werden kann, die auf breiter Basis zu teuer wäre.

8.1.2 Projektkommunikation

Der Erfolg komplexer Projekte, wie Projekte der Jahr-2000-Umstellung, hängt von der effektiven Kommunikation zwischen dem Kunden und den Auftragnehmern ab. Es ist wichtig, daß alle Kommunikationen protokolliert werden. Hierbei spielt es keine Rolle, ob die Gesprächsteilnehmer sich persönlich treffen oder das Gespräch über Telefon geführt wird. Hier ist eine strikte Kommunikationsdisziplin angesagt. Das nachfolgende Bild zeigt ein Formular für die Protokollierung von Adhoc-Kommunikation bezüglich der Änderungseinheiten (siehe Punkt 8.3.2). Eine Änderungseinheit ist eine Gruppe von Programmen, Dateien, Datenbanken und anderen Entitäten, die logisch zusammengehören.

Jahr-2000-Prozeß	Ad-hoc-Kommunikation		CSS/DPS
Kunde:	Ort:		Datum:
MEMO Nr.:			
Pos.	Änderungseinheit (Nummer)	Fragen	Dringlichkeitsstufe
1			
2			
3			
Dringlichkeitsstufe:	Sehr dringend: sofort beantworten Dringend: innerhalb von 24 Arbeitsstunden beantworten Normal: innerhalb von 36 Arbeitsstunden beantworten Info: Als Information		
Seite:			

Abb. 8.3: Formblatt für die Ad-hoc-Projektkommunikation

Es wird – wie von vielen anderen im Rahmen von Outsourcingprojekten in Anspruch genommenen Softwarehäusern – empfohlen, wöchentliche Telefonkonferenzen zwischen den beiden identifizierten Hauptkommunikatoren und einen täglichen Email-Austausch während der gesamten Laufzeit des Projektes aufrechtzuerhalten. Unabhängig davon scheint es insbesondere für Projekte mit Partnern in anderen Kulturkreisen erforderlich, Verständnis für die Situation des anderen zu schaffen, indem zumindest die Projektkommunikatoren miteinander in persönliche Beziehungen treten und die Arbeitsbedingungen und Sachzwänge auf Seiten des Kunden/Lieferanten kennenlernen. Die Gespräche werden protokolliert. Ein Standard für die Gesprächsprotokollierung hilft, nicht nur das Projekt zurückzuverfolgen, es forciert gewissermaßen strukturiertes Vorgehen bei der Terminierung von Gesprächen. Die Abbildung unten zeigt ein Formular für die Protokollierung aller Gespräche.

Jahr-2000-Prozeß	Gesprächsprotokoll	CSS/DPS
Kunde:	Ort:	Datum:
Teilnehmer:		
Kunde	Externer Dienstleister	
1.	1.	
2.	2.	
3.	3.	
Gesprächsziel (Prozeß bzw. Aktivitätsname z.B. BIT-Prozeß)		
Es wurde diskutiert: (Stichpunkte aufzählen)		
1.		
2.		
3.		
4.		
Es wurde beschlossen: (Beschlüsse und Zuständigkeiten kurz aufführen)		
Beschluß:	**Zuständig:**	
Dieses Protokoll wird von einem der Teilnehmer geführt und sofort nach dem Gespräch an alle Teilnehmer verteilt		
Seite:		

Abb. 8.4: Formblatt für die Gesprächsprotokolle

8.1.3 Projektinitialisierung

Zu Beginn der Jahrhundertumstellung ist es erforderlich, das Projektteam in die Lage zu versetzen, das gesteckte Ziel zu erreichen. Hierbei ist es wichtig, die besondere Bedeutung der Jahrhundertumstellung zu verdeutlichen, auf die Nicht-Verschiebbarkeit hinzuweisen und eine Perspektive für die involvierten Personen zu eröffnen. Einer Softwareumstellung haftet in aller Regel kein besonders gutes Image an. Oft wird unterstellt, daß Umstellungsarbeiten leicht sind, daß sie keine besondere intellektuelle Herausforderung darstellen und daß aufgrund des fehlenden Zusatzgeschäfts durch diese Arbeiten kein besonderes Managementinteresse vorhanden ist. Zur Projektinitialisierung und während der gesamten Projektlaufzeit ist es erforderlich, diesem Image entgegenzuwirken. Managementseitig kann das dadurch passieren, daß den involvierten Personen zum einen eine Perspektive eröffnet wird (Was passiert nach der Jahrhundertumstellung?) und daß darüber hinaus sowohl dem Projektteam als auch allen Mitarbeitern in der DV/Org.-Abteilung verdeutlicht wird, wieviel von einer erfolgreichen Projektumstellung abhängt. Konflikte zwischen dem Team zur Jahrhundertumstellung und anderen Projektteams, die mit den gleichen Programmen arbeiten, sind äußerst vorsichtig zu lösen. Im Zweifel sollte der Jahrhundertumstellung Vorrang eingeräumt werden, um der besonderen Anforderung der Nicht-Verschiebbarkeit Rechnung zu tragen.

8.1.4 Auswahl externer Partner

Jahr-2000-Umstellungen erfordern zusätzliche Aufwendungen, die in aller Regel nicht alleine die im Unternehmen beschäftigten Mitarbeiter leisten können. Unternehmen versuchen deshalb oft, diese zusätzlichen Ressourcen, die darüber hinaus nur temporär erforderlich sind, durch externe Dienstleistungen abzudecken und verzichten auf eine Aufstockung des Personalbestandes. Bei der Auswahl eines solchen externen Dienstleisters sind dabei einige Punkte zu beachten, die insbesondere zusammenhängen mit der Komplexität und engen Verzahnung mit den im Unternehmen geleisteten Umstellungs- und Änderungsarbeiten an der betroffenen Software. Im folgenden finden wir eine Reihe von wichtigen Fragen, die externe Dienstleister im Kontext von Jahr-2000-Umstellungen beantworten können müssen, um als hilfreiche Partner agieren zu können.

Abbildung 8.3 veranschaulicht eine mögliche Organisation der Kooperation mit einem externen Partner in einem Niedriglohnland. Die Schnittstelle stellt sicher, daß die Kommunikation mit dem entfernten Partner über einen einzigen Projektleiter koordiniert wird, der auf Seiten des externen Partners einen eindeutigen Ansprechpartner hat.

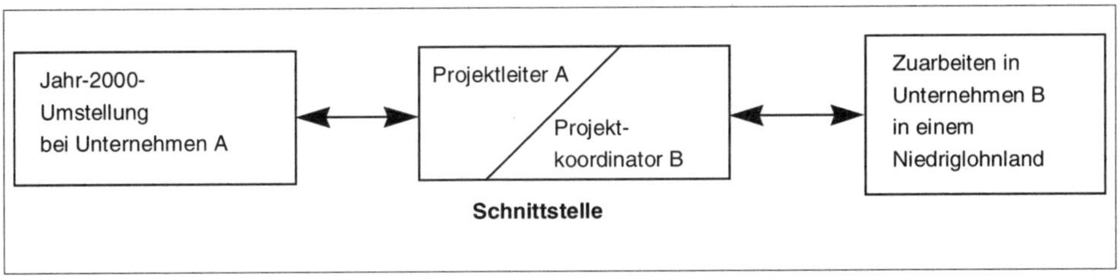

Abb. 8.5: Organisation der Kooperation mit einem externen Partner

8.1.4.1 Vorgehen in der Impact-Analyse

Vorschläge für Lösungsansätze müssen einen Prozeßteil für die Analyse der Auswirkungen (Impact-Analyse) einer zweiziffrigen Jahresumstellung in aktuellen Systemen umfassen. Externe Kandidaten sollten beschreiben, wie sie dem umstellenden Unternehmen behilflich sein wollen. Hierbei müssen die folgenden Fragen beantwortet werden:

1. Welche Arten von Programmen können durch den externen Dienstleister umgestellt werden? Welche Programmiersprachen werden unterstützt?
2. Welche Ergebnisse werden durch den Lieferanten erbracht?
3. Wie wird das ermittelte Ergebnis aufbewahrt? Wird es in der Datenbank gespeichert? Wenn ja: Paßt diese Datenbank zu der unternehmensintern verwendeten?
4. Kann die Analyse aufgrund existierender empirischer Daten stattfinden? Gibt es Erfahrungswerte, die die Überprüfung der Zuverlässigkeit der individuell ermittelten Ergebnisse unterstützen?
5. Zeigen die Ergebnisse der Analyse Abhängigkeiten zwischen Programmen, Datenbank-Management-Systemen, gespeicherten Auswertungen und Masken?
6. Auf welcher Hardware und welchen Betriebssystemen können die vom externen Dienstleister gelieferten Werkzeuge eingesetzt werden?
7. Ist der angebotene Lösungsansatz extern oder intern einsetzbar oder kann hier durch den Auftraggeber entschieden werden?
8. Welche Ressourcen sind erforderlich, um die externe Impact-Analyse durchzuführen (Hardware, Software, Personalaufwand)?
9. Folgt der vorgeschlagene Lösungsansatz einer definierten Methode? Ist diese Methode in anderen Projekten zum Einsatz gekommen?
10. Wie geht der externe Dienstleister mit Komponenten um, deren Objektcode fehlt?

8.1.4.2 Umstellungsservices

Sobald klar ist, wie die Impact-Analyse aussieht, muß ein möglicher externer Dienstleister verdeutlichen, inwiefern er auch bei der Umstellung mitwirken kann. Hierzu sind folgende Fragen zu beantworten:

1. Kann er einzelne Komponenten umstellen?
2. Hat er Partner möglicherweise in Niedriglohnländern, die diese Aufgabe übernehmen können?
3. Kann er bei der internen Umstellung beraten?
4. Welche Arten von Programmen auf der Basis welcher Programmiersprachen kann der externe Dienstleister umstellen?
5. Hat der externe Anbieter Filterprogramme, die genutzt werden können, um Daten umzustellen?
6. Kann der externe Dienstleister unmittelbar auf Daten unterschiedlichen Typs zugreifen und sie auch umstellen?
7. Wie geht der externe Dienstleister mit Schlüsselfällen um, die geändert werden müssen?
8. Bietet der externe Dienstleister die automatische und dynamische Generierung von Überbrückungsprogrammen an?
9. Welche Umstellungsmethode wird verfolgt?
10. Ist diese Methode bereits zum Einsatz gekommen, gibt es Referenzen?
11. Welchen Ansatz zum Konfigurationsmanagement und zur Versionskontrolle?
12. Auf welcher Hardware und unter welchem Betriebssystem kann die Umstellung erfolgen?
13. Auf welcher Hardware und unter welchem Betriebssystem laufen die Umstellungswerkzeuge?
14. Wird die Umstellung auf Kundenseite oder auf Lieferantenseite durchgeführt? Ist dies möglicherweise optional?
15. Welche Ressourcen müssen nach Vorstellung des Lieferanten auf Kundenseite bereitgestellt werden, um die Konversionsphase zu betreuen (Hardware, Software, Personal)?

8.1.4.3 Testservices

Das Problem der Jahr-2000-Umstellung ist erst dann gelöst, wenn die geänderte Software getestet wird, und der Test sowohl die weitere Funktionalität des geänderten Systems als auch die Jahr-2000-Tauglicheit unzweifelhaft belegt. Bezüglich der Inanspruchnahme von Testservices externer Lieferanten sind die folgenden Fragen zu klären:

1. Welche Unterstützung wird bei dem Test der geänderten Programme und Daten geboten?
2. Kann der externe Lieferant Simulationen von Zeiträumen in der Zukunft leisten?
3. Unterstützt der Lieferant den Test einzelner Komponenten durch Überbrükkungsmethoden zwischen geänderten und nicht geänderten Komponenten?

8.1.4.4 Training- und Supportservices

Um Analysearbeiten, Umstellungsarbeiten oder Testarbeiten vorzunehmen ist es erforderlich, daß der externe Lieferant Training- und Supportmaßnahmen für das eigene Personal bietet. Hierbei sind folgende Fragen zu klären:

1. Welcher Supportlevel wird für die Test- und Umstellungsphase gewährleistet?
2. Ist der externe Lieferant bereit, ein Pilotprojekt zusammen mit den eigenen Ressourcen durchzuführen?
3. Wie kann der externe Lieferant das interne Personal für die Mitarbeit in einem solchen Pilotprojekt ausbilden?
4. Bietet der externe Lieferant Training in eingesetzten Methoden und Werkzeugen an? Wie wird dieses Training durchgeführt?
5. Was sind die vorausgesetzten Fähigkeiten, um gemäß der vorgeschlagenen Methode und gemäß dem Einsatz der vorgeschlagenen Werkzeuge mitzuarbeiten?

8.1.4.5 Garantie

Ein Aspekt, unter dem das Angebot eines externen Lieferanten besonders beachtet werden sollte, sind Zuverlässigkeit und der Grad der Verpflichtung im Hinblick auf die an ihn gestellten Anforderungen. Hierbei sind folgende Fragen zu klären:

1. Der externe Lieferant sollte seine Erfahrung in Konversionsprojekten erläutern. Wie viele Kunden wurden bedient? Wie viele Kunden in dem gleichen Segment wurden bedient? Wie viele Konversionen wurden unter Einhaltung des Zeit- und Budgetrahmens abgewickelt?
2. Wie viele Programme mit wie vielen Zeilen auf Code wurden umgestellt?
3. Programme in welchen Sprachen wurden umgestellt?
4. Welche Lizenzierungsmöglichkeiten bietet der externe Lieferant (pro Programm, pro Zeile/Code, für alle Anwendungen)?

5. Der externe Lieferant sollte verbindliche Kostenvoranschläge nennen, wobei die Einheit, auf die sich diese Kostenvoranschläge beziehen, definiert werden sollte.
6. Wie zuverlässig waren die Abschätzungen des externen Lieferanten bei bereits beendeten Projekten?
7. Der externe Lieferant sollte Referenzen nennen, Kontakt zu diesen Referenzen sollte aufgenommen werden, um die Art und Weise der Kooperation mit dem Lieferanten zu überprüfen.

8.1.4.6 Beratung

Unabhängig von der Inanspruchnahme externer Dienstleister für die Umstellung selbst ist es in den allermeisten Fällen erforderlich, zusätzliches Management-Know-how einzukaufen. Dies kann beispielsweise erfolgen, indem externe Berater beschäftigt werden, um beim Management der Jahr-2000-Umstellung mitzuwirken.

Das Projekt hat eine definierte Zielsetzung. Die Planung führt schon früh dazu, daß die erforderlichen Ressourcen benannt werden können. Darüber hinaus ist das Projekt von beachtlicher Komplexität, ohne daß tiefes Anwendungswissen erforderlich ist. Diese Eigenschaften des Projekts eignen sich in besonderer Weise dazu, externe Berater einzuschalten. Da die Jahr-2000-Umstellung darüber hinaus Kompetenzen erfordert, die nicht dauerhaft innerhalb des Unternehmens verfügbar sein müssen, bedeutet das Einschalten externer Berater nicht, daß wichtige Kompetenzfelder nicht innerhalb des Unternehmens besetzt werden können.

8.2 Pilotprojekt

Pilotprojekte sind eine wesentliche Hilfe bei der detaillierten Abschätzung der erforderlichen Aufwendungen und bei der Überprüfung der vorgeschlagenen Methoden. Da die Jahr-2000-Umstellung ein großes Projekt ist, für das besondere Anforderungen gelten, muß in aller Regel davon ausgegangen werden, daß entsprechende Erfahrungen nicht vorliegen. Um von vornherein zu überprüfen, ob die Annahmen über Aufwendungen und die Fristen für bestimmte Aktivitäten realistisch eingeschätzt worden sind, sollten Pilotprojekte durchgeführt werden.

Ein Pilotprojekt beschäftigt sich dabei mit der Umstellung eines einzelnen Programms oder einer kleinen Menge von Programmen. Die Umstellung dieser Programme wird, genau wie das gesamte Pilotprojekt, protokolliert, um nach Beendigung des Pilotprojekts Daten für die Kalibration der Vorhersagen bereitzustellen.

Auf der Basis dieser Daten lassen sich die Abschätzungen für das Gesamtprojekt gegebenenfalls anpassen. Der besondere Sinn und Zweck von Pilotprojekten liegt darin, daß fehlerhafte Abschätzungen frühzeitig erkannt werden können, rechtzeitig korrigiert werden können und auf diese Art und Weise eine Gefährdung der Gesamtumstellung vermieden wird. Allerdings ist dabei zu beachten, daß die Implementierung des Pilotprojekts innerhalb des geplanten Budgets und des Zeitrahmens keine reine Hochrechnung für das Gesamtprojekt zuläßt. Zusätzliche Komplexität im Gesamtprojekt, hervorgerufen durch die Umstellung mehrerer Systeme, die verschachtelten Testphasen, die Berücksichtigung von Softwareänderungen durch die Endbenutzer, Bridging etc. können zu Verzögerungen führen. Alle diese Aspekte müssen in der Projektplanung berücksichtigt werden.

Ein Pilotprojekt sollte als erstes durchgeführt werden. Nach erfolgreicher Implementierung des Pilotprojektes sollte die restliche Umstellung erfolgen. Die Größe eines Pilotprojektes sollte klein sein und in der Regel nicht mehr als 500.000 Zeilen Code betreffen. Darüber hinaus sollte das Pilotprojekt sich auf eine nicht kritische, interne Anwendung des Kunden richten. Ziel des Pilotprojektes ist es, die anzuwendende Methode zu evaluieren. Darüber hinaus hilft ein Pilotprojekt dabei, eine Kommunikationskultur zwischen den Mitarbeitern des Kunden und des externen Partners herzustellen. Es entwickelt sich ein Gefühl für die erforderlichen Kommunikationsmechanismen und für die besonderen Schwierigkeiten und Chancen der Verteilung einer Jahr-2000-Umstellung zwischen Kunde und Off-shore-Softwarehaus. Aufgrund der geringen Größe des Pilotprojektes kann die Anwendbarkeit der Off-shore-Softwareentwicklung frühzeitig gezeigt werden oder in Einzelfällen auch als nicht akzeptabler Weg identifiziert werden.

8.3 Die Projektphasen

Die Jahr-2000-Projekte werden in der Regel in acht Phasen implementiert.

1. Bestandsaufnahme, Impact-Analyse, Validierung der Umstellungsstrategie
2. Festlegung der Änderungseinheiten und deren Prioritäten
3. Projektplanung
4. Versionskontrolle (Koordinierung der Softwarewartung und -Umstellung)
5. »Before-Image-Test« (Unit-Test und System-Test)
6. Implementierung der Änderung und Überprüfung
7. Testing / Validationsprozeß
8. Inbetriebnahme

Die Vorgehensweise ermöglicht Softwarewartung (Änderungen, Pflege etc.) während der Projektlaufzeit – eine wichtige Voraussetzung für die erfolgreiche Implementierung von Datumsumstellungsprojekten.

8.3.1 Phase 1 – Bestandsaufnahme, Impact-Analyse und Validierung der Umstellungsstrategie

8.3.1.1 Softwarebestandsaufnahme

Zunächst sollte eine umfassende und verständliche Bestandsaufnahme aller eingesetzten Applikationen erfolgen. Eine Bestandsdatenbank (Repository) sollte erstellt werden. Diese Repository liefert Informationen über den Softwarestand, Dokumentation und einen Überblick über die Gesamtsoftware im Unternehmen.

Die bisherige Erfahrung zeigt, daß in der Regel 2 bis 3% aller Sourcecodes schlichtweg nicht auffindbar sind! In solchen Fällen müssen mit Reverse-Engineering-Techniken Sourcecodes für die sich in Produktion befindlichen Programme erzeugt werden.

8.3.1.2 Projekt-Kickoff

Ein Jahr-2000-Projekt fängt mit der Impact-Analyse an. Wenn dieses Projekt mit Hilfe externer Dienstleister implementiert wird, findet zusammen mit der Dienstleisterfirma ein Projekt-Kickoff (Projektstart) statt.

Jahr-2000-Prozeß	Projekt-Kickoff	CSS/DPS
Kunde:	Ort:	Datum:
Projektmanager (Kunde)		
Name:		
Telefon:		
Fax:		
E-Mail:		
Bemerkung:		
Projektmanager (externer Dienstleister)		
Name:		
Telefon:		
Fax:		
E-Mail:		
Bemerkung:		
Seite:		

Abb. 8.6: Projekt-Kickoff-Formular

Die im Projekt-Kickoff-Formular enthaltene Information muß jedem Mitarbeiter, der im Projekt involviert ist (auf der Kunden- sowie Dienstleisterseite) zugänglich gemacht werden. Das Management auf beiden Seiten wird ebenfalls informiert. Die Projektmanager auf beiden Seiten sind die ersten Ansprechpartner für das Management für alle Fragen des Jahr-2000-Projektes. Abbildung 8.3 zeigt ein Formular für die Erfassung von Projekt-Kickoff-Information.

8.3.1.3 Impact-Analyse

Eine gründliche Analyse der Auswirkungen muß durchgeführt werden. Bei dieser werden alle Datumsfelder und Synonyme identifiziert. Offensichtlich kann ein Werkzeug diese Analyse liefern, da sie weniger von syntaktischen als von semantischen Bedingungen abhängig ist. Eine manuelle Überprüfung ist jedoch unabdingbar, um in zuverlässiger Art und Weise die betroffenen Stellen zu identifizieren. Da die Kostenabschätzung, die Projektkalkulation, der Implementierungsplan und die einzusetzende Methode in starker Weise von den Ergebnissen der Softwareanalyse abhängen, ist es erforderlich, die Berichte, die durch den Einsatz der Analysewerkzeuge sowie durch die manuelle Prüfung erzeugt werden, mit großer Vorsicht zu betrachten. Insbesondere bei dem Werkzeugeinsatz ist es von extremer Wichtigkeit, die Grenzen und Stärken der Werkzeuge zu kennen, um sie bei einer manuellen Überprüfung entsprechend auszubessern. Quellcode-Walkthroughs, sind erforderlich, um einen detaillierten Eindruck von den erforderlichen Änderungen zu bekommen.

Nachfolgend ein Analysebeispiel für ein COBOL-Programm. Man sieht hier im Programm SX-58 die Datumsfelder, die Zeilennummer und die betreffende Codezeile. Anhand dieses Berichtes ist der Programmierer in der Lage, das infizierte Programm Schritt für Schritt umzustellen.

Verschiedene Werkzeuge für die Impact-Analyse sind auf dem Markt verfügbar. Es gibt bislang kein einziges Werkzeug für die vollautomatische Erkennung aller datumsrelevanten Stellen in der Software, insofern ist der Werkzeugeinsatz für die Analysephase lediglich eine unterstützende Maßnahme. Die Analysephase sollte ein umfassendes Bild für die spätere Implementierung der Datumsumstellung in einem Unternehmen liefern.

```
Pgm.ID Feldmuster         Zeilen-Nr.      Codezeile
-----------------------------------------------------------------------------------
SX-58  REV1-DAT           187 018700      05  REV1-DAT.
       REV1-DAT           1022 102200      IF  REV1-DAT IS NOT NUMERIC
       REV1-J             188 018800          07  REV1-J           PIC 99.
       REV1-J             1025 102500      IF  REV1-J LESS 82
       REV1-J             1092 109200      MOVE REV1-J TO  WA2-01-ORDBUDAJ.
       REV1-J             1098 109800      MOVE REV1-J TO  WA2-03-J.
       REV1-M             189 018900          07  REV1-M           PIC 99.
       REV1-M             1026 102600      IF  REV1-M LESS 1 OR GREATER 12
       REV1-M             1091 109100      MOVE REV1-M TO  WA2-01-ORDBUDAM.
       W-GEBDAT           211 021100 01   W-GEBDAT                 PIC 9(4).
       W-GEBDAT           1489 148900      MOVE WEH1-GEBDATJ2M TO W-GEBDAT.
       W-GEBDAT           1962 196200      MOVE W-GEBDAT     TO  W-DATGEBJJMM.
       W-DATGEB           214 021400 01   W-DATGEB.
       W-DATGEB           215 021500      05 W-DATGEBJH            PIC 9(02) VALUE 0.
       W-DATGEB           216 021600      05 W-DATGEBJJMM          PIC 9(04) VALUE 0.
       W-DATGEB           217 021700      05 W-DATGEBTT            PIC 9(02) VALUE 0.
       W-DATGEB           1962 196200      MOVE W-GEBDAT     TO  W-DATGEBJJMM.
       W-DATGEB           1963 196300      MOVE 01           TO  W-DATGEBTT.
       W-DATGEB           1964 196400      MOVE 19           TO  W-DATGEBJH.
       W-DATGEB           1965 196500      MOVE W-DATGEB     TO  B20-DATGEB.
       W-DATVTSZUG        228 022800 01   W-DATVTSZUG.
       W-DATVTSZUG        229 022900      05 W-DATVTSZUGJH         PIC 9(02) VALUE 0.
       W-DATVTSZUG        230 023000      05 W-DATVTSZUGJJMM       PIC 9(04) VALUE 0.
       W-DATVTSZUG        231 023100      05 W-DATVTSZUGTT         PIC 9(02) VALUE 0.
       W-DATVTSZUG        232 023200 01   RW-DATVTSZUG REDEFINES W-DATVTSZUG PIC 9(0
```

Abb. 8.7 Analysebericht – ein Beispiel

Folgende Aspekte werden von einer gründlichen Bestandsaufnahme und Impact-Analyse erwartet:

1. Sourcecode-Status
2. Datenbank-Status
3. Welche Datenbanken müssen geändert werden
4. Welche Programme müssen geändert werden
5. Welche Art von Änderungen sind notwendig
6. Manpower-Aufwand notwendig für die Änderungen

7. Welche Zeitdauer muß für die Änderungen eingeplant werden
8. Welche Art von Tests sind notwendig
9. Zeitdauer für die Testphase

8.3.1.4 Validierung und Vervollständigung der Umstellungsstrategie

Mit der strategischen Planung wurde klar, daß vorhandene und sogar tatsächlich eingesetzte Software nicht zwangsläufig konvertiert werden muß, sondern daß das Ausrangieren und das Ersetzen durch neue Software Alternativen sind. Zusätzlich wurde festgelegt, wie prinzipiell mit welcher Anwendung verfahren werden soll. Dies geschah im Rahmen der strategischen Planung unter gewissen Annahmen. Im Rahmen von Bestandsaufnahme und Impact-Analyse haben sich diese Annahmen entweder bewahrheitet (dann bleibt die Umstellungsstrategie unverändert) oder als falsch herausgestellt (dann muß die Umstellungsstrategie angepaßt werden).

Im Rahmen der Verfeinerung der Umstellungsstrategie ist es darüber hinaus erforderlich, die umzustellenden Programme in einer Art und Weise zu gruppieren, die die Überbrückung zwischen Komponenten minimiert und die Effizienz des Testprozesses maximiert (vgl. Betrachtung des Konzepts der Entkopplung aus Kapitel 7). Die Identifikation der umzustellenden Programme sowie deren Zusammenhang erfordert ein Verständnis des Zustandes der betroffenen Teile und der Zusammenhänge zu anderen Teilen.

Am Ende der Verfeinerung der Umstellungsstrategie, gibt die Strategie darüber Auskunft, welche der folgenden Verfahrensalternativen für die einzelnen Anwendungsteile angewendet werden:

Konvertierung: Ein betroffener Teil der Anwendung muß umgestellt werden. Diese Konvertierung bedeutet grundlegende Änderungen. Nichtsdestotrotz ist sie erforderlich, weil das betroffene Anwendungsteil unverzichtbar für das Kerngeschäft des Unternehmens ist. Die rechtzeitige Umstellung ist also unvermeidbar.

Ausrangieren: Ein betroffenes Anwendungsteil kann ausrangiert werden, ohne daß es durch eine neue Anwendung ersetzt werden muß. Diese auf den ersten Blick ungewöhnliche Möglichkeit kann entstehen, wenn die Jahr-2000-Umstellung als eine Chance zum Business Process Reengineering [HC93,Dave93] angesehen wird, in dessen Kontext nicht wertschöpfende Aktivitäten beseitigt werden; so kann auch Software, die zur Unterstützung dieser nicht wertschöpfenden Aktivitäten dient, ausrangiert werden.

Neuentwicklung: Einzelne Anwendungsteile können einerseits unverzichtbar sein, andererseits in einem solchen Zustand sein, daß eine Renovierung im Sinne von 1) nicht effizient und wirtschaftlich ist. In einem solchen Fall kann es erforderlich sein, ein spezifisches Anwendungsteil neu zu entwickeln, wobei diese Neuentwicklung entweder inhouse durch die eigene Softwareentwicklungsabteilung geschehen kann oder auch an externe Softwarelieferanten ausgelagert werden kann.

Ersetzung: Ein Anwendungsteil ist aus logischer Sicht unverzichtbar, kann jedoch durch ein Standardsoftwarepaket ersetzt werden. Auf diese Art und Weise können Umstellungsarbeiten an Anwendungsteilen gespart werden. Letztlich ist es erforderlich, die Umstellungsaufwände gegen den Kaufpreis aufzurechnen.

Outsourcing: Bei der Umstrukturierung von Geschäftsprozessen kann die Chance genutzt werden, bestimmte Aktivitäten nicht innerhalb des eigenen Unternehmens durchzuführen, sondern sie von externen Partnern erledigen zu lassen (Outsourcing). In einem solchen Fall ist es für das umstellende Unternehmen möglich, bestimmte Anwendungsteile allein deshalb auszurangieren, weil Teile des Geschäfts an andere verlagert werden.

Ein typisches Beispiel ist ein Versicherungsunternehmen, das sich entscheidet, den Geschäftsprozeß Ausschreibung-Vergabe-Abrechnung im Zusammenhang mit Handwerkern, die Schäden beseitigen, nicht mehr selbst zu betreiben, sondern an eine Assistenzgesellschaft abzugeben (von denen es gerade im Versicherungskontext einige gibt, die auf die Handwerkerschnittstelle spezialisiert sind).

Ein solches Outsourcen von Teilen des Geschäftes, die nicht zum Kerngeschäft eines Unternehmens gehören, kann nicht nur zu einem insgesamt schlankeren und besser fokussierten Unternehmen führen, sondern es kann im Kontext der Jahr-2000-Umstellung zusätzlich die Menge der zu konvertierenden Software drastisch senken.

Erhaltung ohne Konvertierung: Im Rahmen der Bestandsaufnahme werden in aller Regel auch solche Anwendungsteile identifiziert, die ohne weitere Änderungen übernommen werden können. Dies ist insbesondere dann der Fall, wenn sie nicht zur Verarbeitung von strukturierten Daten herangezogen werden (zum Beispiel Software zur Archivierung von Dokumenten) oder wenn sie relativ neu ist.

Wenn gemäß dieser verschiedenen Kategorien die zur Umstellung anstehende Software klassifiziert ist, ist es möglich, umzustellende Gruppen von Softwarekomponenten zu identifizieren, so daß neue Schnittstellen nur in beschränktem Maße anfallen. Diese Klassifizierung basiert auf der Häufigkeit der Datenbenutzung, der

Benutzung in verschiedenen Fachbereichen, der verwendeten Plattformen, der Größe und Komplexität.

Je größer die Einheiten sind, die »en block« umgestellt werden können, desto geringer ist der Aufwand bei der Integration von umgestellter Software und noch nicht umgestellter Software, so daß große Upgrade-Einheiten anzustreben sind. Andererseits bedeuten große Upgrade-Einheiten, daß Änderungen schlecht parallelisierbar sind. Folglich ist ein Mittelweg zwischen möglichst großen und möglichst handhabbaren Upgrade-Einheiten anzustreben.

Die Klassifizierung gemäß der genannten Kategorien muß sicherstellen, daß keine entbehrlichen Komponenten umgestellt werden und daß keine dringend benötigten und deshalb umzustellenden Softwareteile entbehrt werden. Sobald die Klassifizierung validiert ist, kann eine Priorisierung stattfinden, die die Basis des Migrationsplans bildet. An dieser Stelle müssen die Jahr-2000-Pläne mit allgemeinen Plänen zur Erweiterung und Änderung von Software integriert werden, um eine akkurate und vollständige Planung zu ergeben. Komponenten, die vor dem Jahr 2000 ersetzt, migriert oder beseitigt werden, haben einen geringen Risikostatus. Softwarepakete, Systemsoftware und externe Schnittstellen, die während der Bestandsaufnahme identifiziert wurden, erfordern eine besondere Behandlung durch externe Partner.

Software-Komponenten mit geringer verbleibender Lebenszeit können oft anders behandelt werden als Komponenten mit langer Lebenszeit. Wenn ein Anwendungssystem als Jahr-2000-tauglich eingestuft ist, sollte es durch zusätzliche Werkzeuge überprüft werden, um die Sicherheit dieser Einstufung zu gewährleisten. Nicht-Jahr-2000-taugliche Komponenten müssen umgestellt oder beseitigt werden. Ansätze hierzu basieren auf den Angaben von Anwendern, auf der Wichtigkeit dieser Komponenten für die Lebensfähigkeit des Unternehmens und auf ihrer prognostizierten Lebensdauer.

Ein System mit einer zwar noch verbleibenden, zweijährigen Lebenszeit ist beispielsweise ein Kandidat für eine kurzfristige Kompensation der nicht vorhandenen Jahr-2000-Tauglichkeit und muß nicht notwendigerweise grundlegend umgestellt werden. Eine solche kurzfristige Kompensationsmaßnahme kann beispielsweise darin bestehen, daß dieses Stück Software verkapselt wird und daß die Funktionen dieser Kapsel das Einfügen der Jahrhundertangabe an allen kritischen Stellen fordern. Dies ist zwar offensichtlich eine wenig performante und auch wenig wartungsfreundliche Lösung, kann jedoch – falls wirklich sicher ist, daß die verbleibende Softwarelebenszeit gering ist – als Übergangslösung durchaus in Betracht kommen.

8.3.2 Phase 2 – Festlegung der Änderungseinheiten und von deren Prioritäten

8.3.2.1 Einrichten von Änderungseinheiten

Eine Änderungseinheit ist eine Gruppe von Programmen, Dateien, Datenbanken und anderen Entitäten, die logisch zusammengehören. Eine Änderungseinheit wird in aller Regel geschlossen, erneuert, überprüft oder reimplementiert. Eine Änderungseinheit kann ein vollständiges System sein, es kann ein Teilsystem sein, es können ausgezeichnete, verschiedene Teile eines Systems sein oder auch Kombinationen von existierenden Systemen.

Die Gruppierung von einzelnen Bestandteilen zu einer Änderungseinheit sollte kritische Faktoren wie Größe, Testerfordernisse und Überbrückungserfordernisse berücksichtigen. Die Definition geeigneter Änderungseinheiten ist einer der kritischen Schritte in der Jahr-2000-Umstellung. Von ihrer Wichtigkeit her entspricht sie der Erstellung eines vernünftigen Entwurfs zu Beginn einer Softwareentwicklung. Bei der Einteilung von Systembestandteilen in Implementierungsgruppen sind folgende Faktoren zu beachten:

1. Zeitpunkt des Nichtfunktionierens
2. Logische Zusammengehörigkeit
3. Größe der Gruppe als Ganzes (es muß eine handhabbare Einheit bleiben)
4. Erwartete und geplante Änderungen an den Bestandteilen dieser Gruppe
5. Optimierung des Tests dieser Gruppe auf der Grundlage der Zusammengehörigkeit
6. Minimierung der Überbrückung zwischen verschiedenen Implementierungsgruppen
7. Verfügbarkeit von Personal, das sich mit den Bestandteilen der Implementierungsgruppe auskennt
8. Verfügbarkeit von Personal für den Test der Implementierungsgruppe
9. Grad des gemeinsamen Zugriffs auf Daten und schlanke Schnittstellen zu anderen Komponenten
10. Möglichkeiten des Aufbaus von Wissen über die Komponenten der Implementierungsgruppe
11. Die Vorteile, einfache Aufgaben zuerst anzugehen
12. Verfügbares Budget
13. Geschäftsperioden (beispielsweise Geschäftsjahre)

Die Gruppierung von Bestandteilen zu Änderungseinheiten erfordert in aller Regel den Ausgleich zwischen in Konflikt stehenden Kriterien. Alle Faktoren – technische Fragen, Umstellungspolitik, Jahr-2000-Strategie, verfügbares Budget – müssen geeignet berücksichtigt werden.

Während des Änderungsprozesses bildet die Priorisierung der Änderungseinheiten die Grundlage für die Identifizierung der als nächstes durchzuführenden Umstellungsaktivitäten. Zur Ermittlung und Priorisierung der Änderungseinheiten gibt es verschiedene Kriterien:

1. Fehleranfälligkeit im Hinblick auf die Jahrhundertumstellung
2. Anteil der Änderungseinheit an der Gesamtapplikation (gemessen in Zeilen Code)
3. Anzahl der Einzelprogramme im Verhältnis zur Anzahl der Gesamtprogramme
4. Datenflußabhängigkeiten zwischen Programmen
5. Häufigkeit von Änderungen aus anderen Gründen

Abbildung 8.5 zeigt ein Formular für die Erfassung von Änderungseinheiten. Jede Änderungseinheit bekommt eine eindeutige Nummer und einen Namen bezogen auf die Applikation. Ein wichtiger Erfolgsfaktor für die Projektimplementierung im vordefinierten Zeitrahmen ist die richtige Priorisierung der Änderungseinheiten.

Jahr-2000-Prozeß		Änderungseinheiten		CSS/DPS
Kunde:		Ort:		Datum:
Pos.	Änderungseinheit (Nummer)	Änderungseinheit (Name)	Priorität	Bemerkung
1				
2				
3				
4				
5				
6				
7				
8				
9				
10				
11				
12				
Seite:				

Abb. 8.8: Formblatt für die Erfassung von Änderungseinheiten

Jede Änderungseinheit wird in ihre Einzelteile zerlegt. Die Einzelteile der Änderungseinheiten sind z.B. Programme, JCLs, Druckdateibeschreibungen, Maskendateibeschreibungen und Dateibeschreibungen. Somit erhält man eine komplette Beschreibung (Definition) von jeder Änderungseinheit. Die detaillierte Information der Änderungseinheit wird für die Arbeitsaufteilung in einer Umstellungsgruppe benutzt. Darüber hinaus gibt diese Information wichtige Hinweise für das Change Management (Änderungswünsche seitens Benutzer) und Testdurchführung.

Sind die Änderungseinheiten identifiziert und priorisiert, kann es erforderlich sein, verschiedene Änderungseinheiten zu Arbeitsmengen zusammenzufassen. Arbeitsmengen sind insbesondere dann von Bedeutung, wenn der Test der einzelnen Änderungseinheiten erfolgreich bestanden ist und das Zusammenspiel eng zusammengehöriger Änderungseinheiten überprüft werden soll, bevor ein Gesamtsystem integriert wird.

Zusammenfassung dieser Aufgabe

Aufgabenbeschreibung:

Identifikation und Priorisierung der Änderungseinheiten. Vorbereitung eines Softwareprojektplans für Arbeitsmengen zusammengehöriger Änderungseinheiten

Verantwortlichkeit:

Kunde und externer Partner

Ort:

Beim Kunden

Zu liefernde Dokumente:

Verschiedene Änderungseinheiten und ihre Priorisierung, Softwareprojektplan für die erste Arbeitsmenge von Änderungseinheiten.

Jahr-2000-Prozeß	Definition der Änderungseinheit		CSS/DPS
Kunde:		Ort:	Datum:
Änderungseinheit (Nummer):		Änderungseinheit (Name):	Priorität:
Pos.	Programm-ID	Programmname	Bemerkung
1			
2			
3			
4			
5			
6			
7			
8			
9			
10			
11			
12			
Seite:			

Abb. 8.9: Formblatt für die Erfassung von allen Komponenten einer Änderungseinheit

8.3.3 Phase 3 – Projektplanung

Wie für alle komplexen Projekte kommt einer sorgfältigen Projektplanung und deren kontinuierlicher Kontrolle eine wesentliche Rolle zu. Gerade angesichts der Nichtverschiebbarkeit der Jahrhundertumstellung, der wahrscheinlichen Einbeziehung externer Lieferanten und der Notwendigkeit, mit knappen Ressourcen umgehen zu müssen, ist die Projektplanung für Jahr-2000-Projekte von besonderer Bedeutung.

Während die spezifischen Charakteristika von Jahr-2000-Projekten bereits in Abschnitt 4.3 diskutiert worden sind, folgt in Kapitel 10 ein generischer Projektplan für Jahr-2000-Projekte, der dazu beitragen soll, alle wesentlichen Aktivitäten zu berücksichtigen. Da dieser Kontext in einem eigenen Kapitel erörtert wird, soll in diesem Zusammenhang nur darauf verwiesen werden, daß das Projektmanagement ein erfolgsentscheidender Faktor ist und daß insbesondere eine geeignete Besetzung der Rolle des Projektmanagers von großer Wichtigkeit ist.

8.3.4 Phase 4 – Versionskontrolle

Ziel des Konfigurationsmanagements und der Versionskontrolle ist es, nicht komplette Systeme aufgrund der Jahr-2000-Umstellung einzufrieren, sondern einzelne Komponenten, deren Änderungen inhaltlich zusammenhängen, zu identifizieren und nur diese während der Jahr-2000-Umstellung einzufrieren. Mittels einer solchermaßen praktizierten Versionskontrolle ist es möglich, Änderungen an sich gerade in der Umstellungen befindlichen Änderungseinheiten vorzunehmen. Allein diese Erörterung verdeutlicht, daß die Versionskontrolle auf den Ergebnissen der Identifikation von Änderungseinheiten basiert.

Änderungseinheiten werden in der Detailplanung in zeitliche Reihenfolge gebracht, so daß klar ist, welche Änderungseinheit wann Jahr-2000-umgestellt wird. Mit Hilfe der Versionskontrolle ist es dann möglich, den Stand einer jeden Konfigurationseinheit vor Beginn ihrer Jahr-2000-Umstellung zu ermitteln, festzustellen, welche Änderungseinheit in der Umstellung befindlich ist und im Zusammenspiel mit dem Projektplan daraus abzuleiten, wann die Jahr-2000-umgestellten Änderungseinheiten verfügbar sind.

Auf diese Weise wird sichergestellt, daß von jeder Änderungseinheit der Zustand vor Beginn der Änderung verfügbar bleibt. In ähnlicher Weise werden Testdaten für den Komponententest, für den Systemtest, für den Integrationstest und für den Akzeptanztest versioniert.

Zusammenfassung dieser Aufgabe

Aufgabenbeschreibung:

Versionskontrolle für die Änderungseinheiten, die in der Aktivität »Identifikation von Änderungseinheiten« identifiziert wurden, und Testdaten

Verantwortung:

Externer Partner, wobei er auf inhaltliche Angaben seitens des Softwarebetreibers angewiesen ist.

Ort:

Beim externen Partner

Zu liefernde Dokumente:

Die Version aller Änderungseinheiten und aller Testdaten, insbesondere von vor dem Beginn der Jahr-2000-Umstellung sowie umgestellt Änderungseinheiten. Gemäß der Planung muß Versionskontrolle betrieben werden.

8.3.5 Phase 5 – Before-Image-Test (Unit- und System-Test)

Testing erfordert mindestens die Hälfte des gesamten Aufwandes. Somit liegt er höher als bei traditionellen Entwicklungsprojekten, bei denen üblicherweise von 40% Testaufwänden an den Gesamtentwicklungsaufwänden ausgegangen wird. Es ist nicht nur erforderlich, den betroffenen Code zu testen. Zusätzlich muß auch der nicht unmittelbar betroffene Code getestet werden, um die Seiteneffekte, die durch Änderungen in dem betroffenen Codeteil entstehen können, zu ermitteln.

Tests erfordern die Integration mit anderen Softwaresystemteilen. Testfälle müssen detailliert dokumentiert werden. Äquivalenz, Klassen von Testfällen sind erforderlich, um auf statischer Ebene eine Überdeckung zu prognostizieren. Grundsätzlich sollte ein Before-Image-Test (BIT) durchgeführt werden. Dieser Test erfolgt, bevor man mit der Umstellung anfängt – also mit derzeitiger Software. Alle Testergebnisse von BIT werden festgehalten.

Nach der Umstellung werden nochmals Tests durchgeführt. Diese Tests sind die After-Image-Tests (AIT). Die Ergebnisse der AIT werden mit der BIT verglichen. Auf diese Art und Weise wird festgestellt, ob die Änderungen im Rahmen der Umstellung zu funktionellen Veränderungen geführt haben. Darüber hinaus werden Regressionstests durchgeführt und insbesondere ein Jahr-2000-Tauglichkeitstest. Die Vorbereitung spezieller Testfälle und Testumgebung ist die Aufgabe der Anwender. Hier ist meistens die Erfahrung und die Unterstützung durch den externen Partner sehr hilfreich.

In der Phase des Before-Image-Unit-Tests wird jede einzelne Änderungseinheit getestet. Hierbei werden die Testdaten verwendet, die von dem Testdatenvorbereitungsteam (TDV-Team) erzeugt werden. Die Testdaten und die Ergebnisse des Komponententests werden versioniert.

Jede einzelne Komponente wird auch innerhalb des Systemtests überprüft. Hierbei werden die Komponenten in ihrer integrierten Form getestet und das Ein- und Ausgabeverhalten jeder einzelnen Komponente protokolliert.

Die Ergebnisse des Komponententests sind Grundlage für die Überprüfung der Funktionsäquivalenz nach der Jahr-2000-Konversion.

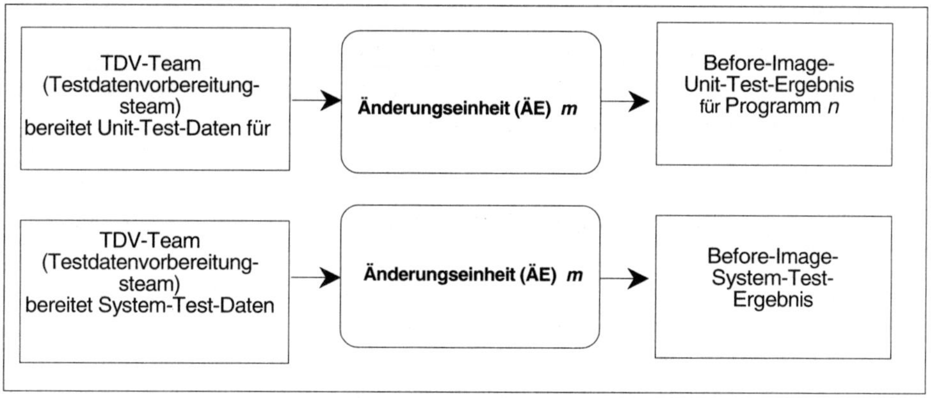

Abb. 8.10: Das Before-Image-Test (BIT)-System

Zusammenfassung dieser Aufgabe

Aufgabe:

Testdatenvorbereitung und Before-Image-Test

Verantwortung:

Testdatenvorbereitung: Kunde   Test: externer Partner

Ort:

Beim Kunden und Off-shore

Zu erzeugende Dokumente:

Before-Image-Testergebnisse und -Testdaten, versionierte Ergebnisse und Daten

Jahr-2000-Prozeß			Before-Image-Test			CSS/DPS
Kunde:			Ort:		Datum:	
Folgende Änderungseinheiten wurden getestet in bezug auf die Funktionalitäten, die die Datumsfelder beeinflussen.						
Pos.	Änderungseinheit (Nummer)	Systemdatum 1997	Systemdatum 31.12.1999	Systemdatum 29.02.2000	Ergebnisse erfaßt durch:	Ergebnisse erfaßt am:
1						
2						
3						
4						
5						
6						
7						
8						
9						
10						
11						
12						
Seite:						

Abb. 8.11: Formblatt für die Erfassung von Before-Image-Testergebnissen

8.3.6 Phase 6 – Änderung der Software

Die Änderung der Software selbst muß genau geplant werden. Der enge Zusammenhang mit Änderungen und Erweiterungsanforderungen aus anderer Richtung bedeutet, daß hohe Synchronisations- und Abstimmungsanforderungen existieren. Änderungen müssen realisiert werden, Programme müssen getestet werden, sowohl im Hinblick auf ihre Funktionalität als auch im Hinblick auf ihre Jahr-2000-Tauglichkeit. All dies muß synchronisiert werden mit den Änderungen und Erweiterungen, die sich aus dem normalen Tagesgeschäft ergeben.

Das Einfrieren von Applikationen ist praktisch ausgeschlossen. Allein diese Gründe bedeuten, daß die Realisierung der Jahr-2000-Änderung in der Software sorgfältig zu planen ist. Die Synchronisation von Jahr-2000-Prozeß und anderen, parallel laufenden Softwareprozessen gehört aller Voraussicht nach zu den größten, nicht explizit ausgezeichneten Kostenblöcken in den allermeisten Jahr-2000-Plänen.

Sobald der Plan abgestimmt ist, Erfahrungen mit dem Pilotprojekt gemacht und entsprechende Konsequenzen gezogen worden sind sowie Implementierungsgruppen definiert worden sind, kann die tatsächliche Umstellung beginnen. Die Kosten und die Zeiten für Änderungen einzelner Komponenten müssen kontinuierlich überprüft werden, um mögliche Planabweichungen so schnell wie möglich zu entdecken. So ist sichergestellt, daß Eskalationsmaßnahmen frühestmöglich eingeleitet werden.

Wird die Änderung einer bestimmten Implementierungsgruppe nach außen gegeben, muß das Projektteam kontinuierlich und präzise mit dem externen Lieferanten kommunizieren, um Zielsetzungen zu verdeutlichen und Abweichungen vom vereinbarten Plan zu identifizieren. Je nach angestrebtem Ziel kann es sich um Änderungen der Datenlogik oder der Programmlogik handeln, oder Software kann von einer Kategorie in die nächste umgestellt werden (vgl. Kapitel 7).

Das Änderungsteam modifiziert jedes Programm innerhalb einer Änderungseinheit unter Verwendung verschiedener Werkzeuge. Das Team ist für die Änderungen zuständig und liefert kompilierbare Programme an das Testteam. Das Änderungsteam arbeitet Off-shore in Indien. Ein Mitglied des Teams beim Kunden koordiniert die Änderungen während dieser Phase.

Jede geänderte Änderungseinheit wird vom Änderungsteam begutachtet, wobei die begutachtende Person nicht an der Änderung mitgewirkt hat.

Zusammenfassung dieser Aufgabe

Aufgabe:

Implementierung der Änderungen und Überprüfung

Verantwortung:

Änderungsimplementierung: externer Partner Überprüfung: externer Partner

Ort:

Off-shore

Zu liefernde Dokumente:

Geänderte und begutachtete Änderungseinheiten

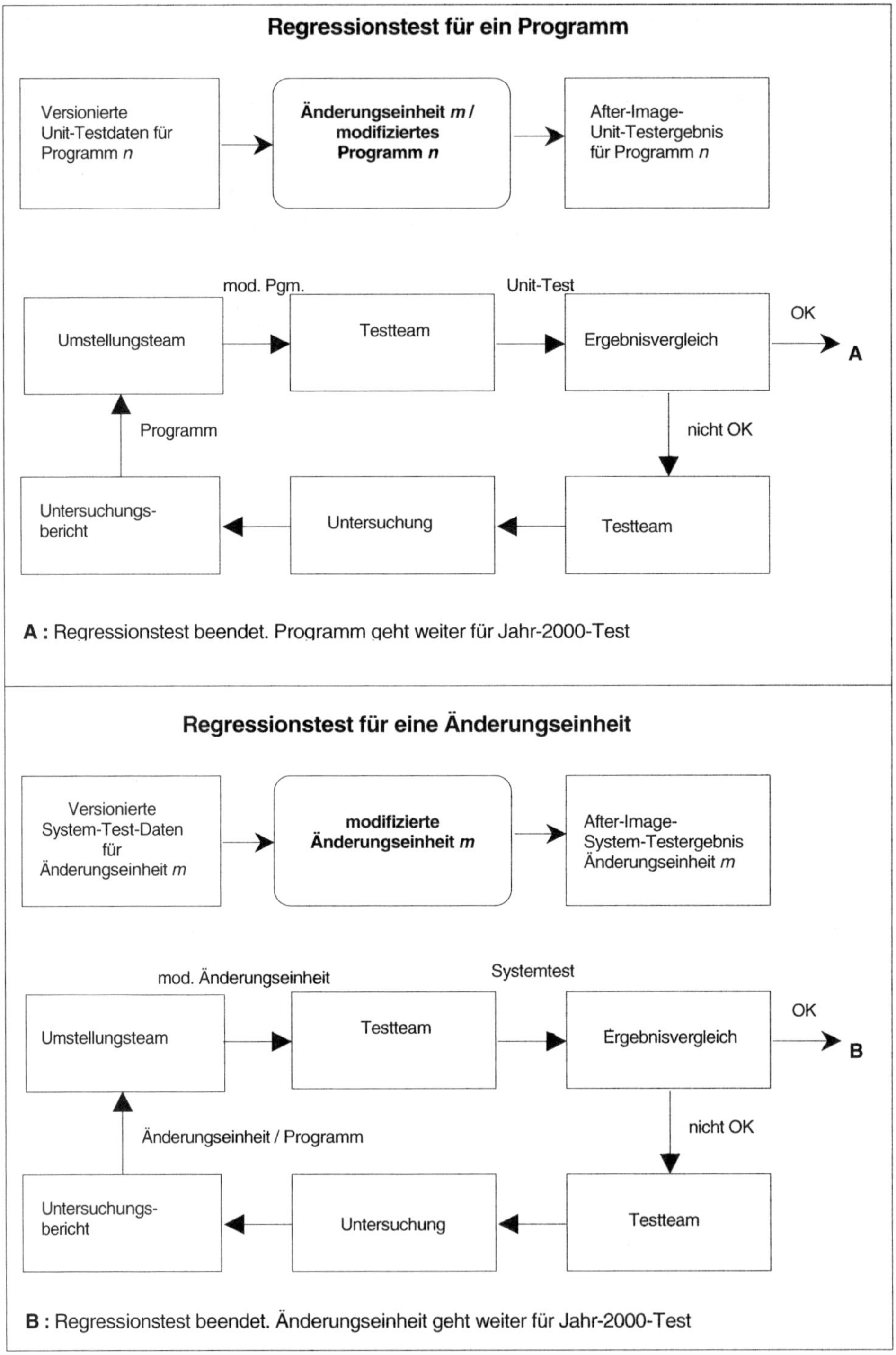

Abb. 8.12: Das Regression-Test-System

8.3.7 Phase 7 – Testing / Validationsprozeß (After-Image-Test)

8.3.7.1 Regressionstest

Sobald ein Programm geändert ist, wird es vom Testteam komponentengetestet. Hierbei werden die versionsgesicherten Testdaten für den Komponententest verwendet. Die Ergebnisse dieses Tests werden als After-Image-Komponententestergebnisse bezeichnet. Diese Ergebnisse werden mit den Before-Image-Komponententests verglichen, um die funktionale Äquivalenz des Programms vor der Änderung mit dem Programm nach der Änderung sicherzustellen.

Sobald diese Ergebnisse übereinstimmen, wird ein vollständiger Regressionstest für die Änderungseinheit gestartet. Stimmen die Ergebnisse nicht überein, ist offensichtlich, daß durch die Änderungen, die sich aus der Jahr-2000-Umstellung ergeben haben, funktionale Änderungen stattgefunden haben, so daß die Ursache für die Abweichungen zwischen den einzelnen Testergebnissen ermittelt werden muß.

Jahr-2000-Prozeß	Programm-Test	CSS/DPS
Kunde:	Ort:	Datum:
After-Image-Test:	Regressionstest:	Jahr-2000-Test:
Programm:	Name:	Änderungseinheit (Nummer)
Funktionalität (kurz)		
Relevante Details		
Maskendatei	: J/N	
Druckdatei	: J/N	
Datenbank Update	: J/N	
	Seite:	

Abb. 8.13: Formblatt für die Testphasen

Dies bedeutet, daß das Programm an das Änderungsteam zurückgegeben wird. Die Beschreibung der Unstimmigkeiten bilden die Grundlage der erforderlichen Korrektur. Nachdem das Änderungsteam die Fehler beseitigt hat, wird die entsprechende Änderungseinheit erneut an das Validationsteam übergeben. Ein ähnlicher Prozeß wird für den Systemtest gewählt. Die Abbildung 8.12 zeigt den Datenfluß zwischen den genannten Teams.

8.3.7.2 Jahr-2000-Test

Die in dem Before-Image-Test ermittelten Testdaten decken nicht notwendigerweise die für die Jahrhundertumstellung relevanten Fälle ab. Deshalb ist es erforderlich, besondere Testfälle zu identifizieren, die die Jahr-2000-Tauglichkeit dokumentieren. Für die Ermittlung dieser Testfälle sollte der externe Partner einbezogen werden. Er verfügt über die Erfahrungen mit Jahr-2000-Umstellungen, die in aller Regel beim Kunden nicht vorhanden sind.

Werden die Testfälle von dem externen Partner erstellt, müssen sie durch den Kunden begutachtet werden, um zu ermitteln, ob sie realitätsnah sind.

Sind die Jahr-2000-Testfälle erstellt, nimmt das Testteam zunächst einen Komponententest und dann einen Integrationstest unter besonderer Berücksichtigung der Jahr-2000-Testfälle vor. Entspricht das Verhalten der geänderten Software nicht dem erwarteten Jahr-2000-tauglichen Verhalten, werden die betroffenen Änderungseinheiten an das Änderungsteam zurückgegeben. Beschreibungen der Fehler bilden die Grundlage einer Korrektur. Nach der Korrektur durch das Änderungsteam werden die betroffenen Änderungseinheiten erneut an das Testteam übergeben. Abbildung 8.14 zum Datenfluß innerhalb des Jahr-2000-Tests zeigt diesen Zusammenhang.

Zusammenfassung dieser Aufgabe

Aufgabe:

Validation

Verantwortung:

Regressionstest: externer Partner

Jahr-2000-Testfallvorbereitung: externer Partner

Jahr-2000-Testfallbegutachtung: Kunde

Jahr-2000-Test: externer Partner

Ort:

Off-shore und beim Kunden

Zu liefernde Dokumente:

Beweis der Korrektheit der Änderungseinheiten

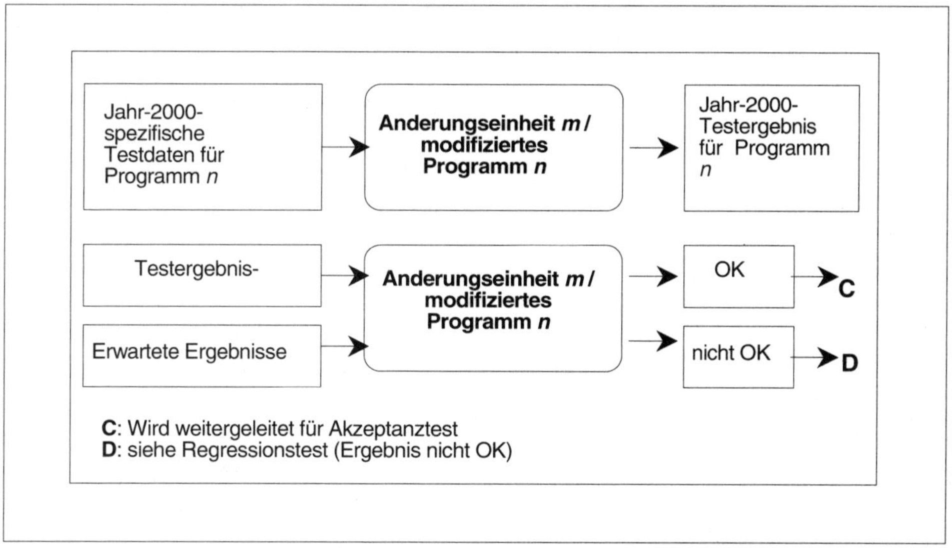

Abb. 8.14 Das Jahr-2000-Datumstest-System

8.3.7.3 Akzeptanztest

Ein dritter Test innerhalb der Überprüfung ist der **Akzeptanztest**. Den Akzeptanztest nimmt der Kunde auf der Basis der Unterteilung in einzelne Änderungseinheiten vor. Die Testdaten für den Akzeptanztest werden durch den Kunden vorbereitet. Der externe Partner unterstützt den Kunden bei der Durchführung des Akzeptanztests. Wenn eine geänderte Änderungseinheit durch den Kunden akzeptiert wird, wird sie anschließend in Produktion gebracht. Andernfalls wird sie an das Änderungsteam zurückgeleitet.

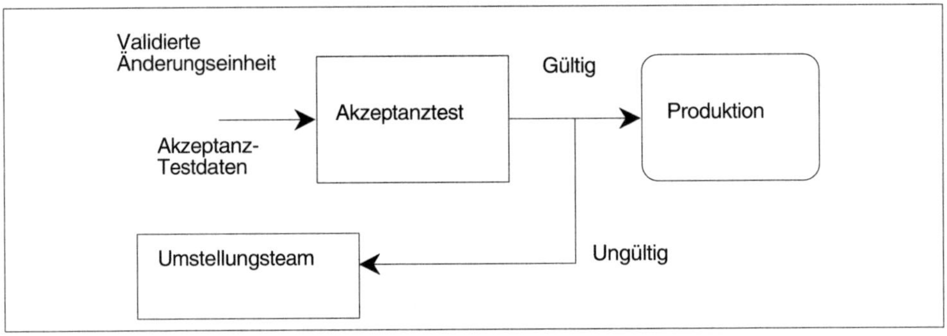

Abb. 8.15: Das Akzeptanztest-System

Jahr-2000-Prozeß		**Abnahmeformular**			**CSS/DPS**
Kunde:		Ort:			Datum:
Pos.	Änderungs-einheit (Nummer)	Änderungseinheit (Name)	Geliefert am:	Test ge-startet am:	Abnahme durch (Name und Datum)
1					
2					
3					
4					
5					
6					
7					
8					
9					
10					
11					
12					
			Seite:		

Abb. 8.16: Formblatt für die Abnahme

Zusammenfassung dieser Aufgabe

Aufgabe:

Akzeptanztest

Verantwortung:

Akzeptanztest: Kunde

Ort:

Beim Kunden

Zu liefernde Dokumente:

Akzeptierte Änderungseinheiten

8.3.8 Phase 8 – Inbetriebnahme

Sobald die Programme/Änderungseinheiten validiert sind, sind sie in Betrieb zu nehmen. Falls es nicht möglich war, die einzelnen Änderungseinheiten einzufrieren, müssen sie zuvor mit den Änderungen, die im Rahmen der regulären Wartung vorgenommen sind, integriert werden.

Um herauszufinden, ob solche Änderungen in der Zwischenzeit vorgenommen worden sind, werden die Before-Image-Versionen mit den aktuellen Versionen der Produktionsbibliothek verglichen. Für die gegebenenfalls durch Integration entstehenden Komponenten, die sowohl die Änderungen aus der Jahr-2000-Umstellung als auch die regulären Änderungen enthalten, werden die Überprüfungs- und Testaktivitäten der vorgenannten Phasen durchgeführt. Sind in der Zwischenzeit keine anderen Änderungen vorgenommen worden, wird das Programm in Betrieb genommen.

Der Aufwand für die Integration zweier Versionen kann im voraus kaum geschätzt werden, da die regulären Änderungen – genausogut wie die Jahr-2000-Änderungen – das gesamte Programm betreffen können. Auch der Prozeß der Integration zweier Komponenten kann mit Änderungen, die während dieser Integration stattfinden, kollidieren, so daß ab einer bestimmten Phase ein zumindest kurzfristiges Einfrieren für reguläre Änderungen unbedingt erforderlich ist.

8.4 Zusammenfassung der Anforderungen an den Kunden

In diesem abschließenden Abschnitt von Kapitel 8 werden die Anforderungen an denjenigen, der die Softwareumstellung in Auftrag gibt, zusammengefaßt. Insofern dient diese Aufzählung als Checkliste zur Überprüfung, ob die eigene Organisation für das Outsourcing der Jahr-2000-Umstellung bereit ist.

1. Ein Projektmanager wird als kompetenter Ansprechpartner für den externen Partner eingesetzt. Dieser Projektmanager ist sich über die strategische Bedeu-

tung der Jahr-2000-Umstellung und die damit verbundenen Risiken im klaren. Eine wichtige Vorassetzung für das erfolgreiche Jahr-2000-Projektmanagement ist die vollständige Rückendeckung des Projektmanagers durch das oberste Management, da er mehrere Abteilungen bzw. Hauptabteilungen betreffende Entscheidungen fällen muß. Seiner Fuktion nach gehört er erfahrungsgemäß entweder der gleichen oder sogar einer tieferliegenden Hierarchiestufe – verglichen mit den Hauptabteilungsleiter – an. Dies hat meistens zur Folge, daß manche seiner Entscheidungen seitens der Hauptabteilungsleiter langwierigen Diskussionen unterworfen werden. Ohne Rückendeckung des Managements bzw. Der Genehmigung eigener Entscheidungsfreiräume ist das Projektmanagement sehr schwierig. Hier liegt auch der Unterschied zum normalen Projektmanagement, wo der Projektmanager mehr eine Fachfunktion darstellt.

2. Bereitstellung des aktuellen Quellcodes: Der Kunde muß die aktuellste Version des Quellcodes für die Umstellung bereitstellen. Nicht selten treten Situationen auf, wo die gelieferte Quellcodeversion nicht mit der sich in Produktion befindlichen Programmen übereinstimmt. Dies hat zur Folge, daß erst in der Testphase erkannt wird (meistens nach langer Fehlersuche), daß die Quellcodeversion nicht aktuell ist. Sehr oft ist die aktuellste Version einfach nicht auffindbar, so daß man unter Umständen ein Re-engineering des Programms durchführen muß, um den aktuellen Quellcode zu erzeugen. Dies führt zu zusätzlichem Zeit- und Geldaufwand, welcher meistens nicht einkalkuliert ist. Unsere Projekterfahrung hat gezeigt, daß meistens 1% bis 2% des gelieferten Quellcodes nicht aktuell war bzw. Zum Teil im Unternehmen einfach nicht vorhanden waren.

3. Versionsmanagement: Die Verantwortung für das Versionsmanagement kann entweder inhouse gehalten oder an externe Partnet delegiert werden.

4. Bereitstellung von Infrastruktur zum elektronischen Dateiaustausch: Insbesondere dann, wenn der externe Partner nicht im gleichen Gebäude sitzt, ist ein schneller Datenaustausch unverzichtbar. Die Zerlegung in kleine Änderungseinheiten (aus Gründen der Überschaubarkeit der Umstellung unumgänglich) bedeutet, daß Informationen über vom Kunden vorgenommenen Softwaremodifikationen schnellstens an den externen Partner weitergeleitet werden müssen. Am einfachsten geht dies mit einem Anschluß ans Internet oder dedizierten Netzen wie CompuServe, T-Online oder AOL.

9 Werkzeuge zur Datumsumstellung

»A fool with a tool is still a fool«
– Sprichwort

In der gesamten Softwareentwicklung kommen mittlerweile vielfältige Werkzeuge zum Einsatz. Hierunter finden sich mehr oder weniger isolierte Werkzeuge, die einzelne Tätigkeiten in der Softwareentwicklung unterstützen (Testwerkzeuge, Debugger, Werkzeuge zur Unterstützung des Entwurfsprozesses, etc.) und auch miteinander integrierte Mengen von Werkzeugen, zwischen denen der Austausch von Information möglich ist (Programmierumgebungen, Entwicklungsumgebungen).

Die Verwendung von Werkzeugen ist in der Softwareentwicklung über Jahre hinweg als Allheilmittel für die Softwarekrise dargestellt worden. Mehr oder weniger irrwitzige Versprechungen bezüglich der durch den Einsatz von Werkzeugen zu erreichenden Produktivitätssteigerungen in der Entwicklung von Software sind gemacht und in aller Regel nicht gehalten worden. Dennoch werden einzelne Werkzeuge immer noch als die Antwort auf sämtliche Probleme der industriellen Softwareentwicklung angepriesen.

Ähnlich stellt sich die Situation mit Blick auf die Probleme der Jahr-2000-Umstellung dar. Es gibt eine Vielzahl von auch methodisch recht unterschiedlichen Werkzeugen. Viele Werkzeughersteller wecken die Hoffnung, daß allein der Einsatz des richtigen (nämlich des jeweils eigenen) Werkzeuges nahezu zwangsläufig eine deutliche Reduktion der Umstellungskosten mit sich bringen würde. Eine genauere Analyse der Funktionalitäten dieser Werkzeuge und eine Zuordnung dieser Werkzeuge zu den Aktivitäten der Jahr-2000-Umstellung zeigen, daß – unabhängig vom Werkzeugeinsatz – wesentliche Aktivitäten der Umstellung im starken Maße von menschlicher Mitarbeit abhängen und kaum zu automatisieren sind. Dennoch können Werkzeuge sinnvoll eingesetzt werden; allerdings nur dann, wenn sie zum gewählten Umstellungsprozeß passen und wenn sie die Fehleranfälligkeit einer rein manuellen Vorgehensweise senken.

Ganz wesentlich ist jedoch, daß Werkzeuge zur Unterstützung der Umstellung keine schnelle Rettung vor der Unbill der Umstellung bedeuten. Der in Kapitel 8 diskutierte Umstellungsprozeß ist unabhängig von der Werkzeugfrage zu bewältigen. Werkzeuge zu seiner Unterstützung können bei den einzelnen Aktivitäten

Hilfe bringen, sie können jedoch auf keinen Fall den Prozeß als Ganzes maßgeblich vereinfachen.

Als Ergebnis der Überlegung, ob und welche Werkzeuge im Rahmen der Jahr-2000-Umstellung eingesetzt werden sollen, bleibt folgendes: daß Werkzeuge eingesetzt werden sollten, insofern sie zum gewählten Prozeß passen, daß ihre Wirkung aber keinesfalls überschätzt werden sollte und daß der Beginn der Umstellung auf keinen Fall mit dem diffusen Hinweis auf wundersame Werkzeuge, die den erforderlichen Gesamtaufwand der Umstellung deutlich reduzieren, verzögert werden sollte.

Diese Situation macht es wenig sinnvoll, den Versuch zu unternehmen, alle verfügbaren Werkzeuge, die in irgendeiner Weise sinnvoll bei der Jahr-2000-Umstellung eingesetzt werden können, zu untersuchen. Statt dessen diskutieren wir in Abschnitt 9.1 verschiedene Arten von Werkzeugen, bevor wir sie in Abschnitt 9.2 beispielhaft erläutern.

9.1 Werkzeugarten zur Unterstützung der Jahr-2000-Umstellung

Der Begriff des Werkzeuges ist genauso unscharf wie der der Jahr-2000-Umstellung. Ist ein Werkzeug ein Programm, das irgendein Benutzer als hilfreich empfindet? Unterscheidet sich ein Werkzeug überhaupt grundlegend von irgendeiner anderen Art von Programmen? Ist somit möglicherweise jedes Werkzeug, das von einem Anwender im Rahmen einer Jahr-2000-Umstellung verwendet wird, ein Jahr-2000-Werkzeug? Letzteres würde sicherlich bedeuten, daß Textverarbeitungsprogramme die am häufigsten verwendeten Werkzeuge der Jahr-2000-Umstellung sind. Wir möchten diese Debatte nicht führen, sondern einige Arten von Werkzeugen, die in Jahr-2000-Projekten, nicht aber in beliebigen anderen Softwareprojekten eingesetzt werden, vorstellen.

Im einzelnen diskutieren wir die folgenden Arten von Werkzeugen:

1. Werkzeuge zur Unterstützung der Bestandsaufnahme
2. Werkzeuge zur Unterstützung der Impact-Analyse
3. Werkzeuge zur Unterstützung der Konvertierung (inklusive Programmbibliotheken)
4. Werkzeuge zur Kostenschätzung
5. Werkzeuge zur Unterstützung des Änderungsmanagements
6. Werkzeuge zur Unterstützung der Testaktivitäten

Zusammenfassend werden all diese Werkzeuge als Jahr-2000-Werkzeuge bezeichnet. Andere Werkzeuge wie beispielsweise Versions- und Konfigurationsmanagement-Werkzeuge und allgemeine Testwerkzeuge, die im Rahmen von Jahr-2000-Projekten wesentlich sind, die aber auch in anderen Softwareentwicklungsprojekten eingesetzt werden, werden im folgenden nicht detaillierter erörtert.

9.1.1 Werkzeuge zur Unterstützung der Bestandsaufnahme

Werkzeuge zur Unterstützung der Software-Bestandsaufnahme helfen bei der Inventarisierung der Software. Sie basieren in aller Regel auf einer einfachen Datenbank (meist einer relationalen), in der Informationen über die vorhandene und eingesetzte Software gespeichert werden kann. Zusätzlich können in aller Regel Informationen über die Lieferanten dieser Software, über die eingesetzten Versionen und über die verwendeten Programmiersprachen abgelegt werden. Werkzeuge dieser Art verfügen über vordefinierte Abfragen zur Ermittlung von eingesetzter Software mit bestimmten Eigenschaften und ermöglichen teilweise auch die Definition benutzerspezifischer Abfragen.

Abbildung 9.1 stellt ein konzeptionelles Schema dar, das die wesentlichen Informationen, die mit Hilfe der meisten Werkzeuge zur Bestandsaufnahme verwaltet werden, umfaßt. Jedes Rechteck stellt dabei eine Menge von logisch eng zusammenhängender Information dar (in der Terminologie von Entity-Relationship-Diagrammen handelt es sich um Entitätstypen, in der Terminologie der objektorientierten Analyse handelt es sich um Klassen oder Objekttypen). Im Zentrum des Schemas findet man die Anwendung, die ihrerseits aus verschiedenen Komponenten und Dateien besteht. Zu jeder Anwendung findet man die Benutzer, die sie einsetzen, und die Plattform, auf der sie läuft. Auf der Basis eines solchen konzeptionellen Schemas werden Informationen über die umzustellende Software angelegt. Während des Umstellungsprojektes selbst wird diese Information zunächst benötigt, um die auszurangierende Software von der zu ersetzenden und von der umzustellenden zu unterscheiden. Während der tatsächlichen Konvertierung kann auf der Grundlage der Ergebnisse protokolliert werden, welcher Aufwand zur Konvertierung welcher Software erbracht wurde. Werkzeuge, die diese Art der Protokollierung unterstützen, gehen über die reine Bestandsaufnahme hinaus und unterstützen zusätzlich das Management und die Zuordnung von Kosten.

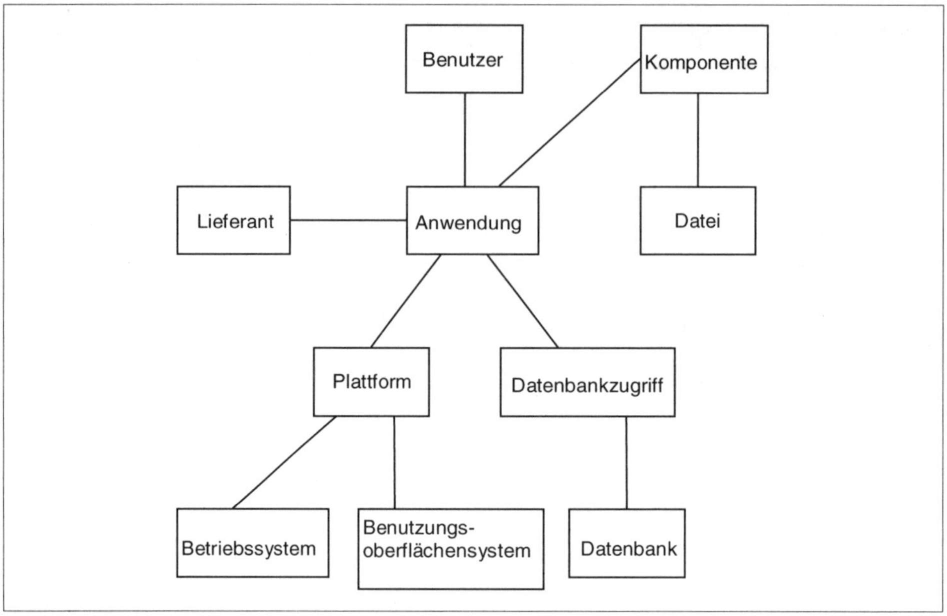

Abb. 9.1: Beispiel eines konzeptionellen Schemas eines Werkzeuges zur Unterstützung der Bestandsaufnahme

Durch die Zuordnung von Attributen zu den Objekttypen des Schemas lassen sich beispielsweise die folgenden Funktionalitäten realisieren:

Bestandsaufnahme aller Anwendungen inklusive:

- aller zugehörigen Komponenten und Dateien
- der verwendeten Programmiersprache(n)
- Kontaktperson für jede Anwendung
- Hardware/Softwareplattform je Anwendung

Bestandsaufnahme aller Anbieter inklusive:

- Anbieterinformation
- Liste/Beschreibung aller Produkte/Angebote pro Anbieter

Bestandsaufnahme des aktuellen Konvertierungsstandes inklusive:

- allgemeine Information über die Konvertierung
- Konvertierungsstatus pro Anwendung und Komponente
- Aufnahme aller Änderungsanforderungen pro Anwendung und Komponente

9.1.2 Werkzeuge zur Unterstützung der Impact-Analyse

Werkzeuge zur Unterstützung der Impact-Analyse helfen bei der Ermittlung von infektiösen Stellen. Ziel dieser Werkzeuge ist es nicht, diese Stellen auch gleich zu konvertieren oder in sonstiger Weise zu bearbeiten. Es kommt im Rahmen der Bestandsaufnahme zunächst nur darauf an, die im Rahmen einer Konvertierung gegebenenfalls zu berücksichtigenden Stellen zu identifizieren.

Werkzeuge zur Unterstützung der Impact-Analyse lassen sich anhand ihrer Trefferquote und anhand ihrer Fehlerquote bewerten:

1. Unter der Trefferquote versteht man den Anteil der erkannten infektiösen Stellen an der Menge aller infektiösen Stellen. Die nicht identifizierten infektiösen Stellen bezeichnet man als falsch-negative Infekte.

2. Unter der Fehlerquote versteht man den Anteil der falsch-positiven Infekte an der Menge der identifizierten, infektiösen Stellen. Ein falsch-positiver Infekt ist dabei eine Stelle, die als infektiös gemeldet wird, obwohl sie gar nicht datumssensitiv ist, also beispielsweise Variablennamen, die die Zeichenkette *Jahr* enthalten, aber dennoch nicht zur Repräsentation eines Datums dienen (z.B. die *Variable Laufzeit-der-Lebensversicherung-in-Jahren*).

Offensichtlich ist es nicht besonders schwierig, ein Werkzeug mit einer hohen Trefferquote zu erstellen (jedes Werkzeug, das jede Anweisung als infektiös meldet, hat per Definition eine hundertprozentige Trefferquote!). Schwierig wird die Erstellung eines solchen Werkzeuges, wenn neben einer möglichst hohen Trefferquote auch noch eine möglichst niedrige Fehlerquote erreicht werden soll.

Ein anderes, leicht überprüfbares Kriterium zur Beurteilung eines Werkzeuges zur Unterstützung der Bestandsaufnahme ist die Berücksichtigung von Konstanten [HP96]. Eine Konstante mit dem Wert 99 oder mit dem Wert 88 ist nicht eindeutig als infektiös zu erkennen. Andererseits liegt die Wahrscheinlichkeit vor, daß es sich um Konstanten handelt, die mit Variablen, die Jahreszahlen darstellen, verglichen werden. An diesem Beispiel lassen sich zwei prinzipiell verschiedene Arten von Mechanismen zur Identifikation der infektiösen Stellen unterscheiden.

Zum einen gibt es Werkzeuge, die auf rein syntaktischen Untersuchungen der Software basieren. Zum zweiten gibt es Werkzeuge, die semantische Abhängigkeiten innerhalb der Software berücksichtigen. Rein syntaktisch basierte Werkzeuge überprüfen den vorliegenden Programmtext auf bestimmte Suchmuster (z.B. Datum, Jahr, Monat oder auch bestimmte Abkürzungen wie JJ, TT, MM). Demgegenüber nutzen Werkzeuge, die auch semantische Informationen des zu untersuchenden Quelltextes überprüfen, die durch die Semantik der Programmiersprache definierten Abhängigkeiten zwischen Variablen und bestimmten Anweisungen. Wenn beispielsweise ein Feld als Datumsfeld erkannt wird und dieses Feld mit einem anderen Feld verglichen wird, so ist davon auszugehen, daß auch das zweite Feld vom Typ Datum ist. Auf diese Weise wird von einem Auftreten eines Datumsfeldes auf ein zweites geschlossen. Zu diesem als Propagation bezeichneten Schließen auf zusätzliche Datumsfelder ist es nötig, die Logik von Vergleichsoperarationen und anderer Anweisungen zu kennen und in der Propagation zu berücksichtigen. Mit Hilfe der Propagation können die meisten infizierten Stellen entdeckt werden, auch wenn nicht alle Datumsfelder syntaktisch als Datumsfelder erkannt werden können.

Abbildung 9.2 veranschaulicht diesen Mechanismus. Ausgehend von einer infektiösen Stelle (in der Abbildung mit *seed* gekennzeichnet) wird die Variable *XYZFIELD* als infektiös identifiziert. Da diese Variable als Parameter der Funktion *f* verwendet wird, wird die Propagation auch im Rumpf dieser Funktion fortgesetzt und auf diese Weise die lokale Variable *X* als infektiös erkannt. Aufgrund der Propagation lassen sich auch solche infektiösen Stellen identifizieren, die rein syntaktisch nicht identifiziert würden. Unter Verwendung eines guten Propagationsalgorithmus und einiger gut gewählter Ursprungsinfekte lassen sich teilweise gute Trefferquoten bei gleichzeitig niedrigen Fehlerquoten erreichen.

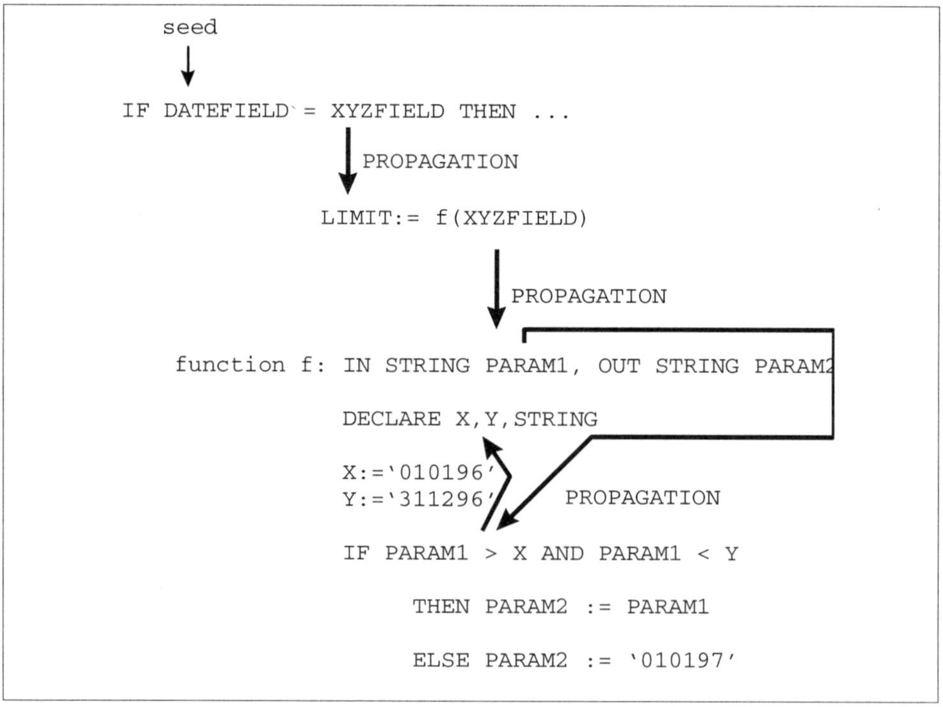

Abb. 9.2: Mechanismus für die Analyse durch Propagation

Ein einfacher Spezialfall der Propagation wird durch das Auffinden von Referenzen geleistet. Diese rein syntaktische Unterstützung basiert auf der Ermittlung aller Vorkommnisse einer bestimmten Variable, Funktion oder Prozedur. Mittels dieses *Cross-Referencing* können die Seiteneffekte, die eine Änderung haben könnten, im voraus abgeschätzt werden.

Fortgeschrittene Impact-Analyse-Werkzeuge können zusätzlich den Kostenaufwand für die Umstellung abschätzen sowie Vorschläge für die Umstellung der infektiösen Stellen machen. Beides gehört nicht mehr zur eigentlichen Funktionalität der Bestandsaufnahme.

9.1.3 Werkzeuge zur Unterstützung der Konvertierung

Auf dem Markt gibt es einige Werkzeuge, die die eigentliche Konvertierung unterstützen. Hierunter finden sich Werkzeuge, die die rein syntaktische Ersetzung von Variablendeklarationen unterstützen. Weiterhin gibt es Bibliotheken, die Routinen enthalten, die Daten in bestimmten Repräsentationen in bestimmte andere Repräsentationen konvertieren.

Gerade bei der Konvertierung selbst sind die versprochenen Produktivitätssteigerungen durch den Einsatz von Werkzeugen mit großer Vorsicht zu genießen, denn die Vielzahl der eingesetzten Programmiersprachen und die vielfältigen Programmierstile weichen von den Voraussetzungen, die für einen effizienten Werkzeugeinsatz nötig sind, oft beträchtlich ab.

9.1.4 Werkzeuge zur Unterstützung der Kostenschätzung

Unter den Jahr-2000-Werkzeugen finden sich eine Reihe von Werkzeugen, die ausgehend vom Ergebnis der Bestandsaufnahme Prognosen bezüglich der Umstellungskosten aufstellen. Hierbei wird von Faustregeln wie Kosten pro Zeile Programmtext oder Kosten pro Programm ausgegangen. Diese Schätzungen sind vage und in aller Regel wenig aussagekräftig. Etwas spezifischer wird es, wenn die Anzahl der infektiösen Stellen insgesamt und ihre Verteilung über der Menge der betrachteten Programme berücksichtigt wird. Nichtsdestotrotz ist der Nutzen dieser Werkzeuge in aller Regel sehr begrenzt: Eine grobe Schätzung läßt sich tatsächlich auf der Grundlage einiger weniger Parameter abgeben; eine detaillierte und entsprechend verläßlichere Abschätzung erfordert eine Analyse der umzustellenden Programme.

9.1.5 Werkzeuge zur Unterstützung des Änderungsmanagements

Wie bereits mehrfach diskutiert, ist das Konfigurations- und Versionsmanagement ein kritischer Aspekt der gesamten Umstellung. Zu diesem Zweck sollten Konfigurationsmanagement-Werkzeuge eingesetzt werden. Es gibt mittlerweile eine Reihe von Werkzeugen, die den besonderen Anforderungen an das Änderungsmanagement in Jahr-2000-Projekten dadurch Rechnung tragen, daß sie besondere Unterstützung für nachträglich auftretende Änderungsanforderungen an eingefrorene Softwareteile verwalten können. In aller Regel wird durch Werkzeuge dieser Art jedoch nicht mehr geleistet als durch ein funktionierendes Konfigurationsmanagement-Werkzeug.

9.1.6 Werkzeuge zur Unterstützung der Testaktivitäten

Die verschiedenen Tests verursachen einen erheblichen Anteil der gesamten Umstellungsaufwände. Folglich lassen sich durch geeignete Werkzeuge bemerkenswerte Kostenreduktionen erreichen. Noch wichtiger ist jedoch, daß durch Werkzeuge, die die Dokumentation und Verfolgung von Testfällen unterstützen, eine höhere Qualität der Umstellung erreichen läßt. Dies basiert darauf, daß einmal als sinnvoll erachtete Testfälle auch tatsächlich überprüft werden, daß die Ergebnisse des Tests vor der Umstellung (Before-Image-Test) und des Tests nach der Umstellung (After-Image-Test) konsequent abgeglichen werden und daß erprobte Kataloge von Testfällen vorgeschlagen werden.

Mit dieser Argumentation ist der Einsatz von testunterstützenden und –dokumentierenden Werkzeugen dringend geboten. Allerdings lassen sich Testwerkzeuge, die im Rahmen anderer Softwareprojekte eingesetzt werden, meistens so erweitern, daß sie auch für die Jahr-2000-Tests eingesetzt werden. Eine sinnvolle Erweiterung besteht in der Verwendung von Routinen, die das bequeme Umstellen der Systemzeit ermöglichen und in der Verwendung von Katalogen sinnvoller Jahr-2000-spezifischer Testfälle (31.12.1999, 02.01.2000, 29.02.2000, 01.03.2000).

9.2 Beschreibung einiger Jahr-2000-Werkzeuge

9.2.1 HourGlass

HourGlass ist ein Testwerkzeug, das auf einfache Weise erlaubt, das Systemdatum gezielt und selektiv, d.h. nur für bestimmte Anwendungen, zu ändern. Sie benennen Jobs, Tasks, Programme oder Transaktionen, für die ein vom Systemdatum abweichendes Datum zu Testzwecken eingespielt werden soll. Beispielsweise soll einer CICS Transaktion zum Test der Datumslogik bei Aufruf vom CurrentDate nicht das aktuelle Datum (das »Systemdatum«) übergeben werden, sondern ein anderes in der Vergangenheit oder in der Zukunft liegendes Datum, vielleicht Montag, der 3.1.2000. Haben Sie dies HourGlass mitgeteilt, fängt es ab sofort jeden SVC-11-Aufruf für diese Transaktion ab und ersetzt das Systemdatum durch das Testdatum: 3.1.2000. Ebenso einfach variieren Sie mit HourGlass die Uhrzeit.

9.2.2 Vantage YR2000™

Der Konverter

Vantage YR2000™ von Millenium Dynamics Inc.℠ USA besteht aus einer Reihe miteinander verbundener Programme zur Analyse und Konvertierung vorhandener Anwendungen im Hinblick auf das Jahr-2000-Problem.

Mit Vantage YR2000™ wird eine extern parametrisierbare Bridge zur Vermittlung zwischen konvertierten Programmen und ungeänderten Datenbeständen geliefert. Die Bridge unterstützt alle Methoden: Datenerweiterung, Window-Methode und Verschlüsselung/Kompression.

Vantage YR2000™ unterstützt sowohl Programm- und JCL-Konvertierung als auch Dateikonvertierung. Vantage YR2000™ reduziert den Aufwand für die Anpassungsarbeiten beträchtlich.

Vantage YR2000™ arbeitet vorwiegend in Batch. Ohne die Verarbeitungslogik zu verändern, werden die Jahresangaben in Programmen und Dateien/Datenbanken auf vier Stellen erweitert.

Das Herzstück des Systems Vantage YR2000™ ist die Analyse- und Konvertierungsroutine für Cobolanwendungen.

Die beiden Werkzeuge HourGlass 2000 und Vantage YR2000™ werden in Deutschland durch die Unternehmensberatung Hainer in Frischborn vertrieben.

9.2.3 DPS-2000 Werkzeug für die Impact-Analyse

Das Impact-Analyse-Werkzeug der Firma DPS (DPS-2000) ist sowohl auf Großrechner als auch auf PCs lauffähig. Die Softwarearchitektur des Werkzeugs macht DPS-2000 sprachenunabhängig. Dies hat zur Folge, daß der Benutzer alle seine Programme in PL/1, COBOL, RPG, Assembler, Sprachen für Unix und PC-Plattformen, gleichermaßen mit dem Werkzeug analysieren kann.

DPS-2000 produziert als Analyseergebnis drei verschiedene Berichte, die einen genauen Überblick über den Zustand der Software hinsichtlich der Jahr-2000-Auswirkung geben.

DPS-2000 baut alle Querverweise zwischen Programmen, Dateien, Datenbanken usw. auf. Somit hat der Programmierer bei der Umstellung die Möglichkeit, genau festzustellen, wie die Kommunikation zwischen allen Softwarekomponenten verläuft.

Laut Herstellerangaben bietet DPS-2000 nicht nur enorme Zeitersparnisse in der Impact-Analyse, sondern darüber hinaus auch eine Möglichkeit der Qualitätssicherung bei der Umstellung. Die Analyseberichte sind auch nach der Umstellungsphase nicht redundant. Sie liefern wertvolle Informationen für die Softwarewartung und -pflege.

9.2.4 Cosmos

COSMOS von der Firma TechForce BV in den Niederlanden bietet eine Sammlung von Software-Werkzeugen für die Analyse und Modifikation existierende Softwaresysteme.

COSMOS wurde speziell entwickelt für die Analyse von Programmiersprachen unabhängig von der Hardware- und Betriebssystemplattform.

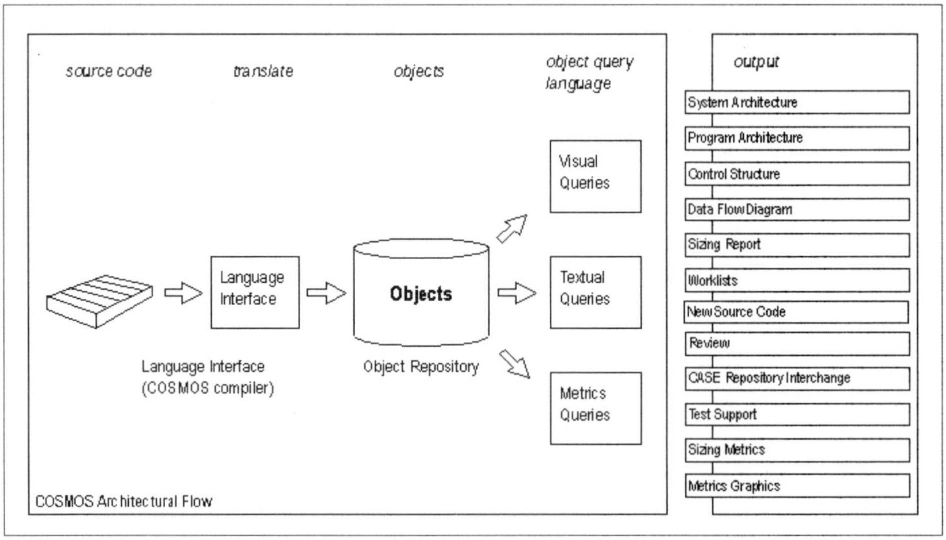

Abb. 9.3: Architektur von COSMOS

Abbildung 9.3 zeigt die Architektur des Werkzeuges. Das Werkzeug zeigt eine automatisierte Vorgehensweise für die Analyse und Umstellung der Software. Manuelle Eingriffe sind eventuell notwendig, um Konflikte im Code zu lösen, schwer zu lokalisierende Informationen zu identifizieren oder um kundenspezifischen Wünschen nachzukommen. Erfahrene COSMOS-Spezialisten können jedoch in der Regel mit hoher Produktivität mit diesem Werkzeug arbeiten.

COSMOS arbeitet auf der Basis von Parsing. Die Parser stellen objektorientierte Repositorien zur Verfügung. Hier werden die Code-Elemente in Objekten mit einzigartigen Eigenschaften konvertiert. Die Repository ist die Basis für die Analyse und die Umstellungsaktivitäten.

9.2.4.1 Schnittstellen für Sprachen

Das Werkzeug unterstützt mehrere Sprachen. Für jede unterstützte Sprache gibt es eine Schnittstelle. Diese Schnittstelle ist zuständig für das Parsen des Sourcecodes, das Anwenden von Identifizierungsregel für die Sprache und das Generieren von Objekten, welche im Objekt-Repository gespeichert werden. Dies erfolgt nach den Regeln der Sprachensemantik.

9.2.4.2 Objekt-Repository

Der zentrale Speicher von COSMOS ist die Objekt-Repository. Die Objekt-Repository beinhaltet das komplette semantische Modell der zu analysierenden Software. Dieses Modell läßt Schlußfolgerungen bezüglich des dynamischen Verhaltens der Software zu. Das Modell beinhaltet alle Relationen zwischen Programmen, Jobs, Modulen, Unterroutinen, Datenbanken, Dateien, Datenelementen etc. Darüber hinaus enthält es eine Hierarchie-Klassifikation aller Objekttypen.

9.2.4.3 Script-Programme

Die COSMOS Scripts sind in einer dafür speziell entwickelten objektorientierten Sprache geschrieben. Die Scripts werden interpretiert. Das gibt COSMOS hohe Flexibilität. Für jede Funktionalität ruft die Benutzerschnittstelle eine oder mehrere Scripts auf. Der Output eines jeden Script-Aufrufs dient als Input für die grafische Benutzerschnittstelle und/oder Information für die Objekt-Repository. Diese Nachverarbeitung macht es möglich, beim Betrachten des Softwaresystems eine sehr detallierte Abstraktionsebene zu erreichen.

9.2.4.4 Grafische Benutzerschnittstelle

COSMOS besitzt eine grafische Benutzerschnittstelle. Alle Analyseergebnisse werden über diese Schnittstelle grafisch angezeigt. COSMOS analysiert Systeme und liefert Daten über die Software-Qualität, grafische Darstellung der Systemarchitektur, Programm-Call und Unterroutine-Flow.

9.2.5 Xchange (Werkzeug für Datumssimulierung)

Die Firma Compuware bietet ein Produkt namens Xchange für MVS-Plattform an. Xchange erlaubt das Simulieren von Datum und Uhrzeit.

9.2.6 Test-Trac and C/S Justify

Die Firma Tech Beamers bietet das Projektmanagement Werkzeug »Test-Trac« an. Es ist eine Ergänzung zu MS-Project von Microsoft und verfolgt Testaktivitäten von Anfang bis Ende der Testphase.

9.2.7 Millennium/400

Millennium/400 von der Firma Visionet Systems, Inc. ist ein Werkzeug für die Impact-Analyse. Dieses Werkzeug verwendet »Pseudo-compiler«-Technologie und basiert nicht auf Text/String-Suchmethode.

9.2.8 Pathfinder

Pathfinder von der Firma Hawkey Information Systems, Colorado ist ein Werkzeug für die AS/400 Welt und wird eingesetzt, um Querverweise in RPG-Code festzustellen. Die Querverweise sind auf Feldebene möglich. Dieses Werkzeug wird in der Impact-Analyse eingesetzt.

9.2.9 Survival/2000

Survival/2000 von der Firma Integrated Software Specialists in Schaumburg, Illinois ist ein Werkzeug für die Impact-Analyse.

9.2.10 ADAMS/400

ADAMS/400 (Applications Date Analysis and Modification System) von der Firma Namtrig Inc., Florida wird für die Impact-Analyse und Modifikation der AS/400 Software eingesetzt. In wie weit dieses Werkzeug für die eigentliche Umstellung der Software zum Tragen kommt, ist nicht bekannt.

9.2.11 Century Date Change

Century Date Change (CDC) von der Firma James Martin & Co. wird für das Projektmanagement eingesetzt. CDC stammt aus TSRM (Systems Redevelopment Methodology) von James Martin. Das Werkzeug ist modular aufgebaut und kann mit Microsoft Project integriert werden.

9.2.12 Estimate 2000

Estimate 2000 der Firma Viasoft wird eingesetzt, um alle Hauptkomponenten von MVS COBOL-, Assembler- und PL/1-Sprachen zu inventarisieren. Diese Information wird in einem Schätzungsmodell eingegeben. Der Benutzer kann anhand der Ergebnisse feststellen, welche Ressourcen für die Jahr-2000-Umstellung notwendig sind.

9.2.13 System Vision Year 2000

System Vision Year 2000 der Firma Adpac, San Francisco analysiert COBOL-Programme und ermittelt, welche Arbeitszeit, CPU-Zeit und Kosten auf der Anwendungsbasis für die Umstellung der Datumsfelder anfallen.

9.2.14 Andere Werkzeuge/Anbieter

Abbildung 9.4 gibt eine Zusammenstellung einiger Werkzeuganbieter *(Quelle: American Programmer 2/96)*. Erfahrungswerte dazu, inwieweit diese Werkzeuge tatsächlich bei der Datumsumstellung Unterstützung anbieten, liegen uns nicht vor.

Anbieter	Bestands-aufnahme	Impact-Analyse	Anwen-dungs-upgrade	Datums-migration	Validie-rung und Test
ADPAC	x	x	x		
BCD-AS400	x				
Carleton Corp.				x	
Compuware				x	x
CSC		x	x		
David R. Black		x	x	x	
DBStar, Inc.				x	
Eleventh Hour S/W			x		
Forecross			x	x	
Formal Systems	x	x	x		
Gladstone				x	x
Globe Software		x			
INTERSOLVE	x	x			
ISOGON					x
Micro Focus	x	x	x		
Quintic Systems			x	x	
SEEC, Inc.	x	x			
Softlab	x				
TransCentury Data			x		
VIASOFT	x	x			x
MSP		x			
Milan Data Services		x			
Millennium Dynamics		x	x	x	
Miller-Fairchild				x	
Peritus		x	x		
Software Emancipation	x	x			
Source Recovery			x		
Sterling Software		x	x		
Trans Technology		x	x	x	x

Abb. 9.4: Eine Zusammenstellung von Werkzeug-Anbietern

10 Der Jahr-2000-Projektplan

Eine Reise von tausend Meilen beginnt mit einem Schritt.
– chinesisches Sprichwort

Die Projektplanung ist die dritte Phase des Jahr-2000-Umstellungsprozesses. Die wichtigste Voraussetzung für die Projektplanung ist die Identifizierung aller Änderungseinheiten und deren Prioritäten. Die Projektplanung spielt bei den Jahr-2000-Projekten eine äußerst wichtige Rolle. Diese Projekte erfassen in der Regel die gesamte Software im Unternehmen und dauern im Schnitt 12 bis 18 Monate. Das hat zur Folge, daß die laufende Softwarepflege in dieser Zeit hauptsächlich von der Projektplanung abhängig ist. Alle nicht vermeidbaren Änderungsanforderungen an die Software seitens des Anwenders, die in der Umstellungsphase durchgeführt werden müssen, sind daher sehr genau zu planen. Eine nicht gut durchdachte Planung kann unter Umständen nicht nur die Projektdauer unnötig verlängern und die Kosten in die Höhe treiben, sondern auch, bedingt durch unkoordinierte Änderungen an der Software, zusätzliche Fehlerquellen verursachen, welche sich erst in der Integrationsphase – also ziemlich am Ende des Projektes bemerkbar machen werden.

Die Nichtverschiebbarkeit des Jahr-2000-Projektes und darüber hinaus die absolute Deadline (letzter Termin) für die Fertigstellung des Projektes geben dem Projektplan in diesem Projekt eine ganz andere Bedeutungsebene, als wir sie von unseren sonst üblichen DV-Projekten gewöhnt sind.

In diesem Kapitel werden wir anhand eines Beispielprojektes einen Projektplan erstellen und diskutieren. Als Beispiel haben wir eine Versicherungsgesellschaft gewählt. Diese Gesellschaft hat 3000 Programme. Alle Programme sind in COBOL geschrieben und laufen auf IBM-Hostrechner. Die Software ist ca. 20 Jahre alt. Es gibt einige Anwendungen, die relativ neu sind und die Jahrhundertstellen berücksichtigen. Die Programme haben eine Durchschnittslänge von ca. 1.500 Zeilen. Dies ergibt ein Volumen von 4,5 Millionen LOC (Lines of Code). Insgesamt gibt es 15 verschiedene Anwendungen. Eine Bemerkung am Rande: Eine ähnliche Konfiguration in PL/1 statt COBOL würde die Kosten (und damit auch die Zeit) um ca. 25% erhöhen.

10.1 Projektaktivitäten

Unter Projektaktivitäten sind alle die Aktivitäten zu verstehen, die für die erfolgreiche Implementierung des Jahr-2000-Projektes notwendig sind. Im folgenden sind diese Aktivitäten kurz erläutert.

10.1.1 Planung

Hier werden alle Teilaufgaben des Projektes einschließlich der Zeitspanne für jede einzelne Aktivität detailliert definiert. Der Arbeitsaufwand (z.B. in Manntagen) pro Teilaufgabe wird ebenfalls hier definiert. Die Teilaufgaben bestehen aus:

1. Software-Bestandsaufnahme
2. Impact-Analyse
3. Definition der Änderungseinheiten
4. Definition des Pilotprojekts
5. Umstellen der Software
6. Definition der Testphasen
7. Schätzung für Change Management (Änderungen nach Benutzerwunsch)
8. Schätzung für Bridging-Aufwand
9. Aufbau einer Testumgebung

10.1.2 Organisation

Hier werden allen erforderlichen Ressourcen für die Projektimplementierung identifiziert und organisiert. [MPJ91] Ein wesentlicher Aspekt ist hierbei die lange Projektlaufzeit. Das Ausscheiden von Projektmitarbeitern (aus nicht-projektbedingten Gründen) während des laufenden Projektes kann zu zusätzlicher Verwirrung, Chaos und Zeitverzögerung führen.

Bedingt durch die Jahr-2000-Umstellung und die EURO-Anpassung in der EDV werden Manpower-Ressourcen (spezialisierte Arbeitskräfte) in 1998 und 1999 vermutlich knapp. Dies gilt ganz besonders für COBOL- und PL/1-Spezialisten. Firmen sollten unbedingt dafür sorgen, daß ihre Spezialisten ‚bei Laune' gehalten werden, um zu verhindern, daß sie während der Projektdauer ihren Arbeitgeber wechseln.

Ressourcenengpässe, die bei dieser Aktivität eine sehr wichtige Rolle spielen, sollten entsprechend berücksichtigt werden.

10.1.3 Ressourcenintegration

Hier wird der integrative und reibungslose Einsatz aller Projektmitarbeiter innerhalb des Jahr-2000-Projektes koordiniert.

10.1.4 Schätzen

Diese Aktivität befaßt sich mit der regelmäßigen Überwachung des Projektes im Sinne von Soll-Ist-Vergleich und den erforderlichen Maßnahmen bis zum Projektende.

10.1.5 Revision

Unter Revision versteht man Änderungen, die im Projektplan, in der Organisation und möglicherweise auch in der Zielsetzung vorgenommen werden. Beabsichtigt wird hiermit, einer Abweichung zwischen Soll- und Ist-Werten entgegenzuwirken.

10.2 Der Projektplan

Abbildung 10.1 zeigt ein Gantt-Diagramm des Gesamtprojektplans, in dem alle Hauptaktivitäten für das Jahr-2000 Projekt eingetragen sind. Hier wird auch deutlich, daß der Projektstart am 1. Juli 1997 – unter idealen Voraussetzungen – eine planmäßige Fertigstellung des Projektes frühestens im September 1998 ermöglicht. Dabei sind keine unvorhersehbaren Situationen (welche fast unvermeidbar sind) einkalkuliert. Man sollte die Tragweite dieses Aspekts nicht unterschätzen, denn erfahrungsgemäß ist eine ‚Produktionszeit' (Echtlauf von Software) von mindestens einem Jahr notwendig, um zu gewährleisten, daß die Software das Datum betreffend absolut fehlerfrei läuft und daß andere Fremdsysteme, die in regelmäßigen oder unregelmäßigen Abständen mit der umgestellten Software kommunizieren, keine Fehler verursachen.

Abbildung 10.2 zeigt ebenfalls ein Gantt-Diagramm, das die verschiedenen Testphasen aufzeigt.

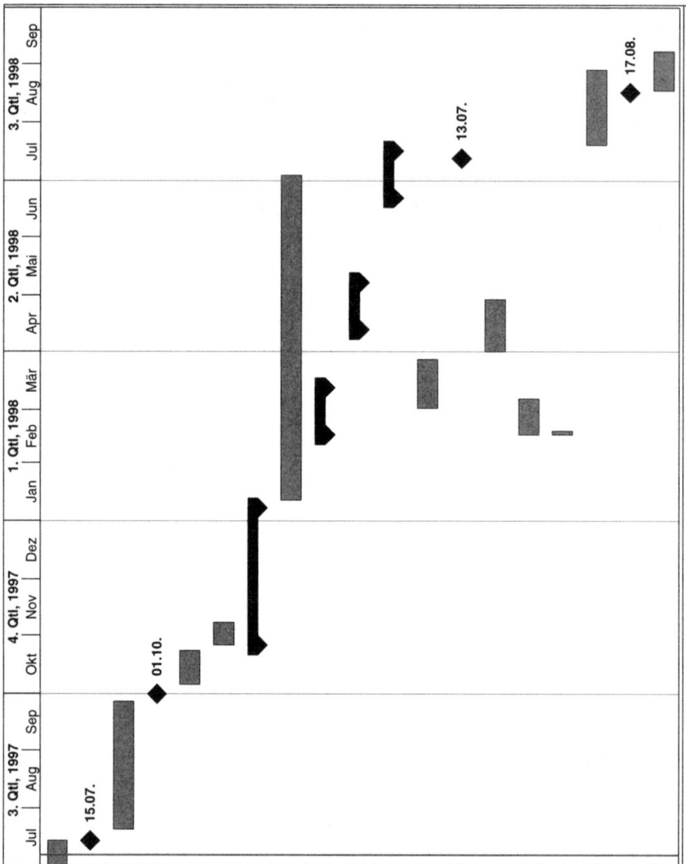

Nr.	Aufgabe	Anfang	Ende
1	Bestandsaufnahme	Die 01.07.97	Mon 14.07.97
2	Entscheidung: Analyse	Die 15.07.97	Die 15.07.97
3	Impact-Analyse	Mon 21.07.97	Fre 26.09.97
4	Entscheidung: Umstellung	Mit 01.10.97	Mit 01.10.97
5	Änderungseinheiten feststellen	Mon 06.10.97	Don 23.10.97
6	Software-Projektplan	Mon 27.10.97	Fre 07.11.97
7	**Before-Image-Test**	**Mon 27.10.97**	**Mit 07.01.98**
11	Umstellung (3000 Programme)	Mon 12.01.98	Fre 03.07.98
12	**Testphase 1**	**Mon 16.02.98**	**Don 12.03.98**
16	**Testphase 2**	**Mon 13.04.98**	**Don 07.05.98**
20	**Testphase 3**	**Mon 22.06.98**	**Don 16.07.98**
24	Bridging/Change Management	Mon 02.03.98	Fre 27.03.98
25	Umstellung beendet	Mon 13.07.98	Mon 13.07.98
26	Datenkonvertierung	Mit 01.04.98	Die 28.04.98
27	Test-Hardware bereitstellen	Mon 16.02.98	Fre 06.03.98
28	Abnahme-Test-Plan erstellen	Mon 16.02.98	Die 17.02.98
29	Abnahme-Test	Mon 20.07.98	Fre 28.08.98
30	Systemabnahme	Mon 17.08.98	Die 18.08.98
31	Produktionsanlauf	Die 18.08.98	Mon 07.09.98

Jahr-2000-Datumsumstellung
Gesamt-Projektplan
Datum: 02.05.1997

Aufgabe — Meilenstein
Fortschritt — Zusammenfassung

Abb. 10.1: (Gantt-Diagramm) Gesamt-Projektplan für die Datumsumstellung

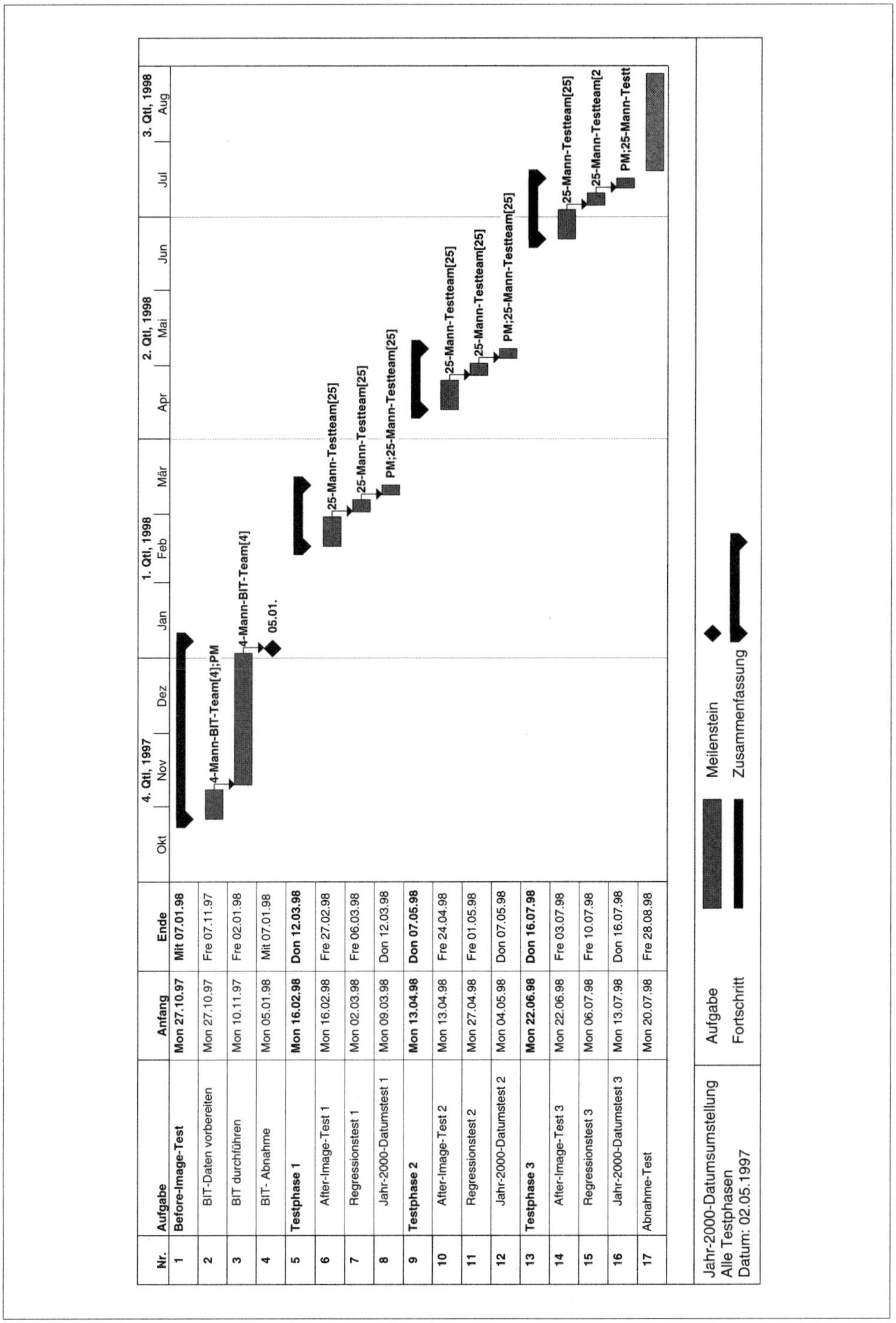

Abb. 10.2: (Gantt-Diagramm) Projektplan für die Testphasen

10.3 Cash-flow für das Projekt (Budgetierung)

Die Budgetplanung für Jahr-2000-Projekte ist meist mehr ein Überzeugungsakt als eine planerische Tätigkeit. Der Hauptgrund liegt einerseits in dem zumeist fehlenden Bewußtsein in der obersten Managementebene vieler Unternehmen, wie groß die Tragweite des Jahr-2000-Problems ist, und andererseits bei der Ausgabe von hohen Summen für eine Aktion, die *nur* noch sicherstellt, daß die Software funktioniert.

Die Frage, die immer bleibt, heißt, »Was muß ich nun budgetieren?«

Wir haben, basierend auf unserer Erfahrungen in Jahr-2000-Projekten, eine Richtschnur erstellt, welche einen tendenziellen Budgetierungspfad zeigt. In Quartale untergliedert stellt Tabelle 10.4 mögliche Ausgaben pro Quartal für die Jahr-2000-Datumsumstellung dar.

Die Kosten für die eingesetzte Ressourcen sind wie folgt berechnet:

1. für den Projektmanager Jahr-2000 wurden DM 175,- pro Stunde angesetzt
2. für alle anderen Mitarbeiter des Teams wurden DM 100,- pro Stunde angesetzt

Für eine genauere Kalkulation kann der Leser die Kosten für solche Mitarbeiter in seinem Unternehmen zugrundelegen und basierend auf Tabelle 10.3 neu kalkulieren.

Ressourcenname	**Arbeit in Stunden**
Projektmanager	1008
Senior Management	16
4-Mann-Analyseteam	1600
4-Mann-Bestandsaufnahmeteam	320
4-Mann-Änderungseinheitenteam	448
4-Mann-BIT-Team	1696
5-Mann-Team (Bridging und Change Management)	800
4-Mann-Konvertierungsteam	640
4-Mann-Abnahmeteam	1568
8-Mann-Umstellungsteam	8000
25-Mann-Testteam	11400

Tabelle 10.3: Arbeitszeit für die Projektteams

	Q3 97	Q4 97	Q1 98	Q2 98	Q3 98	Summe
Senior Management	2.000	2.000				4.000
Entscheidung: Analyse	2.000					2.000
Entscheidung: Umstellung		2.000				2.000
4-Mann-Bestandsaufnahmeteam	32.000					32.000
Bestandsaufnahme	32.000					32.000
4-Mann-ÄE-Team		44.800				44.800
Änderungseinheiten festlegen		44.800				44.800
4-Mann-Datenkonvertierungsteam				64.000		64.000
Datenkonvertierung				64.000		64.000
5-Mann-Bridging + CM			80.000			80.000
Bridging+Change Management			80.000			80.000
Projektmanager	15.400	49.000	33.600	5.600	72.800	176.400
Software-Projektplan		14.000				14.000
BIT-Abnahme			4.200			4.200
Umstellung beendet					1.400	1.400
Test-Hardware bereitstellen			21.000			21.000
Entscheidung: Analyse	1.400					1.400
Entscheidung: Umstellung		1.400				1.400
Änderungseinheiten festlegen		19.600				19.600
Jahr-2000-Datumstest-1			5.600			5.600
Jahr-2000-Datumstest-2				5.600		5.600
Jahr-2000-Datumstest-3					5.600	5.600
Abnahmetestplan erstellen			2.800			2.800
Systemabnahme					2.800	2.800
Produktionsanlauf					21.000	21.000
Impact-Analyse	14.000					14.000
BIT-Daten vorbereiten		14.000				14.000
Abnahme-Test					42.000	42.000

	Q3 97	Q4 97	Q1 98	Q2 98	Q3 98	Summe
4-Mann-Abnahmeteam			6.400		150.400	156.800
Abnahmetestplan erstellen			6.400			6.400
Abnahme-Test					96.000	96.000
Systemabnahme					6.400	6.400
Produktionsanlauf					48.000	48.000
4-Mann-Analyseteam	160.000					160.000
Impact-Analyse	160.000					160.000
4-Mann-BIT-Team		153.600	16.000			169.600
BIT-Daten vorbereiten		32.000				32.000
BIT durchführen		121.600	6.400			128.000
BIT-Abnahme			9.600			9.600
8-Mann-Umstellungsteam			364.800	416.000	19.200	800.000
Softwareumstellung			364.800	416.000	19.200	800.000
25-Mann-Testteam			380.000	520.000	240.000	1.140.000
After-Image-Test 1			200.000			200.000
Regressionstest 1			100.000			100.000
Jahr-2000-Datumstest 1			80.000			80.000
After-Image-Test 2				200.000		200.000
Regressionstest 2				100.000		100.000
Jahr-2000-Datumstest 2				80.000		80.000
After-Image-Test 3				140.000	60.000	200.000
Regressionstest 3					100.000	100.000
Jahr-2000-Datumstest 3					80.000	80.000
Gesamtkosten in DM	**209.400**	**249.400**	**880.800**	**1.005.600**	**482.400**	**2.827.600**

Tabelle 10.4: Cash-flow über die gesamte Projektlaufzeit

10.4 Gesamtkosten verteilt auf einzelne Aktivitäten

In Tabelle 10.5 sind alle Projektaktivitäten aufgelistet. Die Kosten pro Aktivität ausgedruckt in DM und in % bezogen auf die Gesamtkosten geben einen Eindruck über die verschiedene Aktivitäten und deren Gewichtung in Jahr-2000-Projekten. Hierbei ist festzustellen, daß mehr als 55% der Gesamtprojektaufwendungen auf die Testphasen (mit * markiert) entfallen. Diese Zahl schwankt zwischen 50% und 65% je nach Zustand der Software sowie der Qualität der Impact-Analyse.

Aktivität		Kosten in DM	%
Bestandsaufnahme		32.000	1,13
Entscheidung: Analyse		3.400	0,12
Impact-Analyse		174.000	6,15
Entscheidung: Umstellung		3.400	0,12
Änderungseinheiten feststellen		64.400	2,28
Software-Projektplan		14.000	0,50
Before-Image-Test	*	187.800	6,64
Umstellung (3000 Programme)		800.000	28,29
Testphase 1	*	385.600	13,64
Testphase 2	*	385.600	13,64
Testphase 3	*	385.600	13,64
Bridging / Change Management		80.000	2,83
Umstellung beendet		1.400	0,05
Datenkonvertierung		64.000	2,26
Test-Hardware bereitstellen		21.000	0,74
Abnahme-Test-Plan erstellen	*	9.200	0,33
Abnahme-Test	*	138.000	4,88
Systemabnahme	*	9.200	0,33
Produktionsanlauf		69.000	2,44
Gesamtkosten Datumsumstellung		**2.827.600**	

Tabelle 10.5: Gesamtkosten verteilt auf einzelne Aktivitäten

10.5 Mitarbeitereinsatz über die gesamte Projektlaufzeit

Anzahl Mitarbeiter	Ressourcenname	Initialen	Kosten pro Mann-Stunde
1	Projektmanager	PM	175,00
	Senior Management	SM	250,00
4	4-Mann-Analyseteam	ANALY	100,00
	4-Mann-Bestandsaufnahmeteam	BA	100,00
	4-Mann-ÄE-Team (Änderungseinheiten)	CU	100,00
	4-Mann-BIT-Team (Before-Image-Test)	BIT	100,00
8	8-Mann-Umstellungsteam	CONV	100,00
25	25-Mann-Testteam	TEST	100,00
5	5-Mann-(Bridging+Change Management)	CM	100,00
	4-Mann-Datenkonvertierungsteam	DATA	100,00
	4-Mann-Abnahmeteam	ABN	100,00
43			

Tabelle 10.6: Einsatzteams

Wie Tabelle 10.6 zu entnehmen ist, sind über die gesamte Projektlaufzeit verteilt 43 unterschiedliche Mitarbeiter an dem Projekt tätig. Bei Jahr-2000-Projekten kommt es immer wieder vor, daß mehr Aufgaben zur Erledigung anstehen, als qualifizierte Mitarbeiter, die diese Aufgaben ausführen können, vorhanden sind. Um dieses Problem zu lösen, werden in den meisten Fällen den einzelnen Teams gleichzeitig mehrere Aufgaben zugewiesen, in der Annahme, daß dennoch eine reibungslose Projektabwicklung möglich ist. Die Erfahrung hat jedoch klar gezeigt, daß bei einer solch getroffenen Lösung eine reibungslose Projektabwicklung nur in der Theorie funktionieren kann [MPJ91]. Wie die Praxis bewiesen hat, kann diese Vorgehensweise hohe Qualitätsverluste mit sich bringen. Mangelndes Detailwissen und lange Einarbeitungszeiten sind nur zwei von vielen Gründen, die gegen eine solche Vorgehensweise sprechen. Hier ist also Vorsicht geboten.

Abschließend ist festzustellen, daß für Unternehmen mit einem Softwareumfang wie hier angenommen (oder auch größer) eine Jahr-2000-Datumsumstellung nur dann eine realistische Erfolgsaussicht besteht, wenn mit dem Projekt so schnell wie nur möglich begonnen wird. Vergessen wir nicht, daß für die meisten Unternehmen die EURO-Umstellung ebenfalls eine weitere Pflichtübung sein wird. Beide Umstellungen gleichzeitig durchzuführen ist weder realistisch noch zu empfehlen.

Technisch gesehen hat die Datumsumstellung mit der EURO-Umstellung nichts gemeinsam. Viele Konzernmanager werden gut daran tun, diese zwei Projekte getrennt zu betrachten. Die ideale Situation für ein Unternehmen ist die Implementierung der Datumsumstellung in die Software gefolgt von der EURO-Umstellung. Dies ist die einzige Vorgehensweise, die eine Qualitätssicherung zuläßt.

Viele Unternehmen, haben bereits durch den »Sein oder nicht sein« Monolog (to do or not to do – frei nach Shakespeare) sehr viel wertvolle Zeit verloren. Diese Unternehmen können dann nur mit Kompromißlösungen den Übergang zum nächsten Jahrhundert überleben.

Bibliographie

[AP96] American Programmer, edited by Ed Yourdon, Cutter Information Corp.

[But96] J.G. Butler, The Year 2000 Crisis – Developing a Successful PLan for Information Systems, Computer Technology Research Corp., Charleston, South Carolina, US, 1996.

[Cha96] S. Chavan, The Year 2000 Date Conversion Process, Software Process Improvement and Practice, 2 (2):111–122, J.Wiley & Sons Ltd. Und Gauthier-Villars, June 1996.

[Den93] E. Denert, Software-Engineering in Wissenschaft und Wirtschaft: Wie breit ist die Kluft?, Informatik Spektrum, 16(5):295–299, Oktober 1993.

[DG90] W. Deiters und V. Gruhn, Managing Software Processes in MELMAC, In: Proceedings of the Fourth ACM SIGSOFT Symposium on Software Development Environments, 193–205, Irvine, California, USA, December 1990.

[DPS95] DPS India Pvt. Ltd., Case Study of a Year 2000 Project, 1995

[Jag96] P. de Jager, Systemic Triage, American Programmer, 9(2):12–15, February 1996.

[Flo94] C. Floyd, Software-Engineering – und dann?, Informatik Spektrum, 17(1):29–37, Februar 1994.

[Gib94] W.W. Gibbs, Software: chronisch mangelhaft, Spektrum der Wissenschaft, 56–63, Dezember 1994.

[GJM91] C. Ghezzi und M. Jazayeri und D. Mandrioli, Fundamentals of Software Engineering, Prentice-Hall, Englewood Cliffs, New Jersey, 1991.

[HP96] J.M. Hart and A. Pizzarello, A Scalable, Automated Process for Year 2000 System Correction, In: Proceedings of the 18th International Conference on Software Engineering, Berlin, March 1996.

[Jon96a] C. Jones, Large Software System Failures and Successes, American Programmer, 9(5):3–9, April 1996.

[Jon96b] C. Jones, The Economic Impact of the Year-2000 Software Problem in the United States, IT Metrics Strategies, June 1996.

[KC96] L.A. Kappelman und J.J. Cappel, Confronting the Year 2000 Issue, Journal of Systems Management, 4–13, July 1996.

[Lip96] M.D. Lips, The Year 2000: Technical Considerations, American Programmer, 9(2):20–24, February 1996.

[MM96] J.T. Murray und M.J. Murray, The Year 2000 Computing Crisis – A Millenium Date Conversion Plan, McGraw-Hill, 1996.

[MPJ91] Meilir Page-Jones »Praktisches DV-Projekt Management, Carl Hanser Verlag, 1991

[PS94] B.-U. Pagel and H.-W. Six, Software Engineering – Band 1: Die Phasen der Softwareentwicklung, Addison-Wesley, Bonn, 1994.

[Sat96] Satyam Computers, The Year 2000 Process for Customers, 1996, interne Vertriebsunterlagen auch veröffentlicht in Internet-Homepage

[Som92] I. Sommerville, Software Engineering, Addison-Wesley, fourth edition, 1992.

[Ulr96] W.M. Ulrich, American Programmer, 9(2):25–31, February 1996.

[Web92] H. Weber, Die Software-Krise und ihre Macher, Springer, Berlin, FRG, 1992.

[Y2K] Year 2000 Forum in Internet moderated by Peter de Jager in Canada

Index